天皇陛下の全仕事

山本雅人

講談社現代新書
1977

はじめに

本書は、「天皇」がいつ、どこで、どのような仕事をどのくらい行っているのかを具体的に明らかにしよう、と書かれたものである。

「天皇の仕事は？」と聞かれ、明確に答えられる人はそう多くはないと思う。

二〇代のある知人に天皇の仕事のイメージを聞いたところ、「ニュースなどで見た感じでは、たまに地方に行って、福祉施設のようなところを訪問して、にこにこ手を振っているイメージ」との答えだった。これはある種、若い世代を中心とした一般の人々の認識を反映しているのかもしれない。また、別の知人は、「国の象徴」、つまり「シンボル」という天皇のイメージから、憲法で規定されたもの以外ほとんど仕事はない、存在しているだけでよい、そんなふうに思っていたと語った。

天皇は、日本国憲法の第一条で「天皇は、日本国の象徴であり日本国民統合の象徴であって、この地位は、主権の存する日本国民の総意に基く」とされ、その仕事については同第四条に「天皇は、この憲法の定める国事に関する行為のみを行ひ、国政に関する権能を有しない」と規定されている。

現在の学習指導要領によると、小学校六年の社会科で、憲法で定められた天皇の地位について習い、中学校の「公民」でも国事行為（国事に関する行為）の学習を行うことになっている。だが実際には、天皇の仕事については、ニュースなどでふれる断片的な知識しか持っていないというのが、ほとんどの人にとっての正直なところではないだろうか。

筆者も宮内庁を担当する前は、皇居での新年一般参賀や古式ゆかしい「歌会始《うたかいはじめ》」、国体（国民体育大会、以下国体と表記する）の開会式、外国ご訪問などのニュースで目にした天皇・皇后両陛下のイメージはあったものの、天皇の仕事についてそれほど詳しく知っていたわけではなかった。

だが、担当になり、さまざまな行事があることを知った。

宮内庁の記者室に通い始めた初日、天皇陛下のスケジュールを見ると「旬祭《しゅんさい》」とあった。初めて聞いたうえに、読み方も「じゅんさい」でなく「しゅんさい」だという。次の日のスケジュールには「信任状捧呈《ほうてい》式」とあった。「信任状」が何なのか知らず、「捧呈」の意味も正確にはよくわからなかった。実は旬祭は毎月一回、信任状捧呈式にいたっては年間三〇～四〇回も行われている。「信任状捧呈式」は憲法に定められた天皇の国事行為の一つであり、「外国の大使及び公使を接受すること」に該当する。一方、「旬祭」は、皇室の私的な行事でありながら皇室の存立基盤をなすともいえる「皇室祭祀」（宮中祭祀）に属する。にもかかわらず、〝外の世界〟にはあまり知られていない。

「天皇の仕事」について意外に知られていない第一の理由としては、皇居内での行事が多いこと（筆者のカウントでは約八割が皇居内での行事である）が、あげられる。皇居内行事には、外の世界との橋渡し役ともいえる宮内庁担当記者にも公開されない行事が多いため、なかなか報道しにくい。

さらに、報道機関の側にも、たとえば首相については毎朝の新聞に「首相の一日」といった、分刻みで前日の首相の動静を伝えるコーナーがあるのに、天皇についてはそのような欄はなく、比較的大きな行事のあった際などにしか報じられないという事情がある。

皇室では、平成一八（二〇〇六）年、秋篠宮《あきしののみや》家に長男の悠仁《ひさひと》さまが生まれた。皇室にとって四一年ぶりとなる男子であったが、その一年ほど前には、皇位継承者である男性皇族が将来、いなくなってしまうのではとの懸念から、皇室に関する基本法である「皇室典範」を改正し、女性の天皇も認めようという動きが政府で起こり、国会への改正案提出直前までいった。それに伴い、天皇制をめぐるさまざまな議論も起きた。そういった議論の前提として「そもそも天皇はどのような仕事をしているのか」をきちんと知ることも重要だと思う。

本書の構成としては、まず、皇室の構成や天皇の行事の法的な分類、仕事内容の内訳について説明する。天皇の行為は、1憲法に明記された「国事行為」、2「公的行為」、3「その他の行為（私的行為）」の大きく三つに分かれる。「国事行為」と「その他の行為」の中間に、「公的行為」という分類があるのである。政府の見解によると、公的行為とは「象徴という地位に基づき公的な立場で行われるもの」だという。国体開会式も歌会始も外国訪問も、この「公的行為」に属している。国事行為以外に、この「公的行為」についてもきちんと知ることが、天皇というものを理解するうえで不可欠なのである。

このような概略説明に続けて、法的にもっとも重要な国事行為の実務である「執務」（上奏書類の決裁）、皇室内部でもっとも重要であり、天皇制存立の根幹にもかかわる「祭祀《さいし》」、そして全行事の約四分の一を占める「外国との交際（国際親善）」関係の行事、地方訪問も含めた国内のさまざまな「公的行為」の行事、「その他の行為（私的行為）」の順に、天皇の仕事の解説を試みた。その際、宮内庁担当になったばかりのころの新鮮な驚きと一般の人の目線を大切にするよう心がけた。

なお、本書では、現在の天皇陛下の、平成一六年の一年間のご日程を中心に取り上げ、その後現在に至るまでの状況もまじえ紹介した。同年を基準にした理由は、筆者が宮内庁の記者クラブ（宮内記者会）に在籍していた時期であり、実際に取材していたという理由と、現在、宮内庁が発表していない陛下の国事行為の内容別件数（年ごとのもの）などについて、データを入手することができたという理由による。同一七年〜二〇年についても陛下のスケジュールの内容や件数に大きな違いはなく、資料的にはほとんど影響はないと思う。

また、文中では、天皇のさまざまな「仕事」について、「行事」と表記した箇所が多い。これは、本来は「公務」や「仕事」とすべきだが、天皇の日程の中には御用邸での静養など私的なものもあり、それらも含めた言い方として「行事」とした。「仕事」とほぼイコールだと思っていただいて、さしつかえない。

本書を読んでいただければ、ニュースなどで両陛下の行事を見た際に、それが全体の仕事の中でどのような位置づけにあるものなのかが、ある程度わかるようになるのではないかと思う。そして、天皇制や皇室を考えるうえでの入門書、基礎資料のような役割が果たせれば、と思っている。

なお、皇室への敬称・敬語については、各報道機関の現在の基準を参考に、以下のような基準とした。

1　敬称に関しては、天皇は「陛下」、他の皇族は「さま」をつける。天皇・皇后お二方の場合は「両陛下」とする。

2　敬語が過剰にならないよう、一つの文中に敬語を一ヵ所とし、二重敬語を避ける。

(例)○　一緒に出席される

×　ご一緒に出席される

3　法制上の地位や一般名詞、歴代天皇には敬称をつけない。

(例)×　憲法第六・七条などに定められた天皇陛下の国事行為は……

○　憲法第六・七条などに定められた天皇の国事行為は……

ちなみに、皇室に対する現在の敬語の用法に関しては、共同通信の世論調査などでも多くの人に受け入れられているという(共同通信社『記者ハンドブック』)。

『天皇陛下の全仕事』という本書のタイトルについては、「全仕事」が特定のものを表すのではないため敬語をつけなかったが、本文中で特定のものをさす場合は敬語にしている(「宮崎県でご訪問」「日展ご鑑賞」など)。

目次

はじめに　3

1　信任状捧呈式　16
華やかに馬車が走る／信任状とは／一年に三〇ヵ国以上の大使らと

2　天皇の住まい　23
住所は「皇居　御所」／歩いて「通勤」されることも／東宮御所／三つの御用邸

3　皇室の構成　35
皇室二三方の内訳／称号と敬称／皇位継承の順序／「男系」「女系」とは／成年皇族／「内廷皇族」と「内廷外皇族」の予算面での違い

4　「天皇の仕事」の内訳　どのような仕事をどのように　52
回数が多い仕事は／仕事の性質で分けると／皇后さまとご一緒の行事が多い／どこで

行われるか／定例か非定例のものか

5 「公的行為」とは何か 62
公的行為とはどのような仕事か／行事への出席はどう決められるのか／災害被災地への見舞いについては／皇室関係予算／厳密に公私を分けるのは難しい

6 執務 書類の決裁 71
どのような書類を決裁するか／書類決裁の四つのパターン／もっとも重要な「御名御璽《ぎょめいぎょじ》」／天皇の承認「裁可」／「認」という印／大赦、特赦など／「覧」という印／宮内庁関係書類の決裁／執務室「菊の間」／地方訪問中も／「御璽《ぎょじ》」「国璽《こくじ》」の印はどのようなものか

●コラム1 宮内庁 98

7 皇室祭祀（宮中祭祀）はどのように行われるか 102
元日の早朝の祭儀「四方拝《しほうはい》」／祭祀の主宰者としての天皇／戦後は天皇家の私的な行事に／もっとも重要な「新嘗祭《にいなめさい》」／宮中三殿／宮中三殿で行われる他の祭儀

●コラム2　三種の神器　120

8　皇居・宮殿での儀式・行事　123
新年祝賀の儀／次々に祝賀のあいさつを受ける／大綬章・文化勲章を授ける親授式／首相や最高裁長官などを任命する親任式／大臣や大使などの認証官任命式

●コラム3　侍従　134

9　国際親善の仕事　138
「皇室外交」という言葉／会見と引見／大使らへの鴨場接待／御料鵜飼と御料牧場での接待／親書・親電

●コラム4　国賓　151

10　宮中晩餐会　153
国賓を歓迎して／皇室のもてなしの流れ／どのような人が招かれるか／晩餐会での「お言葉」／晩餐会の流れ／地方などに案内することも

11 外国訪問 170
訪問予定はどのように決まるか／平成になって増えた外国訪問／「立ち寄り」での訪問／外国訪問の日程／経費と随行スタッフ／出発前の記者会見は貴重な機会／戦没者慰霊の旅、サイパン島ご訪問／政治と外国訪問

12 地方訪問 194
三大行幸啓《ぎょうこうけい》／「両陛下で」が基本／三泊四日の地方訪問の例／移動の際の車列／まず知事から「県勢概要」説明／取材設定／平成流の「お声かけ」／植樹祭出席の二日目／「お手植え」と「お手まき」／天皇の宿泊先／三日目と四日目／「国体」と「豊かな海づくり大会」／トラブル対策／新幹線利用の場合

●コラム5 「行幸」という言葉 230
●コラム6 御料車 231
●コラム7 皇宮警察と皇宮護衛官 234

13 福祉施設訪問と被災地お見舞い 236
「こどもの日」「敬老の日」「障害者週間」の訪問／ハンセン病療養所ご訪問／時間を

オーバーしても／大規模災害の被災地へのお見舞い／中越地震被災地へ／避難先の体育館で／復興状況の視察

14 追悼と慰霊の旅 253
〝ライフワーク〟として／広島、長崎のご訪問／沖縄ご訪問／サイパン島ご訪問

15 国会開会式と戦没者追悼式 259
国事行為並みの二大重要行事／「最高の来賓」として／国会開会式の流れ／全国戦没者追悼式

●コラム8 天皇の「お言葉」 268

16 拝謁と会釈 272
功績者などに会う「拝謁」／拝謁はどのように行われるか／「お茶」と「茶会」／ボランティア「勤労奉仕団」への「会釈」／ご負担軽減のために

17 さまざまな儀式・行事 288

新年と天皇誕生日の一般参賀／講書始《こうしょはじめ》の儀／歌会始の儀／春・秋の園遊会／園遊会でお声かけされる人はどのように決まるのか／天皇誕生日

18 式典出席や文化の振興 302
「周年式典」／「芸術院賞」授賞式と「学士院賞」授賞式

19 進講と内奏 307
進講・内奏の内容は非公表／内奏とは首相・大臣らの説明・報告／なぜ内容は公表されないのか／「説明」と「懇談」

●コラム9 天皇の使者「勅使」 315

20 伝統文化の継承 稲作と和歌 317
皇居内の田んぼで／戦前は「御歌所《おうたどころ》」という部署も

●コラム10 皇后陛下の仕事 325

21 展覧会、コンサート、スポーツ観戦 328

平均すると月一回展覧会へ／コンサート鑑賞／大相撲などのスポーツ観戦

22 静養と研究 335
静養の意味／御用邸での静養／魚類のご研究
●コラム11 天皇・皇后両陛下とテニス 342

23 スケジュールはどのように決まるのか 344
最優先されるのは皇室祭祀／ある二週間のスケジュールを例に
●コラム12 記者会見 353
●コラム13 皇室の日程や仕事を知るには 357

参考文献 359
おわりに 361

1　信任状捧呈式

華やかに馬車が走る

ＪＲ東京駅丸の内中央口から西にある皇居に向かってまっすぐ伸びる幅約六〇メートルある道は、「御幸通り」あるいは「行幸通り」と呼ばれている（「行幸」は天皇が出かけること。230ページ参照）。一ヵ月に一〜二回、この通りの、ふだん通行止めにされている中央部分の四車線分くらいのスペースが開かれ、周囲が一時的に交通規制され、車の動きが止まる。その中を、東京駅から二頭立てのえんじ色の菊の紋の入った儀装馬車がゆっくりと走り抜け、「パカパカ」という馬の足音が響きわたる。

馬車の前部では、白い羽根のついた黒色のシルクハットに、金筋の入ったフロックコー

皇居外苑を通過して宮殿で行われる信任状捧呈式へ向かう馬車

ト、赤色ビロードのチョッキ姿の人が馬を操り、後部にも掌車係《しょうしゃ》が乗り込む。これらは宮内庁の主馬《しゅめ》班の職員で、そのまわりを皇宮警察（234ページ参照）と警視庁の騎馬隊の馬がガードする。

日常とはまったく異なる世界の出現に、交差点でその風景に出合った丸の内のサラリーマンや観光客は驚き、携帯電話などで撮影する人の姿も見受けられる。

馬車に乗っているのは、人事異動で駐日大使館に着任したばかりの外国の大使（夫妻）らで、沿道の人が手を振ると、にこやかに手を振り返す姿も見られる。

大使らはこれから、皇居・宮殿でもっとも重要な行事の行われる部屋「松の間」（27ページ参照）での「信任状捧呈《ほうてい》式」と呼ばれる儀式に臨むために皇居に向かっているのだ。

信任状捧呈式は、憲法第七条に列挙されている天皇の「国事行為」のうち、「外国の大使及び公使を接受すること」に該当する重要な儀式とされている。

信任状を持参する「大使」とは、正式には特命全権大使といい、外国に常駐で派遣される外交使節団のトップ、つまり大使館の長にあたる。

大使らは国際慣習で、各国の元首に対して派遣されるものとされている。諸外国からは天皇が国家元首だとして扱われている。つまり大使が駐日大使として日本に赴任してくるということは、派遣国の元首が、自分の「国」の代理として、日本の天皇に対して大使を派遣したということになる。それゆえ日本に着任した各国の大使は、皇居で天皇に信任状を捧呈する（ささげて渡す）のである。

信任状とは

信任状は、国際慣習による、派遣国元首から駐在国元首にあてた書状で、派遣される大使らが正当な外交使節であることを証明する文書である。着任する駐日大使らの信任状には、〝天皇陛下に対し、友好関係増進のために○○（大使の名前）を大使として派遣し、その○○は人格も能力も優れた人物であり、全幅の信頼を置いていただきたい〟といった趣旨が書かれている。日本の外交官も海外へ大使などとして派遣される際は、天皇の認証した信任状を持参する。

信任状を持参し、日本に赴任したばかりの各国の大使ら一行は東京駅の貴賓室に集合し、儀式や接待に関する仕事を行う「式部官《しきぶかん》」という宮内庁職員（98ページ参照）を乗せた馬車が皇居から迎えにきたところで、それに乗り込む。馬車は皇居・宮殿までの一・八キロを約一〇分かけて進む。

世界を見渡しても、捧呈式の送迎に馬車を使用している国は英国やスペインなど数ヵ国にすぎず、日本の対応は手厚いといえる。送迎は、馬車のほかに、車によって直接、大使公邸と皇居とを送迎してもらう方法も選択でき、式の日程が決まった時点で宮内庁から「馬車にしますか、それとも車にしますか」と大使館に問い合わせがいく。ほとんどが馬車を選ぶといい、この馬車方式の評判が高いことがわかる。車での送迎を選択した場合は、天皇陛下が重要行事などに出席される際に乗る、菊の紋の入った「御料車《ごりょうしゃ》」（231ページ参照）を差し回すことになっている。

大使らには、大使館の随行員（お付き）が六人まで認められており、それらの人も乗せるため、馬車列は大使（夫妻）と式部官の乗る儀装馬車のほか、随行員の乗る普通馬車二台の計三台となることが多い。馬車の車体は、古いものは明治末期、新しくても昭和の初めに造られたもので、最近は職人の減少で、修理などが大変だという。

行幸通りを走り抜けた馬車列は皇居外苑に入り、左にカーブしながら砂利《じゃり》道をしばらく走り、二重橋のある皇居の「正門」をくぐって皇居内に入り、宮殿の南車寄《くるまよせ》に到着する。そこでは式部官らを統括する式部官長が出迎え、一行を先導し、「松の間」に案内する。

一年に三〇ヵ国以上の大使らと

しばらくしてモーニング姿の天皇がお出ましになり、式が始まる。天皇のそばには外相が立ち、ほかに宮内庁長官と通訳、それに、天皇の後に続いて松の間に入った侍従長、侍従(134ページ参照)の姿が見えるが、いずれもモーニング姿だ。

天皇と対面した大使(夫妻)はその国の仕方であいさつを行った後、通訳を介し、「私はこのたび、国の元首から選ばれて大使として参りまして、ここに天皇陛下に信任状を捧呈する光栄に浴しました。前任者の解任状と、私の信任状をお渡しします」といったことを述べ、信任状を天皇に手渡す。大使夫妻の服装はカラフルな民族衣装の場合もある。

天皇は信任状を外相に渡す。現在の天皇陛下の場合、その後、大使らに対し、元首はお元気ですか、日本は初めてですか、滞在中は日本中をまわって日本との友好を深めてくださいさい、といった趣旨のお言葉があり、さらに、陛下自身がその国を訪問した経験があれば、その際に印象に残っていることなどにふれられることもあるという。

その後、随行員らが紹介され、天皇と握手をして式は終わり、大使ら一行は馬車で東京駅に戻る。時間にして一〇分くらいである。

新任大使に代わって離任する大使らが「解任状」を捧呈する儀式というのは行われず、新任の大使が前任者の解任状も同時に持参し、一緒に手渡すことになっている。そのかわり、離任大使は本国に帰国直前、天皇（大使の側が夫妻の場合は天皇・皇后）と宮殿で別れのあいさつをする（「引見」という、140ページ参照）機会がある。

信任状捧呈式は、筆者が宮内庁を担当していた平成一六（二〇〇四）年には一年間で三六ヵ国、同一七年～二〇年もそれぞれ三〇～四〇ヵ国の大使について行われた。ちなみに、平成二〇年一一月現在、東京には約一五〇の大使館があり、各大使館とも数年に一度、大使らが入れ替わる。

外相に渡された信任状はその後、天皇のもとに届けられ、陛下が目を通した後、その日のうちに外務省に回されることになっている。

信任状捧呈式を終えた新任大使はその後、一～二ヵ月のうちに、三～四ヵ国まとめて夫妻で宮殿に招待される。このときは皇后さまも出席し、天皇・皇后両陛下とお茶を飲みながら語らうのが現在のかたちとなっている。捧呈式に皇后さまは出席されず（憲法で国事行為は「天皇が行う」となっているため）、大使夫妻と会う機会がないことから、このように皇后さまも含めたかたちでお茶がセットされているといえる。

ところで「諸外国からは天皇が国家元首だとして扱われている」と述べ、大使や公使は相手国の元首に対して派遣され、「信任状」も、その元首にあてて出される書状だと説明した。その場合、天皇と首相のどちらが日本の「元首」なのか、という問題が生じる。実は、これについての明文規定はない。憲法上、政治や外交についての決定権が天皇にはなく、内閣にあることから、そのトップである首相が元首なのではとの見解もあるが、憲法学者などの間でも、それを判断することは困難だとされている。政府の見解も、「定義の仕方によっては天皇が元首という考え方もあり得る」（昭和四八〔一九七三〕年、衆院内閣委での吉国一郎内閣法制局長官〔当時〕の答弁）と、確定的なものは出されていない。

なお、捧呈式の馬車送迎のコースだが、レンガでおなじみの東京駅丸の内駅舎が国の重要文化財に指定され、現在の二階建てから創建当時の三階建てに復原する工事が平成一九（二〇〇七）年に開始され、馬車の発着所として使うことができなくなったため、現在は、約五〇〇メートル南西の明治生命館ビルが発着地として利用されている（平成二三年までの予定）。

2　天皇の住まい

住所は「皇居　御所」

天皇・皇后両陛下は皇居内にある住居「御所《ごしょ》」に住まわれており、宮内庁のホームページによると、両陛下の住所は「東京都千代田区千代田　皇居　御所」となっている。ここはかつての徳川将軍の居城（江戸城）で、鳥羽伏見の戦いの敗北により幕府が明け渡し、明治天皇が明治元（一八六八）年に京都から移った。

一一五万四三六平方メートル（東京ドーム二五個分に相当）ある皇居の中で、お住まいの「御所」は、西に位置する、木々に囲まれた「吹上御苑《ふきあげぎょえん》」と呼ばれる一帯にある。皇居の外から見た地理関係でいうと、地下鉄半蔵門線の半蔵門駅から東に約六〇〇メートルの位置に建つ。「御所」の呼び名は、天皇の御座所《ござしょ》（居室）から転じて、皇太子も含む方々の住居を意味するようになったという。

一方、仕事（公務）や行事、儀式の多くは、同じ皇居内の「旧西の丸地区」と呼ばれる場所にある「宮殿」で行われる。

宮殿は、新年の一般参賀や宮中晩餐《ばんさん》会、歌会始《うたかいはじめ》といったさまざまな儀式などが行われている建物で、御所からは東南東約五〇〇メートル。東京駅から皇居に向かって西にまっすぐ行き、ぶつかったところにある。昭和四三（一九六八）年に完成したもので、地上二階、地下一階。延べ床面積二万二九四九平方メートル、重要な儀式の行われる「正殿」棟を中心に、天皇が内閣からの上奏書類（国事行為関係の書類、上奏とは天皇に申し上げること）の決裁などの仕事を行う「表御座所《おもてござしょ》」棟、大規模な茶会や拝謁（272ページ参照）に使われる「長和殿《ちょうわでん》」棟、宮中晩餐会などで使用する宮殿で最大の広間「豊明殿《ほうめいでん》」、このほか、午餐（昼食会）や少人数の茶会、拝謁などに使われる小食堂「連翠《れんすい》」などからなる。儀式だけでなく、執務のような仕事（52ページ参照）も、天皇は宮殿（の表御座所）に来て行うのである。

「表御座所」棟には天皇が執務を行う公務室「菊の間」や、首相や大臣から内奏（307ページ参照）を受けたりする際に使う「鳳凰《ほうおう》の間」、談話室である「芳菊の間」、皇后の部屋である「桐の間」などがある。

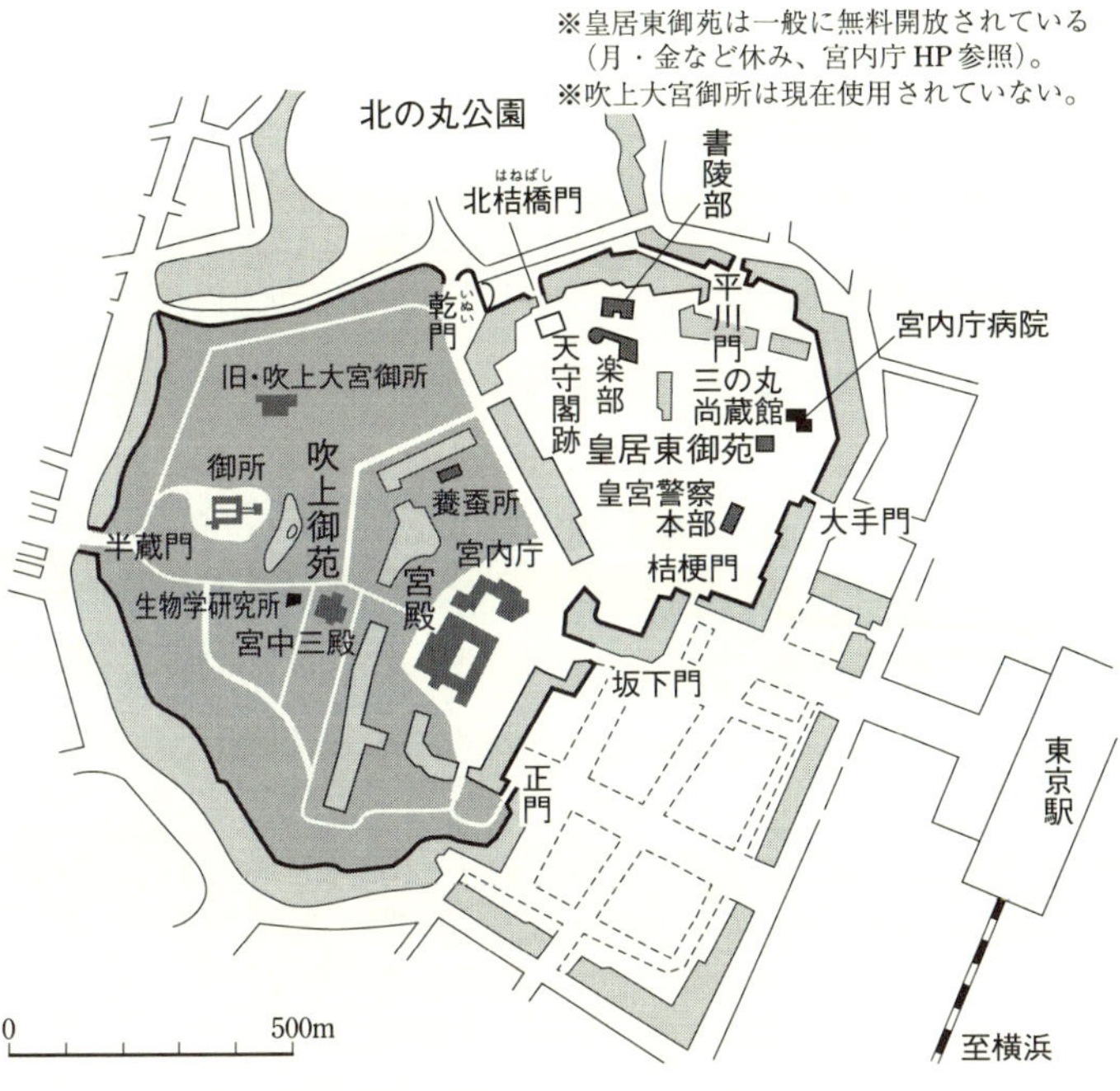
※皇居東御苑は一般に無料開放されている
（月・金など休み、宮内庁 HP 参照）。
※吹上大宮御所は現在使用されていない。
北の丸公園
北桔橋《はねばし》門
書陵部
乾《いぬい》門
平川門
宮内庁病院
天守閣跡
楽部
三の丸尚蔵館
旧・吹上大宮御所
皇居東御苑
御所
吹上御苑
養蚕所
皇宮警察本部
大手門
半蔵門
宮内庁
桔梗門
生物学研究所
宮殿
宮中三殿
坂下門
正門
東京駅
0
500m
至横浜

図２−１　皇居

「正殿」棟には、天皇の国事行為である首相の親任式（天皇から任命書が交付される儀式）や新年祝賀の儀、勲章の親授式《しんじゅしき》（天皇から大綬章《だいじゅしょう》〔旧・勲一等〕や文化勲章が受章者に交付される儀式）、信任状捧呈式、歌会始といった主要儀式の行われる「松の間」が中央にある。「松の間」は宮殿内でもっとも格の高い部屋で、広さは三七〇平方メートル、床はヒノキの板張り、室内の中央には菊の紋の入った玉座《ぎょくざ》（天皇の椅子）が置かれており、ここでのさまざまな儀式の模様は、テレビのニュースなどで頻繁《ひんぱん》に放映される。

向かってその左に、国賓《こくひん》をはじめとする外国賓客《ひんきゃく》の来日の際に天皇・皇后が使われる一八二平方メートルの「竹の間」、向かって右には、皇后誕生日のお祝いの行事や各都道府県知事を招き地方事情を天皇が聞く行事などが行われる一五二平方メートルの「梅の間」がある。

「長和殿」棟は、ガラス張りのベランダが、新年や天皇誕生日の一般参賀で使われるおなじみの建物で、その中央（一般参賀の際、天皇はじめ皇族が並ぶ場所の背後の障子《しょうじ》の向こう側）に六〇八平方メートルと宮殿で二番目に広い「春秋の間」があり、宮中晩餐会の後のコーヒー片手のレセプションや功労者との大規模な拝謁などが行われる。

その向かって右側には、宮中晩餐会の前に天皇・皇后が招待者と顔を合わせる場として使われる「石橋《しゃっきょう》の間」（二四五平方メートル）があり、ほかに「松風の間」などがある。長

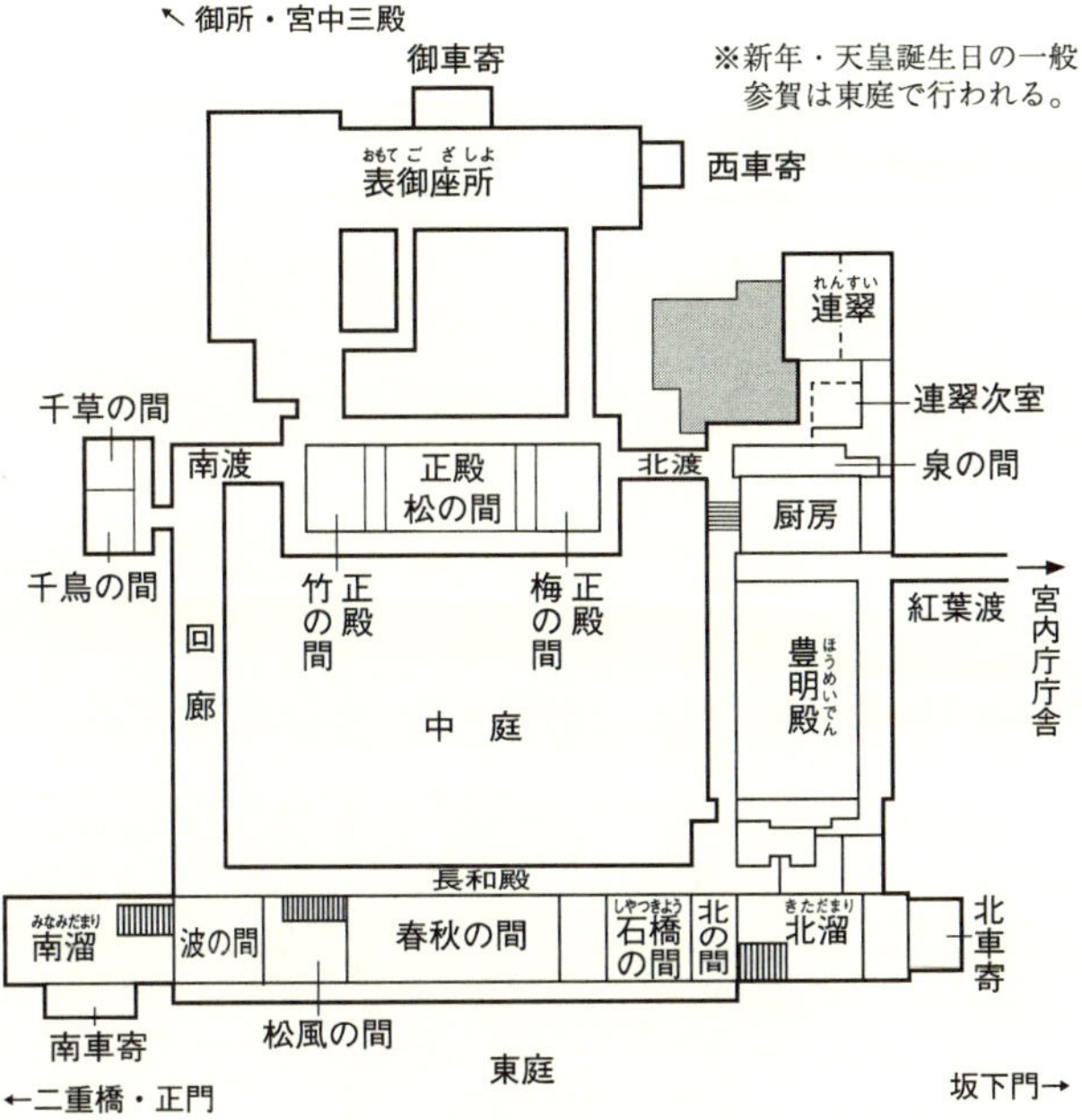

↖御所・宮中三殿
御車寄
※新年・天皇誕生日の一般参賀は東庭で行われる。
表御座所《おもてござしょ》
西車寄
連翠《れんすい》
連翠次室
泉の間
千草の間
南渡
正殿 松の間
北渡
厨房
千鳥の間
竹の間
正殿
梅の間
正殿
紅葉渡
宮内庁庁舎
回廊
豊明殿《ほうめいでん》
中庭
長和殿
南溜《みなみだまり》
波の間
春秋の間
石橋の間《しゃっきょうのま》
北の間
北溜《きただまり》
北車寄
南車寄
松風の間
東庭
←二重橋・正門
坂下門→

図2-2　宮殿見取り図

和殿棟は両端が車寄《くるまよせ》になっている。このほか、正殿棟近くに、儀式などで参集した人たちの休息所として使われたり、天皇・皇后が外国へ赴任する大使夫妻の拝謁を受けたりする「千草の間」「千鳥の間」も設けられている。

歩いて「通勤」されることも

御所と宮殿は同じ皇居内にあるとはいえ、皇居は広大で、御所と宮殿との距離も約五〇〇メートル離れている。ということは、日々、多くの仕事の際、陛下は二つの建物の間を「通勤」されているということになる。宮内庁職員の運転する車で通われることが多いが、体力維持のため、最近は歩いて行かれることが多い。

ただ、陛下の仕事はすべて宮殿で行われ、住居である御所は完全にプライベートな空間、といったように、宮殿が「公」、御所が「私」と厳密に分かれているわけではない。

御所には私室部分（一七室、八七〇平方メートル）のほかに、広間、小広間、食堂、進講室（「進講」は307ページ参照）、応接室など、客のもてなしなどに使われる公的な部分（接遇部分、一一室、六三〇平方メートル）があり、御所で行われる仕事・行事もある。

たとえば、外国の国王・大統領・首相などの元首ら賓客が来日し、皇居を訪問する予定が入ると、その前に、両陛下はその国に駐在する日本の大使を招き、その国についてのレクチャーを受けられる。また、皇居の外で行われる各種式典（たとえば○○協会○周年記念式典など）や表彰式などに出席の予定が入ると、主催組織の責任者を事前に招き、式典の概要について説明を受けられるが、それらは宮殿ではなく、御所で行われている。また日本芸術院会員や学士院会員を招いての「お茶」（軽食をともにする行事）も御所で行われる。

昭和天皇・香淳皇后の住まいだった吹上御所（御所の北約一五〇メートルにある。昭和三六〔一九六一〕年建設。かつて吹上大宮御所と呼ばれていた建物は残るが、使用されていない）は手狭で、もてなしに使われる公的な空間は少なく、「公的なものは宮殿で、御所はプライベート」という使い分けがある程度はっきり分かれていたという。

昭和天皇のころは、賓客らと会うのはほとんど宮殿だったが、現在の天皇陛下が皇太子の時代、住まいの東宮《とうぐう》御所で活動されることが多かった（東京・元赤坂の東宮御所は多くの賓客を迎える公的なスペースと私的な住居部分をあわせ持つ）ことなどが、皇居に引っ越してからも、宮殿だけではなく御所でも「仕事」が行われるようになった理由の一つのようだ。

平成五年に建てられた現在の御所は、延べ面積は五七七〇平方メートル。私室部分には天皇の身位にかかわる「三種の神器《じんぎ》」（120ページ参照）のうち、剣の分身と曲玉《まがたま》を安置する「剣璽《けんじ》の間」のほか、侍従や侍医らの控える事務部分（三二室、一四八〇平方メートル）の建物も併設されている。

東宮御所

皇太子ご一家は皇居でなく、東京・元赤坂の赤坂御用地（五〇万八九二〇平方メートル）の中にある「東宮御所」で日常生活を送られている。

東宮は皇太子の意味で、古くは、万物生成を示す「春」を表す東の方角（皇居の東）に皇太子の宮殿があったことから、「東宮」が「皇太子」の意味を持つようになった。東宮御所は皇居の西南西約二キロにあり、さまざまな人たちとお会いになるなどの皇太子としての仕事の多くは東宮御所で行われ（東宮御所には、宮殿のような公的行事を行うための建物が別にあるわけではない）、そのために私室部分のほか「日月《じつげつ》の間」「檜《ひのき》の間」など、多くの人と面会ができる大きな部屋がある。また、外国賓客をもてなす宮中晩餐会や昼食会、歌会始をはじめとするさまざまな宮中行事などで皇居に行く際は、約一〇分かけて車で向かわれる。

天皇陛下の海外ご訪問期間中やご病気などで、皇太子さまが天皇の国事行為の代行をするときは、皇太子さまが宮殿まで出向き、執務などを行われる。

なお、東宮御所は現在、平成二一（二〇〇九）年夏までの予定で改修工事が行われているため、その間、皇太子ご一家は赤坂御用地内の赤坂東邸（皇室の共用の邸宅）に仮住まい

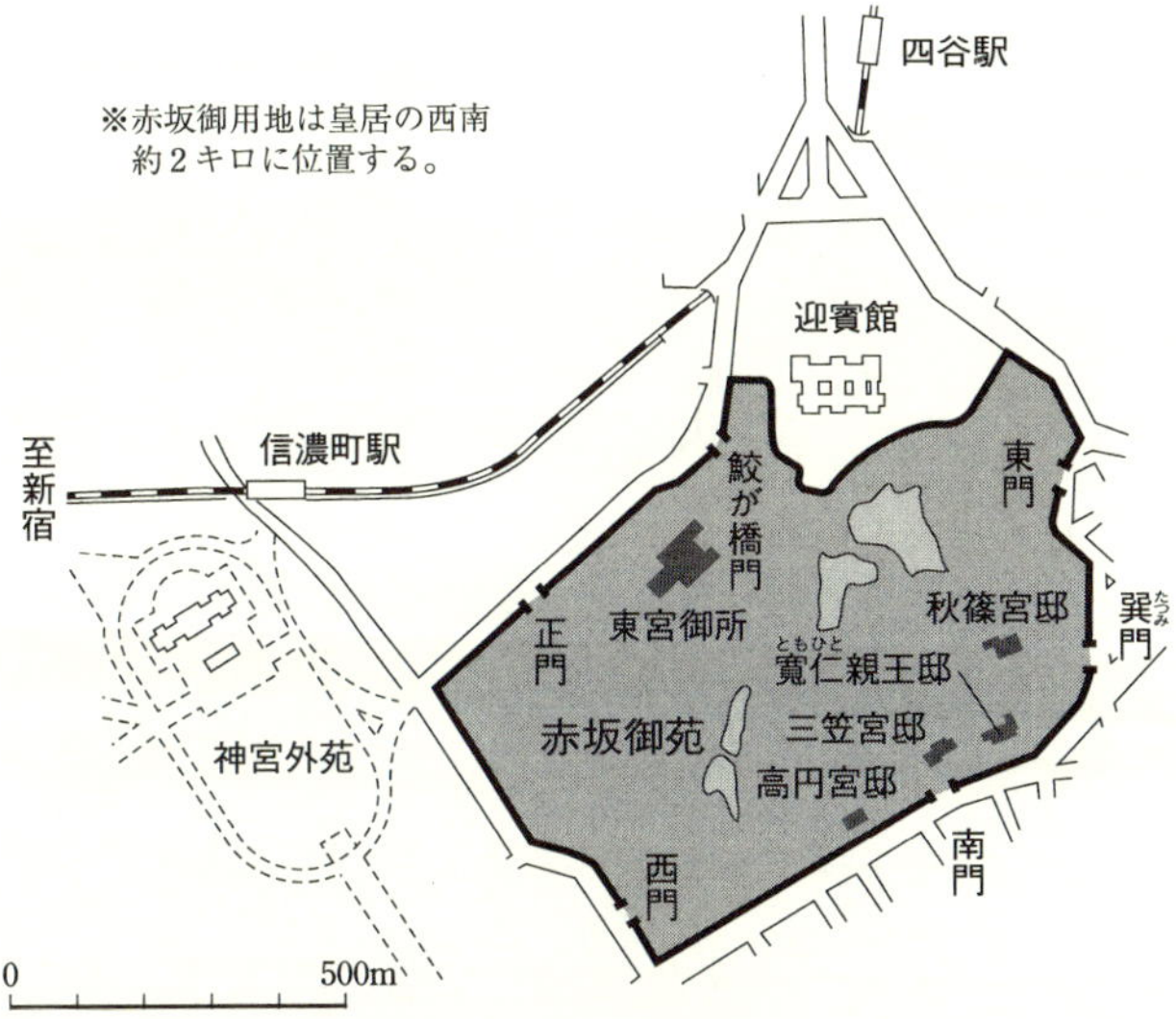

四谷駅
※赤坂御用地は皇居の西南
約2キロに位置する。
迎賓館
至新宿
信濃町駅
鮫が橋門
東門
東宮御所
秋篠宮邸
巽《たつみ》門
正門
寛仁《ともひと》親王邸
神宮外苑
赤坂御苑
三笠宮邸
高円宮邸
南門
西門
0
500m

図2－3　赤坂御用地

されている。

赤坂御用地には東宮御所のほか、「秋篠宮邸《あきしののみやてい》」「三笠宮邸」「(三笠宮)寛仁《ともひと》親王邸」「高円宮邸《たかまどのみやてい》」の各宮家のお住まいもある。

また、常陸宮《ひたちのみや》ご夫妻は東京都渋谷区東《ひがし》に、桂宮さまは皇居の北北西わずか約三〇〇メートルの千代田区三番町に、それぞれ邸宅がある。また、平成一六年一二月に逝去した高松宮妃喜久子さまは東京都港区高輪に住まわれていた。

三つの御用邸

このほか、一般でいう別荘にあたる「御用邸」が三ヵ所ある。

昭和天皇が摂政《せっしょう》の時代の大正一五(一九二六)年に造られた「那須御用邸」(栃木県那須町)は敷地面積が六六二万六六四平方メートル(建物は七一七四平方メートル)で皇居の約六倍の広さ。広大な自然の中、昭和天皇が毎年夏に静養で訪れ、植物採集や研究を楽しまれていた。現在の天皇・皇后両陛下が年に数回、静養に使われる海辺の「葉山御用邸」(神奈川県葉山町)は九万五七九六平方メートル(建物は三三三二平方メートル)。そして伊豆半島の先端にあり、毎年夏、天皇・皇后両陛下が皇太子ご一家や秋篠宮ご一家を呼び寄せ、砂浜を散策されるニュース映像などでおなじみの「須崎御用邸」(静岡県下田市、三八万四四一三平方メートル、建物は五二二七平方メートル）の三つだ。

皇居はじめこれらの施設は憲法第八八条（「すべて皇室財産は、国に属する」）により国有財産となり、「皇室用財産」として皇室に提供されている。つまり、御所や宮殿などは、天皇家の所有物ではなく国が所有し、天皇家が国から借りているかたちになる。これは、天皇や皇族の日常に必要な基本的な財産は、国が提供する制度ともいえる。

皇室用財産にはこのほか、京都御所や桂離宮、皇室用や宮中晩餐会の食材を生産している広大な御料牧場《ごりょう》（栃木県高根沢町・芳賀町）などがある。そのうち、京都御所のある京都御苑の中には英照皇太后《こうたいごう》（明治天皇の母）のために慶応三（一八六七）年に建てられた京都大宮御所という建物があり、天皇・皇后はじめ皇族が地方訪問で京都を訪れた際の宿泊に使われている（他県を訪問の際は一般のホテルなどを利用する）。

また、有名な正倉院も、宮内庁の管轄（宮内庁正倉院事務所、宝物の修理も宮内庁の専門職員が行う）である。

なお、那須御用邸については、国民が自然に直接ふれあえる場所として活用しては、との天皇陛下のご意向を受け、平成一九年度に、広大な敷地のうち、半分近く（北側）が宮内庁から環境省に移管された（それ以前は皇居の一〇倍以上の広さがあった）。平成二三年度にも、日光国立公園の一部として編入したうえで自然観察などの場として一般に開放される予定という。

3　皇室の構成

皇室二三方の内訳

平成一八（二〇〇六）年九月六日、皇室にとっては秋篠宮さま以来四一年ぶりとなる男子・悠仁《ひさひと》さまが秋篠宮家に誕生した。皇位継承順位は皇太子さま、秋篠宮さまに続く第三位で、悠仁さまのご誕生により、皇室は二三方となった。

「皇室」は天皇と皇族で構成される。厳密に言うと、「天皇」はその中でも別格の存在として、「皇族」という言い方の中には含まれない。そのため、皇室の全員をさす場合の言い方として、宮内庁や報道機関などでは「天皇陛下はじめ皇族方」といった表現を使っているが、ひとことで表現する場合は、「皇室」と言えば天皇も皇族も含まれる。

現在の皇室二三方の内訳は、まず、天皇陛下と、陛下のご家族（皇后さまや皇太子ご一家）である「内廷皇族《ないていこうぞく》」（独立した宮家を創設された秋篠宮さまは除く）と、六つの宮家の皇族（内廷外皇族）とに分かれ、制度上で扱いの区別がある。

なお、秋篠宮さまは天皇陛下の次男（直系）だが、結婚により「秋篠宮」という独立した生計を営む宮家を創設されたため、内廷外の皇族ということになっている。ただ、一般的に使われる「天皇ご一家」や「天皇家」といった中には、秋篠宮ご一家も天皇陛下の家族としてもちろん含まれ、天皇誕生日の一般参賀で宮殿のベランダに天皇ご一家がお出ましになる際、秋篠宮ご夫妻も一緒にお出ましになる。

天皇陛下のほか、「内廷皇族」は、皇后さまと、皇太子さま・皇太子妃雅子さま・敬宮《としのみや》愛子さまの皇太子ご一家（図3－1参照）となる。

内廷外皇族、つまり宮家の皇族は、秋篠宮さま・秋篠宮妃紀子《きこ》さま・眞子《まこ》さま・佳子《かこ》さま・悠仁さまの秋篠宮ご一家、天皇陛下の弟である常陸宮《ひたちのみや》さまと常陸宮妃華子さまの常陸宮ご夫妻、昭和天皇の弟（天皇陛下の叔父にあたる）である三笠宮《みかさのみや》さまと三笠宮妃百合子さまの三笠宮ご夫妻、その三笠宮ご夫妻の長男である寛仁《ともひと》さまのご一家（寛仁さま・妃殿下の信子さま・長女の彬子《あきこ》さま・次女の瑶子《ようこ》さま）、三笠宮ご夫妻次男の桂宮《かつらのみや》さま、三笠宮ご夫妻三男である高円宮《たかまどのみや》さま（平成一四年にご逝去）のご一家（妃殿下の久子さま・高円宮さま長女の承子《つぐこ》さ

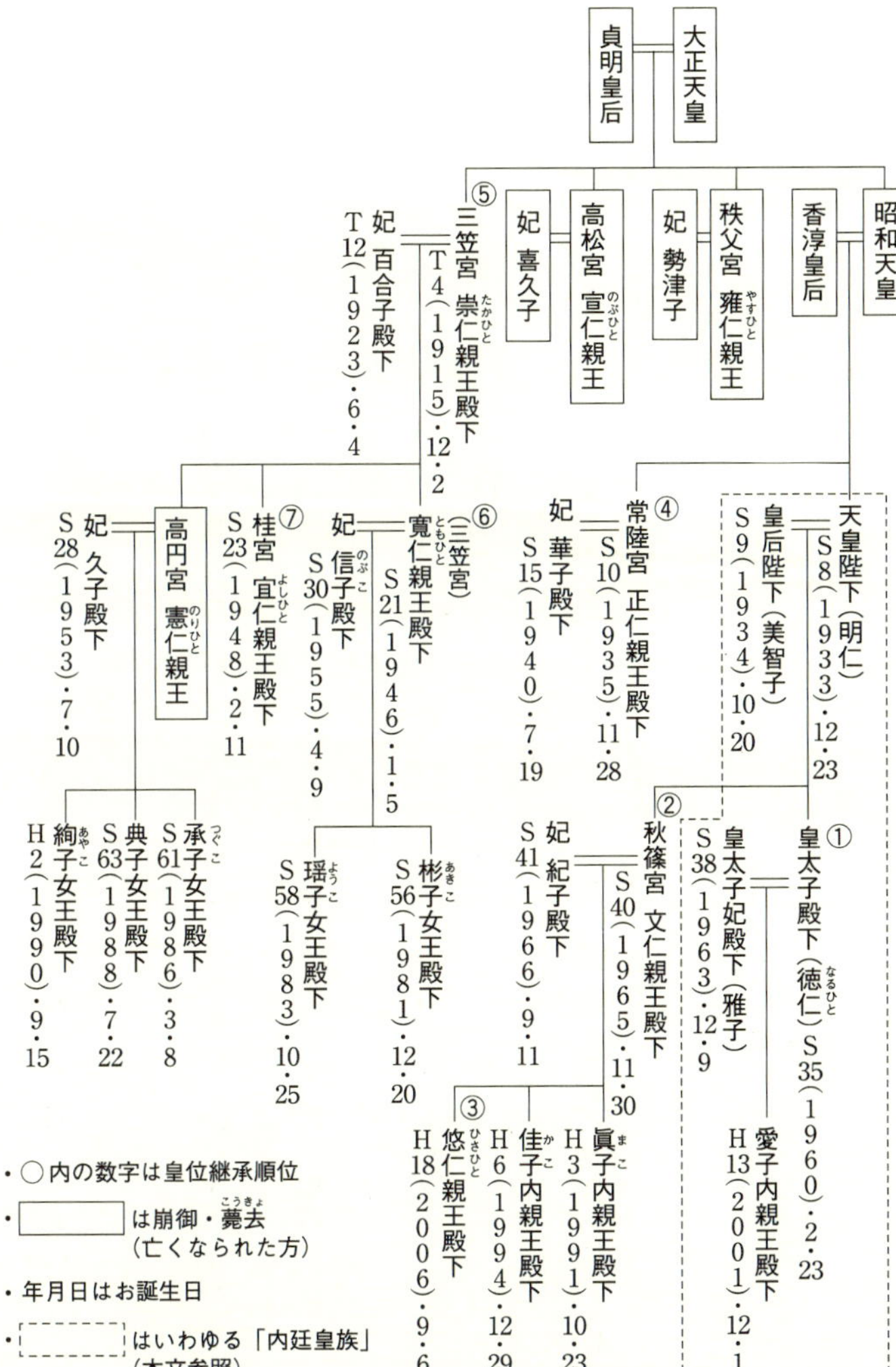
貞明皇后
大正天皇
⑤三笠宮　崇仁《たかひと》親王殿下　T4(1915)・12・2
妃　百合子殿下　T12(1923)・6・4
妃　喜久子
高松宮　宣仁《のぶひと》親王
妃　勢津子
秩父宮　雍仁《やすひと》親王
香淳皇后
昭和天皇
妃　久子殿下　S28(1953)・7・10
高円宮　憲仁《のりひと》親王
⑦桂宮　宜仁《よしひと》親王殿下　S23(1948)・2・11
妃　信子《のぶこ》殿下　S30(1955)・4・9
⑥(三笠宮)寬仁《ともひと》親王殿下　S21(1946)・1・5
妃　華子殿下　S15(1940)・7・19
④常陸宮　正仁親王殿下　S10(1935)・11・28
皇后陛下(美智子)　S9(1934)・10・20
天皇陛下(明仁)　S8(1933)・12・23
絢子《あやこ》女王殿下　H2(1990)・9・15
典子女王殿下　S63(1988)・7・22
承子《つぐこ》女王殿下　S61(1986)・3・8
瑶子《ようこ》女王殿下　S58(1983)・10・25
彬子《あきこ》女王殿下　S56(1981)・12・20
妃　紀子殿下　S41(1966)・9・11
②秋篠宮　文仁親王殿下　S40(1965)・11・30
皇太子妃殿下(雅子)　S38(1963)・12・9
①皇太子殿下(徳仁《なるひと》)　S35(1960)・2・23
③悠仁《ひさひと》親王殿下　H18(2006)・9・6
佳子《かこ》内親王殿下　H6(1994)・12・29
眞子《まこ》内親王殿下　H3(1991)・10・23
愛子内親王殿下　H13(2001)・12・1
・○内の数字は皇位継承順位
・□は崩御・薨去《こうきょ》(亡くなられた方)
・年月日はお誕生日
・┆┆はいわゆる「内廷皇族」(本文参照)

図3-1　皇室の構成

ま・次女の典子さま・三女の絢子《あやこ》さま）となっている。なお、平成一六年一二月一八日に高松宮妃喜久子さまは九二歳で逝去され（夫の高松宮さまは昭和六二〔一九八七〕年にご逝去）、高松宮家が廃絶し、宮家が一つ減った。

平成一四年に当主の高円宮さまが逝去された高円宮家では現在、妃殿下の久子さまが当主になられている。

寛仁さまは○○宮と名乗られていないが、これは三笠宮家の長男として将来、父から「三笠宮」の宮号を受け継ぐお考えのためとみられる。そのため宮内庁などでは「寛仁親《しん》王《のう》家」とし、「三笠宮」をつけていない（報道の際などには、三笠宮家の皇族だということをわかりやすくするため、あえて「三笠宮」をつけ「三笠宮寛仁さま」としている報道機関が多い）。

筆者が宮内庁記者クラブ（宮内記者会）に入って驚いたことの一つに、内廷皇族と内廷外皇族の待遇の違いがある。同行取材などでそれをもっとも強く感じた例が、地方訪問の際の車列（通過の際、他の車を交通規制するかしないか、206ページ参照）である。

また、担当をはずれてからのことになるが、悠仁さまご誕生の際、愛子さまのときとの命名発表のしかたの違い（愛子さまご誕生のときは、宮内庁の総務課長が金屏風《きんびょうぶ》の前で称号やお名前が大きく書かれた紙を前に記者発表したのに対し、悠仁さまの場合は、お名前が「悠仁」に決まった旨の紙が記者クラブで配られただけ）も強く印象に残った。

称号と敬称

天皇陛下はじめ皇族には「姓」がない。小和田《おわだ》雅子さんが平成五年に皇太子さまと結婚し皇族（皇太子妃）になられた際も姓がなくなった。これは姓が、奉仕や忠誠に応じ「天皇から与えられる」ものだったため、天皇や皇族は姓を持たないのだという。

また、皇族の「常陸宮」「三笠宮」といった「宮号」と、天皇や皇太子の子供だけにつけられる「称号」（たとえば皇太子さまのかつての「浩宮《ひろのみや》」や、愛子さまの「敬宮」など）があるが、両者は別物である。宮号は、成年（成人）になり、結婚などの際に独立して宮家を創立したときに天皇から与えられる姓的なもので、称号は、天皇や皇太子の子供だけが持つ「幼少時の呼び名」である。ちなみに、宮内庁のホームページには、皇太子さまと秋篠宮さまについて、「浩宮」や「礼宮《あやのみや》」を「（ご幼少時の）ご称号」として掲載している。

このほか、たとえば皇太子さまについて「皇太子さま」という言い方と「皇太子殿下」という言い方があるが、敬称などについては、「皇室典範《てんぱん》」という法律で決まっている。

たとえば「寛仁親王殿下」の「親王」という部分だが、皇室の中でどの位置にあるかを示すもので、歴代の各天皇の孫まで（つまり、歴代天皇の子供と孫）を男性は「親王」、女性は「内親王《ないしんのう》」と定め、ひ孫以下になると男性は「王」、女性は「女王」となり、男性皇族の場合、一般的に親王の方が王より皇位継承順位（後述）が高いことが多いので、継承順位の上下などを知る手掛かりになる（ただ、現在の皇室には「王」の該当者はいない）。現在の天皇だけでなく、「歴代の天皇から見て」孫までか、それとも、ひ孫以下か、というのがポイントである。その違いによって、法的には、国から支給される皇族費（50ページ参照）の額なども違ってくる。

現在の皇族のうち、宮家の女性皇族を例に説明すれば、秋篠宮家のお子さまである眞子さまと佳子さまは「内親王」だが、寛仁親王家のお子さま（彬子さまと瑶子さま）と高円宮家のお子さま（承子さま、典子さま、絢子さま）は「女王」になる。これは、眞子さまと佳子さまは天皇陛下の孫に当たるが、彬子さま、瑶子さま、承子さま、典子さま、絢子さまは大正天皇の（つまり、現在の天皇陛下でなく歴代天皇の）ひ孫（以下）に当たるために生じる違いである（図3－2参照）。

次に、「殿下」などの敬称について。天皇と皇后、皇太后《こうたいごう》（先代天皇の妃のことで、平成一二〔二〇〇〇〕年に崩御《ほうぎょ》〔亡くなること〕された香淳皇后が、夫の昭和天皇の崩御以降、皇太后だったが、現在は該当者なし）、太皇太后《たいこうたいごう》（先々代天皇の皇后、現在は該当者なし）には「陛下」、それ以外の皇族には「殿下」との敬称をつける（皇室典範第二三条）。ここでは、「殿下」という敬称を女性皇族であっても使うのがポイントで、「妃殿下」という言い方は「妃」の字の通り、

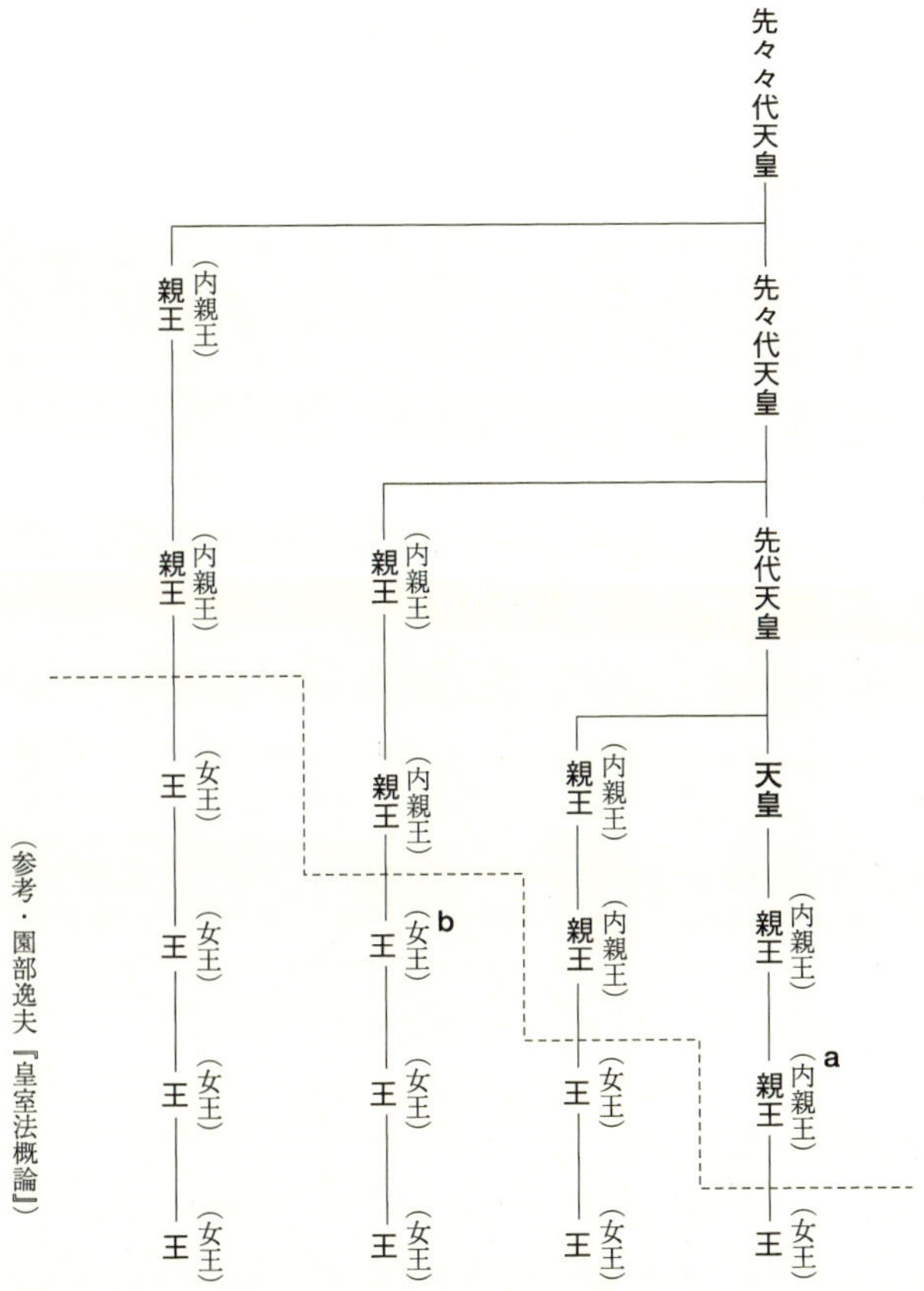

歴代天皇の「孫まで」か「ひ孫以下」かで呼称が変わる。
※カッコ内は女性皇族の場合。
※秋篠宮家のお子さまはa、寛仁親王家・高円宮家のお子さまはbに該当のため呼称が異なる（図3-1参照）。
※現在の皇室には「王」の該当者がいない。
※親王（内親王）と王（女王）とでは支給される皇族費に差がある。

図3-2　親王（内親王）と王（女王）の違い

結婚している女性皇族にしか使わない。

これらをまとめると、たとえば秋篠宮家の眞子さまと佳子さまのお二人は、天皇陛下の孫なので、正式には「眞子内親王殿下」「佳子内親王殿下」となるが、寛仁親王殿下の二人のお子さまは大正天皇（歴代天皇）のひ孫にあたるので、「彬子女王殿下」「瑶子女王殿下」となる。

ふだんの新聞やテレビ、ラジオなどでは「天皇陛下」を除き、皇后陛下を「皇后さま」（ただしご夫妻がご一緒のときは「天皇・皇后両陛下」という表現を使う）、皇太子殿下も「皇太子さま」、皇太子妃殿下は「皇太子妃雅子さま」（ご夫妻では「皇太子ご夫妻」）、秋篠宮殿下は「秋篠宮さま」、秋篠宮妃殿下は「秋篠宮妃紀子さま」（ご夫妻では「秋篠宮ご夫妻」）、そのほか、眞子内親王殿下は「眞子さま」、彬子女王殿下も「彬子さま」……とわかりやすく親しみやすい敬称に変えている。

宮内庁などではどのような呼び方をしているかというと、天皇陛下はもちろんそのまま「天皇陛下」、皇后さまは「皇后陛下」、ご夫妻の場合は「天皇・皇后両陛下」、皇太子さまは「皇太子殿下」、雅子さまは「皇太子妃殿下」、ご夫妻では「皇太子・同妃《どうひ》両殿下」、秋篠宮さまは「秋篠宮殿下（さらに公式度の高い表現では、秋篠宮の宮号を使わず秋篠宮さまのお名前である「文仁《ふみひと》親王殿下」を使う。これは「宮号」や「宮家」が法に基づかない制度のため）」、紀子さまは「秋篠宮妃殿下（同「文仁親王妃殿下」）」、ご夫妻では「秋篠宮・同妃両殿下（同「文仁親王・同妃両殿下」）」となっている。

皇位継承の順序

皇位を継承できるのは、皇室典範第一条で、男性の皇族であること、第二条でその順序が定められている。なお、同第九条で皇室では養子が禁止されているので、歴代天皇と血のつながりのある男性皇族ということになる。皇族以外の一般の男性は皇族となることができず、また、同第五条により、一般の人であっても女性の場合は男性皇族と結婚すれば皇族となることができる。

皇位継承の順序は以下のようになる。

① 天皇の長男（＝皇室典範では「皇長子」という用語を使っている、現在の皇室でいえば皇太子さま）
② 「皇長子」の長男（現在は該当者なし）
③ 「皇長子」の長男以外の男性の子孫（現在は該当者なし）
④ 天皇の次男（現在は秋篠宮さま）、そしてその子孫（「子孫」はもちろん男性、秋篠宮家に誕

生した悠仁さまがこれに該当する)

⑤ 天皇の三男以下と、そのそれぞれの男性子孫(現在は該当者なし)

⑥ 天皇の兄と弟(現在、兄は該当者なし、弟は常陸宮さま)、そしてそのそれぞれの男性子孫(現在は該当者なし)

⑦ 天皇の「おじ」(現在は三笠宮さま=昭和天皇の弟)、そしてそのそれぞれの男性子孫(現在は、三笠宮さまの長男である寛仁さまと次男の桂宮さま)

さらに、以上の皇族がいないときは、それ以上で最近親の系統の皇族に伝えるとしているが、現在は該当者がいない。

現在の時点で皇位継承資格とその順位をもう一度整理すると、①皇太子さま②秋篠宮さま③悠仁さま④常陸宮さま⑤三笠宮さま⑥寛仁さま⑦桂宮さまとなる。

また、前記のように皇室典範第九条により天皇と皇族は養子を迎えることができないため、跡継ぎのいなかった高松宮家は、妃殿下の喜久子さまが逝去されたことにより途絶えた。皇室は、天皇の血統を維持し、皇位の世襲を続けていくことができるよう、天皇と一定の範囲の親族関係にある人を「皇族」という一般とは異なる特別の地位に皇室典範で定めた、ということがいえるだろう。

なお、天皇の地位に就《つ》けるのが男性だけに限られていることや継承順位については「皇室典範」に定められていて、憲法に定められているわけではない。憲法では第二条で「皇位は、世襲のものであつて、国会の議決した皇室典範（「典範」という難しい名称がついているが、わかりやすくいえば「皇室法」と言いかえてもいいようなもの）の定めるところにより、これを継承する」とあるだけで、「国会の議決した」つまり一般の法律である皇室典範にゆだねている。ということは、憲法を改正しなくても、他の法律と同じように国会の多数決で皇室典範を改正するだけで、女性が天皇になるといったことが可能になるとされている。

現行の皇室典範に基づけば、現在の二三方の皇室のうち、未婚の女性皇族は、紀宮さま（現・黒田清子《さやこ》さん）のように一般国民と結婚された場合は皇族の身分でなくなり、一方、未婚の男性皇族は将来、結婚することなどで新たな宮家を創設する。

「男系」「女系」とは

平成一八（二〇〇六）年に悠仁さまが誕生されるまでの間、「このまま男子の誕生がなければ、将来、皇位継承者はいなくなり、皇室が消滅する」という事態が生じた。政府は平成一七年に小泉純一郎首相（当時）の私的諮問《しもん》機関として「皇室典範に関する有識者会議」を発足させ議論を行い、皇室典範の第一条を改正し、女性・女系天皇を認めると同時に、

第一二条の「皇族女子は、天皇及び皇族以外の者と婚姻したときは、皇族の身分を離れる」も改正して、女性の皇族が結婚後も皇族でありつづけられるようにする必要があるとの報告書を出すという動きが起こった。

一方、男子による継承を維持しようという立場からは、同第九条の「天皇及び皇族は、養子をすることができない」を改正し、戦後、民間人となった旧宮家の男子が皇族に復帰できるようにすることなどの主張も出された。

またそのころ、「男系」「女系」ということがしきりに言われたが、「男系」の皇族とは天皇や皇族を父に持ち、天皇の血を父親から継いだ人、「女系」は天皇や皇族を母に持つ人をさす。歴史上、八人存在した女性天皇はいずれも男系であったことから、「男系の女子」の皇族（愛子さま、眞子さま、佳子さま……）なら一代限りで皇位継承を認めようという立場の意見も出された。

男系の女子なら認め、女系の場合は男子も女子も皇位継承を認めない立場について、考えられる理由の一つに、「姓の系統が変わる」、たとえば一般の家庭でいえば、「田中花子」と「山田太郎」が結婚した場合、生まれた子供はどちらかといえば「山田家の子供」と世間の多くの人に認識されるように、女性天皇と民間の男性が結婚して子供が生まれた場合、その子供は民間の男性の方の家系の子供だという認識になってしまうことがあげられる。

成年皇族

皇室では、一般国民と異なり、天皇と皇太子、皇太孫（皇太孫とは天皇の孫で、皇太子がいないなどの理由で皇位継承順位が第一位にある皇族のこと、現在は該当者なし）の成年（成人）は一八歳（皇室典範第二二条）、他の皇族は一般国民と同じ二〇歳となっている。これは、天皇が未成年の場合は摂政《せっしょう》を置かなければならないことになっており（同第一六条）、なるべく摂政を置かずにすむようにするため、天皇はもちろん、皇太子が早く成年になることで、摂政が必要となった場合でも皇位継承順位の高い皇族が摂政に就けるように（現在の皇室典範では摂政も成年皇族でないとなれない）、との配慮から一八歳になったという。摂政とは、天皇が未成年だったり病気、事故などで国事行為ができないとき、代わって行う皇族のことである。昭和天皇も、皇太子時代に病気の大正天皇の摂政となっている（大正一〇〔一九二一〕年）。

成年になるかどうかは皇室の「仕事」という面からも重要な意味を持つ。一般の国民はアルバイトや就職した時点などから仕事を始めるということになるが、皇室では成年皇族となった時点から宮中をはじめとするさまざまな公式行事（つまり公の仕事）に出席したり、公益団体の名誉総裁に就任したりするようになるのである。

最近では、平成一八(二〇〇六)年三月八日に二〇歳となった高円宮家の長女、承子さまが、同一九年一月の「新年祝賀の儀」や一般参賀、「講書始の儀《こうしょはじめのぎ》」(291ページ参照)に初めて出席された。

外国の国王や大統領、首相といった元首が国賓として来日した際に、皇居・宮殿で行われる宮中晩餐会《ばんさんかい》(153ページ参照)に出席するのも成年皇族である。

わかりやすい例では、毎年一月二日の新年一般参賀で、皇居・宮殿のベランダに、天皇・皇后両陛下とともに承子さまのお姿はあっても、未成年皇族の愛子さまや眞子さま、佳子さまのお姿はない。

ただ、宮中行事は成年になってからであっても、皇居の外でのさまざまな行事に関しては、それぞれの判断で未成年であっても出席、というケースがある。

たとえば、秋篠宮家では長女の眞子さまが、平成二〇年四月二〇日、東京・上野動物園内の「子ども動物園」の開園六〇周年記念として行われた馬の贈呈式に出席された。初めての単独でのご公務で、このとき学習院女子高等科二年の一六歳。父の秋篠宮さまが日本動物園水族館協会の総裁を務められており、動物への深い関心を持たれていることから出席を要請されたものだが、早い時期から公務を経験させ、皇族としての教育をしていきたいという秋篠宮ご夫妻のご意向がうかがえる。両陛下も皇太子夫妻時代、学生だった紀宮さま（現・黒田清子さん）を地方訪問に伴われたことがあるという。

このほか、皇室が一般国民と異なる点は、政治的に中立である必要から選挙権がない（もちろん、立候補するなどの被選挙権もない）ことと、男性皇族の場合、結婚する際には首相や衆・参両院議長、最高裁長官ら一〇人のメンバーで構成される「皇室会議」を開き承認されなければならない（皇室典範一〇条）など、基本的人権の面で一般国民に比べ一部制約を受けていることがある。

また、天皇は退位できず（同第四条で皇位継承は天皇の崩御のときのみと規定されているため、それ以外のケースでの皇位継承はあり得ず、退位できないとされている）、皇族も、皇籍の離脱についての制約など、「職業」選択の自由に関する制約がある（同第一一条）。

これは皇室の範囲ともかかわることで、安定的に皇位継承が行われ、皇室を維持していくために、皇位継承資格のある皇族を一定数確保するという観点からのものとされている。結婚の手続きに関しては、前記のように、男性皇族と結婚することによって相手の女性が「皇族」という特別な身分となることや、順位は別として男性皇族には将来、国の象徴である天皇となる可能性があることのために、その相手としてふさわしいかどうかを審議する必要があることから、皇室会議を経る必要があるとされているのである。

「内廷皇族」と「内廷外皇族」の予算面での違い

「内廷皇族」と「内廷外皇族（宮家の皇族）」のもっとも大きな違いは、予算面にあらわれる。皇室にかかわる費用は憲法第八八条により、予算として計上し、国会の議決を経ること、つまり、他の中央官庁などの予算と同様、国民の代表により構成された国会の承認を受けることになっているが、儀式や外国ご訪問など以外のプライベートな出費について、天皇と内廷皇族は「内廷費」、各宮家の皇族は「皇族費」と出所が異なっている（皇室経済法第三〜六条）。

平成一六〜二〇（二〇〇四〜〇八）年度の「内廷費」は、同一六、一七年度が当時の紀宮さまを含む六人、同一八、一九年度は結婚で民間人となられた紀宮さまを除く五人で各年度とも三億二四〇〇万円であった。「皇族費」は、同一六年度は途中で高松宮妃喜久子さまが逝去し絶家した高松宮家の分も含み、まだ誕生されていない秋篠宮家の悠仁さまの分は含まれず（七宮家一八人）で二億九九八二万円、同一七年度は高松宮家の分がなくなり、まだ誕生されていない悠仁さまの分を含まない六宮家一七人で二億六九六七万円、同一八年度からは悠仁さまご誕生で六宮家一八人で二億七〇〇〇万円台である。

つまり、同じ天皇陛下の子でも、内廷皇族の皇太子ご一家と宮家皇族として独立の生計を営む秋篠宮ご一家とでは、予算上、「内廷費」と「皇族費」というまったく異なる出所となり、使える額も大きく異なる（秋篠宮ご一家は悠仁さまご誕生で五人となり、現在年間の皇族費は五四九〇万円）のである。

ただ、両陛下と皇太子ご一家（内廷皇族）には宮家皇族よりもかなり多い三億円以上の予算が措置されているからといっても、その多くは天皇家が私的に雇っている職員の人件費などにあてられる。

「私的な職員」とは、現在の憲法下で公務員が宗教活動にかかわることが禁止されているために、宮内庁の職員として雇用できない宮中三殿の神職（掌典《しょうてん》、内掌典《ないしょうてん》、113ページ参照）らをさす。また、五〇〇〇万円台の秋篠宮家でも宮内庁の職員だけでは足りず、宮邸の職員を私的に複数雇っており、それらの人件費も払わねばならない。さまざまな公的行事に出席するための出費もあり、森暢平《ようへい》氏は「皇族という身分から生じる経費を考えると、潤沢とまでは言えないのではないか。民間の資産家の中には宮家皇族以上の暮らしをする人は多いはずだ」（『天皇家の財布』新潮新書）と述べている。

4 「天皇の仕事」の内訳　どのような仕事をどのように

回数の多い仕事は

天皇の具体的な仕事を紹介していく前に、それらがどのような傾向や特徴を持つのかみてみよう。

現在、国事行為の内訳などの細かい数字が発表されなくなったため、筆者が独自にその部分の数字を入手し分析することのできる平成一六（二〇〇四）年のデータからみてみよう。宮内庁が発表した同年一年間の天皇陛下のご日程から、すべての仕事・行事の数をカウントすると約七一〇件であった（ここには、いわゆる〝お忍び〟での外出など宮内庁が発表していないものは含まれていない）。

「約」としたのは、厳密なカウントのしかたの難しいものがあるからで、たとえば、毎年一月二日、天皇・皇后はじめ各皇族が皇居に集まった一般の人たちの前に姿を見せ新年のあいさつをする「新年一般参賀」(288ページ参照)は午前と午後で計七回のお出ましがある。これを七件と数えるか、それとも全体をまとめて「一般参賀」として一件と数えるか、といった問題があり、厳密な数は出しにくい部分がある。このため宮内庁が発表した陛下のご日程(宮内庁ホームページ参照)から、一つの項目として記されているものを「一件」とした。

まず、天皇の行事の中で、どの行事が何回ずつ行われたのかを筆者が調べた「行事別ランキング」ともいえるのが次々ページの図4-1である。七一〇の年間行事のうちでももっとも多いのは、国事行為関係(内閣関係)などの書類に天皇が目を通し決裁する「執務」で一〇一件。二番目は、国内の要人や功績のあった人などに会う「拝謁(接見含む)」九四件。

三番目は皇居内の清掃などのボランティアを行う皇居勤労奉仕団(282ページ参照)のメンバーに会ってねぎらうなどの「会釈」(宮内庁用語で「非公式に会うこと」をさし、一般的な会釈の意味とはやや異なる。282ページ参照)で六六件。

以下、四位が外国の賓客に会う「会見」「引見」(「会見」は大統領などの元首や王族に会うことで、「引見」はそれ以外（それ以下のクラス、たとえば大臣や国会議長など）の外国賓客に会うことの四九件、五位は客を皇居や御所に招きドリンクや軽食をともにしながら語らう「お茶」「茶会」の四二件、六位は、国事行為（外国の大使・公使の接受）の一環として行われる「信任状捧呈式」で三六件、七位は、内外の客を招いて行う昼食会や夕食会である「午餐《ごさん》」「昼餐《ちゅうさん》」「晩餐」「夕餐」の三五件、八位は、天皇が皇居内の宮中三殿などで、国家や皇室の繁栄を願うなどの祭儀を行う「皇室祭祀《さいし》（宮中祭祀）」の三二件、九位が、出席予定のさまざまな記念式典や授賞式について事前に主催者や関係者を御所などに呼んで内容を聞く「説明」の二六件、一〇位は「記念式典や授賞式、レセプションへの出席」で二一件である。

ただ、このランキングもカウントのしかたにより変わってくる部分がある。

たとえば、二位の「拝謁」と三位の「会釈」は「人と会うこと」という点では変わりがなく、公式（拝謁）か非公式（会釈）かの違いである。さらには、国内の人と会うことを「拝謁」や「会釈」といい、外国の賓客と会うことを「会見」「引見」と使い分けているが、これも国内か外国かの違いで「会う」という点では変わりがない。これらをひとまとめにすると計二〇九件となり、「執務」の二倍以上の数字となる（「お茶」「茶会」も飲み物や軽食のついた「拝謁」と考えてそれらに加えれば、数はさらに増える）。

（図4－1～4－6はすべて平成16〔2004〕年1年間の天皇陛下の行事計710件の内訳、単位：件）

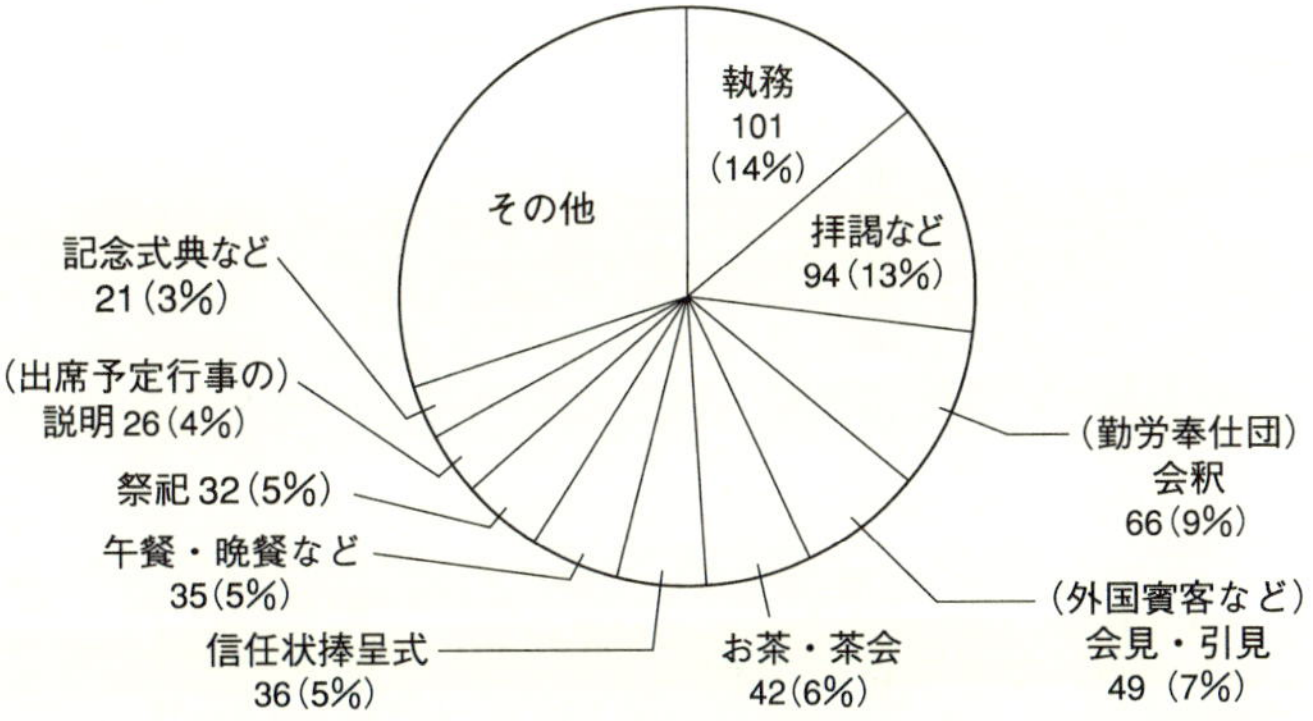

図4－1　行事別の内訳

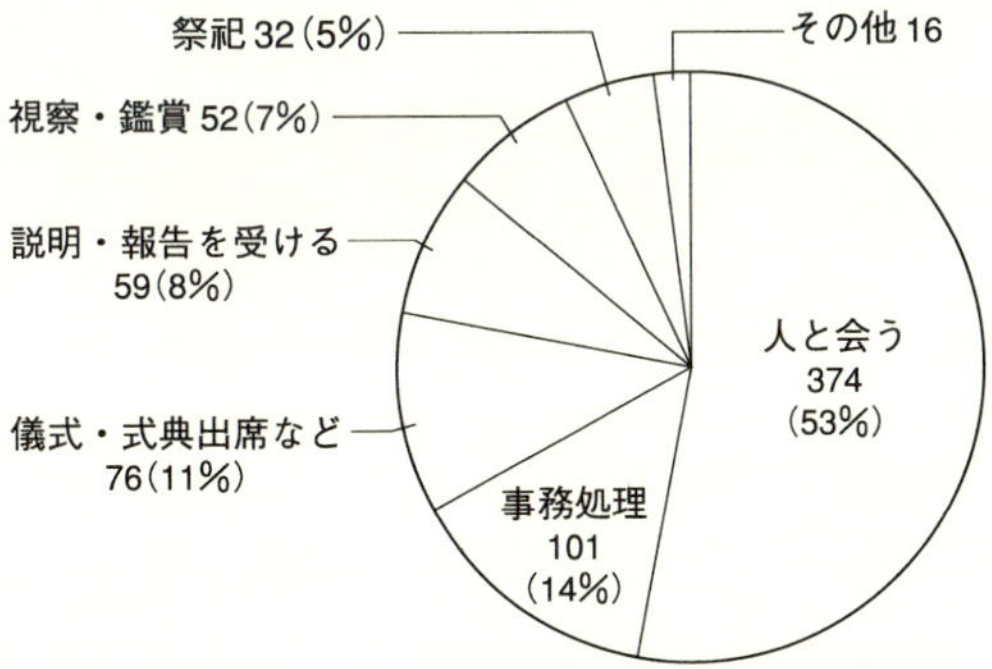

図4－2　性質別の内訳

※「行事別」は上位10行事のみ記載し、残りは「その他」とした。
※端数を四捨五入した関係で、合計が100%にならないこともある。

また、六位の「信任状捧呈式」と一四位の「認証式」(認証官任命式、一五件)、さらには他の儀式も、「儀式」という点では同じなので、これらを合計して算出すると、七〇件以上となり、上位となってくる。

仕事の性質で分けると

そこで、年間七一〇の行事を「人と会う」「事務処理」「儀式・式典出席など」「(進講・内奏など)説明・報告を受ける」「視察・(展覧会など)鑑賞」「祭祀」といった性質別に分けてみた(図4－2参照)。その結果、「人と会う」が計三七四件と半分以上を占めた。次いで「事務処理」が一〇一件、さらに「儀式・式典出席など」は七六件、「説明・報告を受ける」五九件、「視察・鑑賞」五二件、「祭祀」三二件だった。

天皇の重要な仕事の一つに「国際親善」があるといえるが、七一〇の行事を外国関係と国内関係のものとに分けると、「国内関係」が五三七件、「外国関係」が一七三件と、全行事の約四分の一が外国関係となった(図4－3参照)。この「外国関係」には、外国からの賓客に会うことだけではなく、駐日の外国大使らの関係する行事、さらには「親善」という意味から、外国にこれから赴任する日本の大使らと会う行事も含めてカウントした。

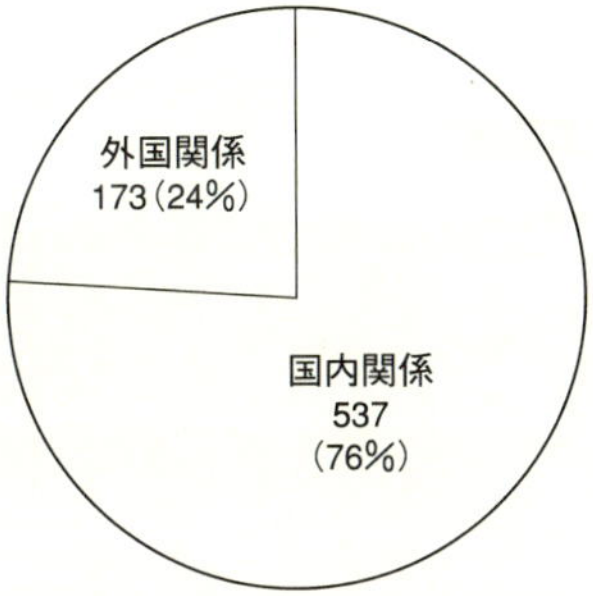

図4－3　国内・外国関係別の内訳

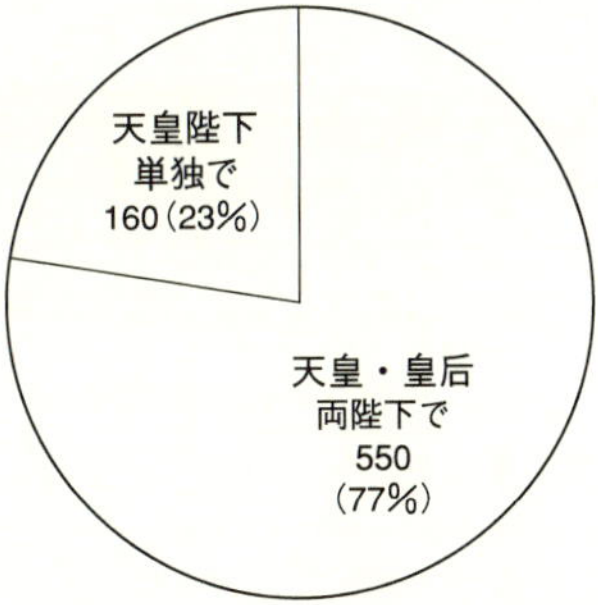

図4－4　単独・両陛下別の内訳

皇后さまとご一緒の行事が多い

現在の天皇陛下は多くの行事について、皇后さまと一緒に、つまり天皇・皇后両陛下で臨まれている。数えてみたところ、年間七一〇件のうち、天皇陛下単独で臨まれた行事は二割強の一六〇件にすぎない（図4－4参照）。

朝日新聞の岩井克己編集委員は、昭和天皇の時代には拝謁などで「天皇・皇后が夫妻で会っていたものは（中略）一部のものにすぎなかった。平成に入って、（中略）むしろ国事行為以外の儀式や行事の大半が『両陛下』の出席で実施されるようになった」（「平成流とは何か——宮中行事の定量的・定性的分析の一試み」『年報　近代日本研究20　宮中・皇室と政治』山川出版社所収）と、〝夫婦参加〟が平成に入ってからの特色の一つだとしている。それは、各種功労者や表彰者の拝謁に〝内助の功〟として配偶者を同伴させることが増え、拝謁を受ける側も、昭和時代は天皇だけだったのが、平成に入り、皇后さまも伴われるということになっていったからだという。

どこで行われるか

天皇の仕事（行事）の場所は、皇居の内・外ではどのくらいの比率になるのだろうか。七一〇件のうち、皇居内でのものは五九七件。残りの一一三件が外部での行事だが、その

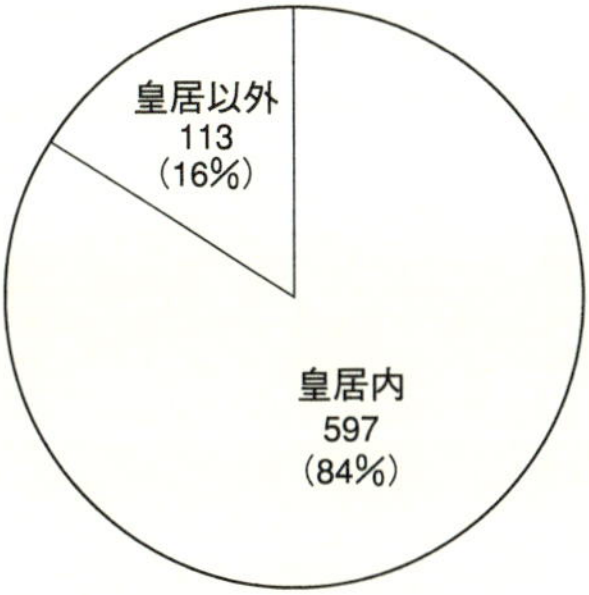

図4－5　皇居内・外別の内訳

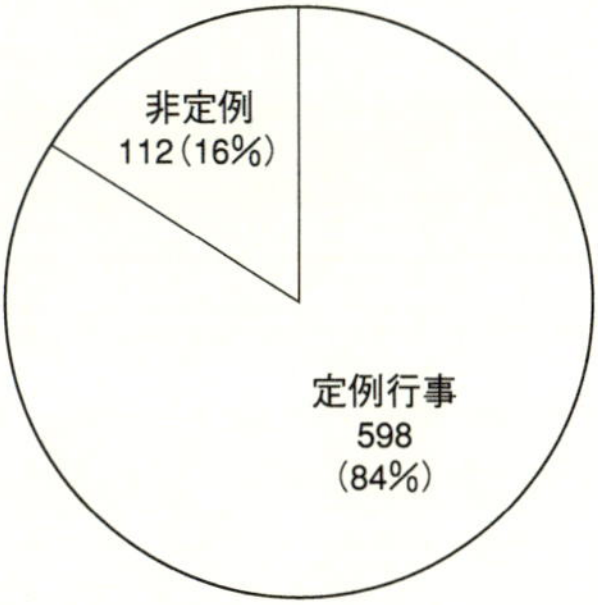

図4－6　定例・非定例別の内訳

うちの一三件は御用邸や赤坂御苑（赤坂御用地＝園遊会のときなど）といった皇室・宮内庁関係の施設なので、実質的な外部での行事は一〇〇件となり、約七件に一件の割合でしかない（図4－5参照）。

また、皇居内の五九七件について、皇居内のどの場所で行われているかを見てみると、「宮殿」でのものが三八〇件、両陛下のお住まいである「御所」での行事は一一三件、皇室の祖先神や歴代天皇の霊、国内の神々を祀《まつ》る「宮中三殿」が三一件。「その他の皇居内」が七三件。この七三件のほとんどは、宮内庁庁舎わきにある蓮池参集所という休憩所のような施設（室内）で行われた皇居勤労奉仕団への「会釈」が占める。

天皇の日々の仕事がどのようなものであるか、一般国民にはあまり知られていないと筆者は感じているが、多くの行事が、一般の人々がふだん入ることのできない皇居の宮殿や御所で行われており、しかもそのうちの多くは報道陣にも公開されていないことなどが、その大きな理由になっているといえるかもしれない。

定例か非定例のものか

年間に七一〇の行事や儀式があるというが、毎年、定例として行われるもの、その年だけ非定例（臨時）で行われたもの、それらの比率はどうなっているのだろうか。

定例行事といえば、たとえば、古式ゆかしい歌会始や春・秋の園遊会、国体や植樹祭への出席などがあげられるが、信任状捧呈式や認証式、皇居勤労奉仕団への会釈なども、個別の相手（対象者）は毎回異なるものの、毎年、一定数必ず行われる儀式・行事として「定例」にカウントした。一方、「非定例」には、たとえば、〇〇協会〇周年記念式典といったものや、平成一六年でいえば、天皇陛下の古希祝賀行事への自身のご出席など、その年だけに行われる行事をカウントした。その結果、「定例」は五九八件、「非定例」に行われたものは一一二件だった（図4－6参照）。

これらの分類から浮かび上がってくる天皇の仕事の特徴とはどのようなものだろうか。まず、天皇の仕事の多くは「人と会う」ことであり、憲法で規定された天皇の国事行為の中に外国交際関係のものが含まれているように、国事行為とそれ以外を含めた仕事で約四分の一を占めるなど「外国親善・交際関係」が多い。

そして、国事行為以外の行事は現在、「ほとんどは天皇・皇后両陛下で臨まれ」、行事の「多くは皇居内で行われ」、「定例の行事が約八割を占めている」ことがわかる。

5 「公的行為」とは何か

公的行為とはどのような仕事か

表5-1は、天皇の仕事（行為）を法的に大きく分類したものである。この中で、「はじめに」でもふれた「公的行為」とはどのようなものをいうのだろうか。

「国事行為」については、政府は「天皇が国家機関（国の機関）として行う行為」と定義している。「国家機関」という言葉だが、たとえば国会が法律をつくる国の機関（組織体）であるように、天皇についても「首相の任命」や「国会の召集」といった憲法規定の国事行為を行う組織体のような存在である、という意味で用いている。

一方、「公的行為」とは、法（憲法）には定められていない（つまり天皇の職務として規定さ

	具体例	定義	行為をすることについての実質的な意思決定権者	支出がある場合の経費の費目
国事行為	(憲法6・7条、第4条第2項に規定)首相任命、法律などの公布、国会召集、衆院解散、大臣らの任免、栄典授与、大使らの信任状の認証など	「国家機関」としての立場で行う(国政に関する権限はない=憲法第4条)	内閣(「内閣の助言と承認」)(注2)、天皇に決定権なし。責任は内閣が負う	宮廷費(公的経費)(注3)
公的行為(注1)	外国訪問(注4)、国体などでの地方訪問、拝謁、一般参賀、歌会始、園遊会、宮中晩餐などの賓客接待、国会開会式など	憲法上、明文規定はないが、「象徴」という地位に基づき公的な立場で行う(「象徴なのだから出席していただくのが望ましい」など)	天皇(注5、ただし、憲法の趣旨・象徴の性格に反しないよう宮内庁や内閣が常に配慮)。責任は内閣が負う	宮廷費
その他の行為(私的行為、注1)	(公的性格のある行事)福祉施設訪問、企業視察など	国事行為・公的行為以外のもの	天皇(上記と同様の配慮)。責任は内閣が負う	宮廷費
	(純粋に私的なもの)祭祀、コンサート・展覧会鑑賞、大相撲観戦、趣味・研究など日常の生活			内廷費(私的経費)(注3)

(注1)明文規定はないが「政治性がないこと」「象徴の性格に反しないこと」「憲法の趣旨(国民主権の中で、国民の意思)に沿うこと」が求められる。

(注2)「内閣の助言と承認」とは「(天皇でなく)内閣の意思や同意」のこと(政府の見解)。

(注3)「宮廷費」については本文68ページ、「内廷費」については本文50ページ参照。

(注4)外国訪問については内閣が(訪問国・日程などを)決める(閣議決定による)ルールとなっており、原則、天皇の意思では決められない。

(注5)実際には天皇が各行事について細かく判断しているわけでなく、出席要請などについては宮内庁が〝交通整理〟したうえで最終判断を仰いでいると思われる。

表5－1　天皇の仕事(行為)の分類

れていない）行為ではあるものの、天皇の地位にある「人」が、「（憲法で定義された）象徴」という地位に基づき公的な立場で行う行為だとしている。

敗戦後、現在の憲法を制定する際、草案作成の中心人物だったGHQ（連合国軍総司令部）民生局次長ケーディス陸軍大佐（当時）は、インタビューで、当初、天皇は国家の「ヘッド」という単語になっていたが、それでは絶対的な権力を持つ支配者との印象を与えてしまうので、政治的権限を持たせない（つまり、憲法にしたがい、国民の基本的意思に沿った）社交的君主という意味にするために「象徴」とした（「NHKスペシャル　日本国憲法　誕生」二〇〇七年四月二九日放映）と語っている。同番組において、ケーディス大佐は、象徴という言葉は、国のヘッドの側面と、憲法や国民の意思を両立させるために出てきた言葉だと述べている。

読者の皆さんは、ふだん、天皇に関する報道の中で、「国体に出席するために天皇・皇后両陛下が○○県に入られた」「外国を訪問された」「皇居での新年一般参賀に姿を見せられた」といったニュースを見聞きされることが多いと思う。憲法の国事行為の項目にないこれらの行事（仕事）は、公的行為に区分される。

「国際親善とか、平和のためとか、それから戦没者の慰霊碑にお参りになるとか、これは公的な行為、こういうことでございまして、憲法の条章に反しないで、しかも憲法で定める国家の象徴として、大きな意味で国民の福祉増進になり、平和に寄与できるというような問題に対して公的な御活動をなさるということは、もうこれは当然のことだと……」と、昭和四八（一九七三）年、当時の田中角栄首相は国会答弁で述べている（同年六月七日衆議院内閣委員会）。

公的行為が国事行為と大きく異なる点は、天皇が国事行為を行うに際して必要とされている「内閣の助言と承認（政府の見解によると、特定の国事行為を天皇に行うことを要請する「内閣の意思」のこと）」が、公的行為に関しては必要とされないことだ。憲法第三条で「天皇の国事に関するすべての行為には、内閣の助言と承認を必要とし……」と、国事行為に関しては必要（ということは公的行為には不要）だとしているからである。

国事行為での「内閣の意思（助言と承認）」のわかりやすい例としては、「最高裁長官の任命」（憲法第六条）などがあげられる。天皇が「任命」するかたちになっているが、実際は内閣が決めた人を了承する（「任命を裁可」する）だけで、天皇自らの意思を反映させることはできない（79ページ参照）。

行事への出席はどう決められるのか

公的行為に属する行事（仕事）が、内閣の意思（助言と承認）によるものではないとはいっても、(天皇は憲法第一条に基づき存在するものとして) 憲法の制約は受けるわけで、条件として、第一に政治的なものでないこと (国政に関する権限にかかわらないこと)、第二に象徴としての性格 (中立・公平性など) に反しないこと——があげられる。また、その行事の内容については宮内庁が常に配慮し、責任は内閣が負うことになっている。

宮内庁はその行事の内容について検討する際、「副申《ふくしん》」(行事出席の「願い出」(出席要請の申し出) をする際に担当の中央官庁が参考意見を添えて具申すること) があるかどうかを重要な材料にする。

たとえば (仮の話だが) 発明関係の公益法人の一〇〇周年記念式典が行われるので、天皇・皇后両陛下にぜひご出席いただきたいという場面があったとして、所管の経済産業省から「同協会はわが国の工業所有権制度の普及や科学技術の発展に寄与してきた」といった趣旨の副申が付けられていれば、宮内庁としてもその公益性をより客観的に検討することができ、〝象徴として陛下が出席されることがふさわしい〟という判断ができる。そしてさらに、国事行為とは違い、(内閣の意思ではなく) 天皇陛下が自らの意思で「出席する」という判断ができるのである。

災害被災地への見舞いについては

公的行為に関して、内閣の助言と承認（内閣の意思）が不要であるということは、憲法の趣旨に反しなければ、ある程度、天皇の意思（たとえば、大規模な災害が起こったときに、被災地に見舞いの訪問をしたい、といったことなど）を反映させ、願い出などが出ていないものについても主体的に何かの行事や場所、施設などに行くこともできるわけだ。

元最高裁判事の園部逸夫氏によると、〝「象徴」としてこの行事に出席するのがふさわしい〟という判断について、「普遍的な価値（平和・環境）に関するものであって、かつ、非政治的な活動や、国民が共有する価値（福祉・文化・健康）に関する活動などへ積極的に関心を寄せることや支援を行うことが象徴の行為であるべきといった規範などが考えられる」（『皇室法概論』第一法規）としている。そして、そのような判断の積み重ねの中から「象徴として行うべき」行為の基準を明らかにできる、つまり、「象徴」というのはどのようなものかが具体化され、「象徴天皇」像が形成されていくのだという。

皇室が伝統的に行ってきた社会福祉活動や文化活動は、比較的それに合致しているといえる。積み重ねにより内容が明らかになってくるということは、公的行為には主催者（国民）からの「願い出」により、宮内庁が判断のうえ出席を決めているものも多いことから、時代の要請によりその内容、つまり「象徴」の内容が多少、変化していくこともありえるといえる。

法的に規定されていない「公的行為」がこれだけあたりまえのように行われる中、公的行為を制度化（法制化）すべきではないかという議論が一部にはある。天皇が出席する行事の範囲を、国事行為のようにあらかじめ決めておくべきだというもので、たしかに、それによって、際限なく行事が増えていくことを防ぐこともできる。

ただ、園部氏によると、制度化は「形式的ととられる危険」があるという。たとえば、先にあげた災害見舞い（最近では、新潟県中越地震やその二年後の中越沖地震の被災地へのお見舞い訪問など）も、もし制度（基準）に基づいて行われるとしたら、心からの見舞いの気持ちというより、形式的だと受けとられてしまう可能性もある。

また、基準を明文化してしまうと、時代に合わせて柔軟に変えていくことも難しくなるかもしれない。

皇室関係予算

政府予算において、天皇の「公的なもの」と「私的なもの」は区別されている。

皇室関係予算は「宮廷費」「内廷費」「皇族費」「宮内庁費」と四つあるが、いずれも、毎年、国会の審議・議決を受けている（50ページ参照）。このうち、「皇族費」は宮家の皇族に関するもの、「宮内庁費」は宮内庁職員の人件費など同庁関係の事務経費（他の省庁の予算と同じ）で、天皇に直接関係するのは「宮廷費」と「内廷費」だ。

宮廷費は、春・秋の園遊会など宮中のさまざまな行事・儀式、宮中晩餐《ばんさん》会をはじめとする国賓などのもてなし、外国・地方訪問などの公的活動の費用にあてられる（ほかに皇居の宮殿などの国有財産の維持・管理費などにも。平成一六〔二〇〇四〕年度は六三億三〇二万円、同一七～一九年度は六二億円台、二〇年度は六一億七〇二五万円）。

内廷費については50ページでふれたが、生活費を含む天皇家（内廷皇族＝36ページ参照）の私的費用で、国から天皇家に支払われる給与のようなものだと思えばわかりやすい。たとえば、純粋に私的とされる行為（美術展や音楽会の私的な鑑賞、皇室祭祀、また、現在の天皇陛下でいえば魚類のご研究など）に支出されている。ここ約一〇年、毎年度三億二四〇〇万円である。このあたりの事情については、前出の森暢平氏の『天皇家の財布』に詳しい。

このように考えると、「宮廷費」が使われている行事は国事行為や公的行為、「内廷費」が使われている行事は私的なもの、という判別ができるはずである。だが実際には、「私的」と位置づけられた行事の中にも、公的な側面のあるものには宮廷費などがあてられている。このように公的な色彩を持つ行事も多いことから、政府は「私的行為」とはいわず、「その他の行為」という分類をしているとみられる。

厳密に公私を分けるのは難しい

そもそも、天皇という、存在自体が公的な意味を持つ対象について、厳密に公私を分けるのは難しい。たとえば、園部氏は前掲書で、宮中晩餐会での食事を例にあげ、「国賓の接待」という公的な側面と、「自らの食事」という私的な側面の、複数の側面があるとしている。

また、筆者が宮内庁を担当していたころも、「公的行為」とされている国体開会式などでの地方訪問の際、天皇陛下が、学習院の卒業生の会（桜友会《おうゆうかい》という）の、その県の支部のメンバーと空き時間に会われたことがある。桜友会支部からの願い出を受け入れ会ったものではあるが、これは明らかに、陛下が学習院のご出身であることから生じた行為で、私的なものといえる。公的行為である「国体ご出席のための地方訪問」の中の一部に生じた私的行為、このように公私が混在していることから、厳密に分けようとすると無理が生じるのである。

このため、天皇の世話を行う宮内庁の職員（国家公務員）も、宮内庁法第一条の「宮内庁は、皇室関係の国家事務（中略）をつかさどり……」の「国家事務」に天皇の私的な部分も含めると解釈し、その部分の世話を行っている。

6　執務　書類の決裁

どのような書類を決裁するか

毎週火曜日と金曜日の午後、皇居では、法的な面からみてもっとも重要な天皇の仕事といえる「執務」と呼ばれる公務がある。この「執務」こそ、憲法で定められている天皇の「国事行為」（国事に関する行為）そのものの大部分を占めているといっていい。

「執務」とは、その名の通り、一般でいう事務処理にあたるもので、天皇が書類の決裁を行うものだ。具体的には、閣議などを経て内閣から届けられた公文書（上奏《じょうそう》書類という）に天皇が目を通し、自ら署名したり、「可」や「認」、「覧」などの印を押したり、宮内庁関係の書類にも目を通すものである。

天皇の「国事行為」については、憲法第七条で「天皇は、内閣の助言と承認により、国民のために、左の国事に関する行為を行ふ」として一〇の行為が列挙されている。このほかに、同第六条の「内閣総理大臣（首相）の任命」「最高裁判所長官の任命」、同第四条第二項の「国事行為を委任すること」も含めた、以下の計一三の行為が国事行為に該当するとされている。

●天皇の国事行為

1 国会の指名に基づいて、内閣総理大臣（首相）を任命すること（憲法第六条）

2 内閣の指名に基づいて、最高裁判所の長たる裁判官（最高裁長官）を任命すること（同）

3 憲法改正、法律、政令および条約を公布すること（第七条）

4 国会を召集すること（同）

5 衆議院を解散すること（同）

6 国会議員の総選挙の施行を公示すること（同）

7 国務大臣（大臣）および法律の定めるその他の官吏《かんり》（国家公務員）の任免ならびに全権委任状および大使および公使の信任状を認証すること（同）

8　大赦《たいしゃ》、特赦《とくしゃ》、減刑、刑の執行の免除および復権を認証すること（同）
9　栄典を授与すること（同）
10　批准書《ひじゅんしょ》および法律の定めるその他の外交文書を認証すること（同）
11　外国の大使および公使を接受すること（同）
12　儀式を行うこと（同）
13　国事行為を委任すること（第四条）

これらの国事行為は「天皇は（中略）国政に関する権能（権限）を有しない」（憲法第四条）という大前提に立ったうえで「内閣の助言と承認を必要とし、内閣が、その責任を負ふ」（同第三条、内閣の助言と承認とは内閣の意思や同意のこと）とされている。国事行為とは「内閣の意思（決定）によって天皇が行う形式的・儀礼的なもので、責任も内閣が負い、天皇の意思で行うことは認められていない」ということになる。

日本国憲法の条文作成の際、「助言と承認」という文言に決まった背景について、中心人物だったケーディス大佐（前出）はインタビューで、文言をめぐり日本側と激しい応酬があったが、天皇が政治的な力を行使できないように、とにかく物事を明確にしたかった（「ＮＨＫスペシャル　憲法１００年　天皇はどう位置づけられてきたか」一九八九年五月三日放映）と述べている。天皇の意思ではなく内閣の意思で国事行為がなされることをはっきり示したかったことがうかがえる。内閣の「承認」という用語により、天皇の地位を内閣より高く保ちたいという当時の日本政府の思惑をつぶし、内閣の意思によることを明文化したのである。

内閣法第四条により、内閣の意思決定は閣議によるとされているので、天皇の国事行為は閣議の決定（閣議決定）により行われる。さまざまな閣議での決定は書類により行われることが多いため、天皇の国事行為も閣議決定の書類の決裁が中心となるのである。

また、書類で行われるがゆえに、たとえば法律などの公布では、公布文に天皇が署名するだけでなく、首相も副署（添えて署名）することで、内閣の助言と承認、つまり天皇ではなく内閣の意思（決定）により公布されたことを示すのである。

毎週、火曜日と金曜日の午前一〇時から、首相官邸（国会開会中は九時から国会内の閣議室）で首相や各大臣らが出席して「閣議」が行われる。閣議ではさまざまな案件の文書（閣議決定）が処理されるが、そのうち、先ほど列挙した天皇の国事行為一三項目に該当するものが「上奏書類」（上奏とは「天皇に申し上げる」こと）として、内閣官房の職員によってただちに皇居に運ばれ、天皇が決裁する——という流れで行われる。そのため、閣議の終わった後、つまり火曜と金曜の「午後」に、天皇は必ず執務を行うのである。

書類決裁の四つのパターン

書類決裁の方法には、大きく分けて以下の四つのパターンがある。

① 天皇が目を通した後、天皇自ら署名（御名《ぎょめい》）したうえ、天皇の公印である「御璽《ぎょじ》」という大きな印《いん》（後述）が、宮内庁職員によって押される「御名御璽《ぎょめいぎょじ》」

② 天皇が「可」の印を押す「裁可」

③ 天皇が「認」の印を押す「認証」

④ 天皇が「覧」の印を押すもの

先の一三項目の国事行為を、この①〜④で分けてみよう。

①の「御名御璽」は、他の三つにない「天皇の署名」があり、執務（国事行為）の中でも、重要度がやや高いといえるのかもしれない。この決裁の方法がとられるものに、前記の一三項目の国事行為の中では、3（憲法改正、法律、政令および条約の公布）、4（国会の召集）、5（衆議院の解散）、6（国会議員の総選挙の施行の公示）があてはまる。

②の「裁可」は、1（首相の任命）、2（最高裁長官の任命）、9（栄典の授与）、11

（駐日外国大使・公使の接受）、12（儀式の挙行）の五項目。

③の「認証」は、7（大臣および法律の定める官吏の任免、全権委任状および大使・公使の信任状の認証）、8（大赦、特赦、減刑、刑の執行の免除および復権の認証）、10（批准書および法律の定めるその他の外交文書の認証）の三項目。

④の「覧」の印、つまり、天皇に回覧され〝確かに見た〟という意味の印が押されるものは、13（国事行為の委任）の一項目である。

もっとも重要な「御名御璽《ぎょめいぎょじ》」

さて、天皇が決裁する書類とはどのような形式のものなのだろうか。

「御名御璽」の四項目＝3（憲法改正、法律、政令および条約の公布）、4（国会の召集）、5（衆議院の解散）、6（国会議員の総選挙の施行の公示）から順にみていこう。

まず3（憲法改正、法律、政令および条約の公布）だが、国会での成立後、直近の閣議を経た後、書類が天皇のもとに届けられ、天皇の署名（御名）、御璽（後述）の押印が行われる。その後、『官報』に、天皇の署名の入った「公布文」とともに、その法律などの条文が掲載されることで国民への周知が図られ、法としての効力が発生する――という手続きがとられている。

国事行為の分類	憲法条文で指定された国事行為	国事行為として天皇が書類に押す印など	国事行為の一環として天皇が出席の儀式	国事行為の一環として、付随する書類への天皇の署名など（注4）
御名御璽《ぎょめいぎょじ》（署名）	法律・政令・条約などの公布（憲法第7条）	天皇署名と御璽の印（公布文に）		
	国会の召集（同第7条）	同右（詔書に）	※（注2）	
	衆院の解散（同第7条）			
	衆院選・参院選の公示（同第7条）			
裁可（注1）	首相の任命（同第6条）	書類に「可」の印	あり（親任式）	対象者へ渡す任命書（辞令書）に天皇署名
	最高裁長官の任命（同第6条）		あり（同右）	同右
	栄典の授与（同第7条）		一部あり（〝上位〟の叙勲などの親授式）	〝上位〟の勲章（大綬章、文化勲章）の勲記（対象者へ渡す賞状）に天皇の署名
	駐日大使の接受（同第7条）		あり（信任状捧呈式）	
	儀式の挙行（同第7条）		あり（定例は「新年祝賀の儀」）	
認証	大臣・認証官の任免、外国へ赴任する大使らが持参する信任状などの認証（同第7条）	書類に「認」の印	※（注3）	認証官へ渡す、任命の官記（辞令書）・免官の辞令書に天皇署名。信任状にも天皇署名
	大赦・特赦・減刑・刑執行免除・復権などの認証（同第7条）			それぞれの文書に天皇署名
	条約の批准書・その他の外交文書の認証（同第7条）			
その他	国事行為の委任（同第4条第2項）	書類に「覧」の印		

（注1）現憲法下では天皇に実質的裁可権はなく、「形式的な承認」程度の意。
（注2）国会の開会式は、皇室ではなく国会の主催のため、天皇の国事行為ではない。
（注3）認証官任命式（認証式）が行われるが、国事行為ではない。認証の事実に荘重さを加えるために行われている。
（注4）付随の各種書類には御璽や国璽などの印がつくものがあるが省略（本文参照）。

表6－1　天皇の国事行為一覧

「条約」は、調印された後、国会で承認を受け、元首らが内容に同意を与える「批准」（後述の国事行為の10＝批准書および法律の定めるその他の外交文書の認証＝の項参照。一部、批准の手続きの必要ない条約もある）の手続きが行われたうえで、天皇が条約の公布文に署名し、御璽が押される。

なお、法律や政令などに関しては、条文の一部だけを改正したような場合でも、「〇〇法（令）を一部改正する法律（政令）」といった具合に、新たな法律・政令と同じように公布の手続きがとられる。平成一六（二〇〇四）年を例にとると、一年間に五〇〇を超える法律・政令（一部改正含む）が公布されたが、その数だけ、天皇自ら、公布文に署名をしているのである。執務の際には、法律や政令それぞれの内容を説明した「説明書」も添付され、天皇はそれらにも目を通すことになる。

4（国会の召集）、5（衆議院の解散）、6（国会議員の総選挙の施行の公示）の三項目の書類は特に「詔書《しょうしょ》」（たとえば「解散詔書」など）と呼ばれている。

「詔書」とは、明治憲法下では、法律や予算の公布などについての天皇の文書の様式を定めた「公式令」に基づき、皇室や国事に関する重要な事柄について天皇が発する公文書のことをいった。昭和二二（一九四七）年に公式令が廃止になり、「詔書」の法的根拠は失われたが、慣習的に、国事行為の形式の一つとして残っている。

天皇の承認「裁可」

次に、「裁可」の五項目＝1（内閣総理大臣の任命）、2（最高裁長官の任命）、9（栄典の授与）、11（外国大使らの接受）、12（儀式の挙行）についてみてみる。

「裁可」とは「天皇の許可・承認」のことをいう。明治憲法では帝国議会が法律案や予算を可決しても天皇の裁可がなければ効力を持たなかったが、現在の憲法では、天皇は国政に関与することができず、実質的な裁可権はない。他に適当な言いかえの用語がないから現在も使われているのだろうが、あくまで形式的なものである。

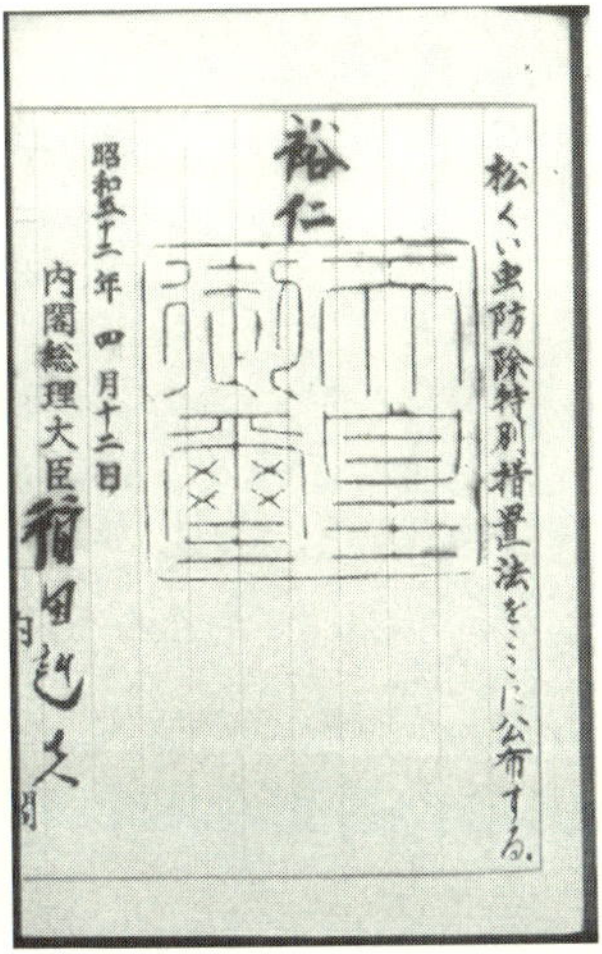

法律の公布文。現在の天皇陛下の公布文は公開されていないため、昭和時代のもの（昭和天皇のご署名「裕仁」）。首相の副署は本文参照

まず、1の（内閣総理大臣の任命）をみてみよう。国会で首相（内閣総理大臣）の指名選挙が行われ、首相が指名されると、それを受け、衆院議長から内閣経由で、次のような文面の書類が、天皇のもとに届けられる。

日本国憲法第六条第一項に依り○○を内閣総理大臣に任命するについて、右謹んで裁可を仰ぎます。

○○年○月○日

内閣総理大臣　○○○

末尾の方の内閣総理大臣の署名は、前任者の首相の名前が入っている。この上奏書類に目を通した天皇は、書類上の一ヵ所に、約二センチ四方ぐらいの大きさの「可」という小印に朱肉をつけて押す。また、書類に印を押すほかに、宮殿で、任命書という辞令の紙を本人に渡す（この儀式を「親任式」という）。このため天皇は、（押印だけでなく）任命書への署名も行う。つまり「書類（に『可』の印を押す）決裁＋辞令書への署名＋儀式」がセットになって、「任命」という国事行為は完結する。

2の（最高裁長官の任命）についても、首相の任命の手続きとほぼ同じだ。上奏書類の文面もほぼ同じである。首相と同様、任命書も発行され、親任式も行われる。

9の（栄典の授与）とは、「勲章」「褒章《ほうしょう》」「位階」などを与えることを指している。

現在、叙勲の制度は、大綬章、重光章、中綬章、小綬章、双光章、単光章のそれぞれに、「旭日章」と「瑞宝章」があり（たとえば旭日大綬章、瑞宝大綬章、旭日重光章、瑞宝重光章

執務のご様子。内閣から届けられた国事行為関係の書類（上奏書類）に目を通し、印を押される天皇陛下（皇居・宮殿表御座所「菊の間」）

……と六段階一二区分＝ただし大勲位などの特別な上位三等級を除く）、そして文化勲章、さらに警察官や自衛官らが対象の「危険業務従事者叙勲」がある。褒章は、黄綬褒章（業務精励）、紫綬褒章（学術、芸術などに業績）、藍綬《らんじゅ》褒章（公共の利益などに尽力）など計六の区分がある。

叙勲は春・秋に約六〇〇〇人ずつが受けている。このほかにも、国や公共的な分野などで功績のあったとされる人が死亡した際、授与される「死亡叙勲」、八八歳以上の人に贈られる「高齢者叙勲」などがあり、先ほどの春・秋の計約一万二〇〇〇人以外に、年間を通じ、約一万人が受けている。また、褒章も毎年春・秋の計一七〇〇〇人のほかに、公益団体に一定額以上を寄付した個人・団体にも贈られており、それらが年間約五〇〇件あるという。

「叙位」(位階)は、元公務員や国家功労者に対し、正一位、従一位、正二位、従二位……の計一六区分が、死亡時に贈られるもので、年間約一万二〇〇〇人以上が授与されている。

憲法の条文に「栄典を授与すること」とあるように、大綬章や文化勲章など、「上」の方のクラスについては、天皇が直接、勲章を授与する(「親授式」という)。

後ほど紹介する「恩赦」などは「認証」にとどまるのに、この「栄典」では「授与」までが天皇の国事行為とされているのは、政治性がないからだといわれている。

授与の際、勲章と一緒に勲記(賞状のようなもの)が渡されるが、大綬章と文化勲章の勲記には天皇の署名と国璽《こくじ》(国の公印で、「大日本国璽」と刻まれた大型の印、後述)が押されており、天皇は執務の際、これらへの署名を行う仕事も入ってくる。よって栄典授与も、「(『可』の印を押す)書類決裁+勲記などへの署名+(勲章を授与する)儀式」という天皇の行為の「三点セット」で国事行為が成立するといえる。

11の(外国大使らの接受)については1章で説明した。「接受」とはわかりやすくいえば「外国から派遣されてきた外交使節を公式に受け入れること」を指し、信任状捧呈式が国事行為の「接受」に該当することはすでに述べた。だが、捧呈式だけが接受というわけではなく、その前段として、天皇による書類決裁が行われる。日本に派遣されている各国大使が交代する際、その内容（名簿）を記した書類が閣議を経て天皇の手元に届く。この書類への了承の押印とともに、後日、信任状を天皇に手渡すという儀式とを合わせ、「接受」が行われたことになり、「（『可』の印を押す）書類決裁＋儀式（信任状捧呈式）」というセットで国事行為が成立する。

12の（儀式の挙行）だが、ここにいう「（国事行為にあたる）儀式」とはどのようなものが該当するのだろうか。

昭和二七（一九五二）年の閣議決定では、「日本国憲法第七条により、天皇は、毎年の元日、宮中において、新年祝賀の儀を行うものとする」とされており（第七条は国事行為をさす）、この文面により、定例のものとしては、天皇が首相や各国大使らと宮殿で会い、祝賀を受ける「新年祝賀の儀」だけがこの条文の「儀式」に該当することになる。

「認」という印

続いて「認証」の三項目＝7（大臣および法律の定める官吏の任免、全権委任状および大使・公使の信任状の認証）、8（大赦、特赦、減刑、刑の執行の免除および復権の認証）、10（批准書および法律の定めるその他の外交文書の認証）について説明する。

「認証」とは、法的なものや国政上の重要な行為・文書が、正当な手続きで行われたことを証明することで、権威や荘厳さを加えるための形式・儀礼的なものである。

まず、7のうち、「大臣および『法律の定める官吏』」とはどのような国家公務員だろうか。これらの官吏は「認証官」と呼ばれ、大臣、官房副長官、副大臣、人事院人事官、公正取引委員会委員長、宮内庁長官、宮内庁侍従長、検事総長、次長検事、検事長、会計検査院検査官、最高裁判事、高裁長官、大使、公使の一五種である。「次長検事」とは、検事総長に次ぐ検察のナンバー2、「検事長」は各高検のトップ、「公使」とは正式には特命全権公使といい、外交使節のうち、大使に次ぐナンバー2の地位にあたる。

これらの「認証官」について、人事異動や前任者の辞任で新たな人が決まると、首相の任命の際と同じような書類が、閣議を経たうえで天皇のもとに届けられる。ただ、首相の場合の文面とは異なり、たとえば「○○を副大臣に任命するについて認証を仰ぎます」（副大臣の場合）と「裁可」の字句部分が「認証」になっている。その上奏書類に目を通した天皇は、認証の意を表す「認」という印をその書類に押すのである。この印は「可」の印と同じサイズの小さいものだ。また、前任者についても、罷免《ひめん》（辞めさせること）の「認証を仰ぎます」という上奏書類に天皇が「認」の印を押すことにより、任免の「免」の認

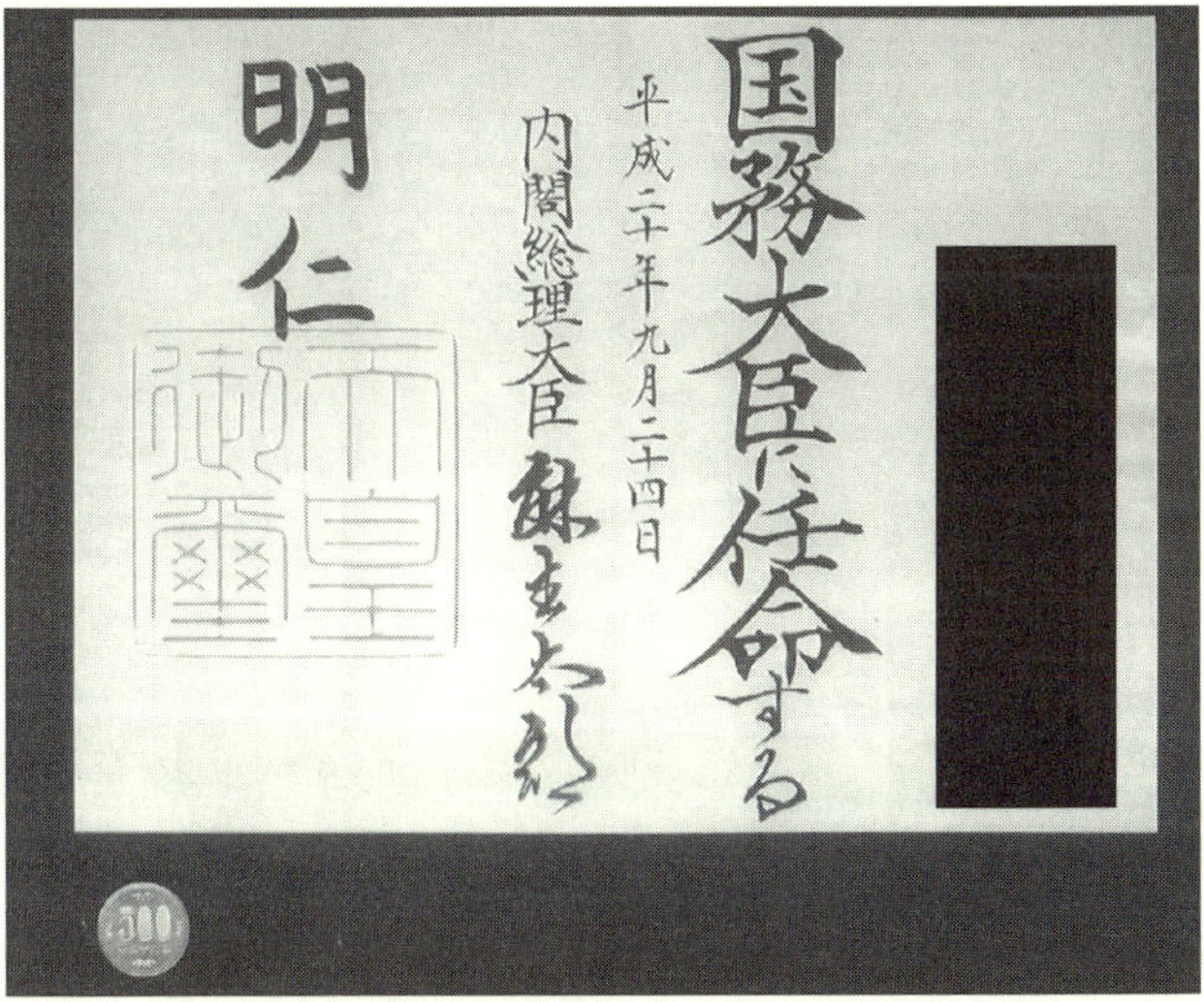

大臣の官記（辞令）。認証を示す天皇陛下のご署名（「明仁」）がある（500円玉は御璽の大きさ比較のため。右端の大臣の名前は本人要望により伏せた）

証が成立する。

認証官については、本人に渡される、天皇の署名と、天皇の公印である御璽が押されている（御名御璽の）辞令書（「官記」という）も、作成される。

次に「全権委任状」は、他国と条約を結ぶための交渉権限を特定の者に与えるといった、大使などに比べると限定的な目的の外交使節に発行される文書をいうが、これは現在、発行されることはほとんどないという。

「大使・公使の信任状の認証」についてだが、大使や公使を海外に派遣する場合、相手国の元首へ持参する信任状が必要になるが、それを交付する際、内閣から書面で、信任状を交付することについて天皇の認証を求め、天皇は認証の意の「認」の印をその上奏書類に押す。また、大使らが持参する「信任状」そのものにも自ら署名し（御名御璽）、「（『認』の印を押す）書類決裁＋信任状への署名」というセットで国事行為が成立する。

大赦、特赦など

8の（大赦、特赦、減刑、刑の執行の免除および復権の認証）だが、これらは「恩赦」と呼ばれ、憲法にも規定（第七三条）された内閣の業務の一つである。恩赦とは、裁判所以外の国の機関（行政機関）が、裁判所が言い渡した刑罰を変更することなどを指し、国家的慶事などの際に行われる。

「大赦」は、現在の天皇陛下が皇太子時代に結婚された際（昭和三四〔一九五九〕年）や天皇に即位された際（平成元〔一九八九〕年）、沖縄の本土復帰（昭和四七〔一九七二〕年）などの際に行われている。「特赦」は同じようなものだが、有罪の言い渡しを受けた人のうち特定の人に対するものである。これらも認証を求める書類が天皇のもとに届き、天皇が「認」の印を押すことになる。

10の（批准書および法律の定めるその他の外交文書の認証）だが、批准の認証は、内閣から天皇に届いた「○○条約（右謹んで）認証を仰ぎます」という書面に天皇が「認」の印を押す。さらに、「○○条約を閲覧点検し、これを批准する」といった文面の「批准書」そのものに署名、御璽が押されることで認証行為が成立する。また、条約も法律などと同様に公布の手続きが必要なことはすでに述べたが、条約の発効には、「批准書の認証を求める上奏書類への押印」「批准書への署名」「その条約の公布文への署名」と、天皇は三つの行為をすることになる。

「法律の定めるその他の外交文書」とは、「大使・公使の解任状」「領事官の委任状」「外国の領事官に交付する認可状」の三つをさす。

「解任状」については、1章で、新しく着任した大使が、前任者の解任状も持参することになっていると説明した。この場合の解任状は外国の大使のケースだったが、諸外国に派遣されている日本の大使が交代するときも、新たな赴任大使の信任状のほかに、前任者の解任状を相手国元首に手渡している。その解任状の交付を求める内閣からの上奏書類に天皇は「認」の印を押し、解任状自体へも署名する（御名御璽）ことによって認証が行われたことになる。

「領事官の委任状」は、日本から各国に派遣される「領事」に関するもの。「外国の領事官に交付する認可状」とは、諸外国が日本国内に領事を派遣する際、相手国の元首名で来た委任状に対し、日本の元首の名で承認を出すものである。

「覧」という印

最後に、「覧」の印（「覧」とは「目を通した」という意味）を天皇が上奏書類に押すもの＝13（国事行為を委任すること）についてふれる。

天皇の海外訪問中や、一時的な病気（による入院）などで職務が困難となったとき、「国事行為の臨時代行に関する法律」に基づいて、国事行為の一部や全部を皇太子などに臨時に代行させる（委任する）ことがある。この「国事行為を委任すること」自体も、国事行為とされている。

委任にあたっては、内閣から「天皇陛下はこのたびの外国ご旅行の間、（中略）国事に関する行為を皇太子殿下に委任して臨時に代行させることとされた」（外国旅行の場合）との文面の、首相の名による書類が天皇のもとへ届き、天皇は「覧」の印を押す。「可」（裁可）や「認」（認証）ではなく、この行為のみ「覧」という印を使うのは、国事行為の委任という行為が天皇自身そのものに関することで、しかも形式上は天皇自身が委任したかたちをとるため、自らの行為に対して〝認める〟という意味の「可」や「認」の印を使うのはふさわしくないためだと思われる。

宮内庁関係書類の決裁

ここまで、国事行為に関する書類（「内閣上奏もの」と呼ばれる）の決裁について説明してきたが、「執務」では他の書類の決裁も行われている。それは「宮内庁関係書類」と呼ばれるものである。これは、「皇室関係書類」と言いかえてもいい、国事行為（つまり閣議決定など）とは直接関係のない、皇室内部や宮内庁に関する内容の書類で、侍従らが天皇に見せ、一部はおうかがいを立てる（了承をもらう）のである。年間約一〇〇〇件だという。

この宮内庁関係書類は、「お伺《うかがい》もの」と「ご覧もの」とに分かれる。

「お伺もの」には、天皇から外国の元首あてに送信する電報（「親電」という）や手紙（「親書」という）、国や社会に功績のあった人が死去した際に供物《くもつ》（お供えもの）料として出される「祭粢料《さいしりょう》」（一般の香典のようなもの）について了承を求めるもの、国体開会式などへの出席のため、泊まりがけで地方訪問する際のスケジュールの確認などさまざまなものがある。

「親電・親書」については、外国元首とさまざまな機会にやりとりをしている。文面は宮内庁などが基本的なものを作成し、侍従が天皇に見せる。天皇の了承を得ると、侍従が「御伺済《おうかがいずみ》」の印をその書類に押していくのである。

国体開会式や植樹祭の式典出席のための地方訪問のスケジュールは、訪問先の都道府県（庁）が訪問していただきたい施設なども含め作成し、宮内庁に示す。そして両者で調整が行われた後、それが書類として天皇のもとへ届けられる。天皇が了承すれば、侍従によって「御伺済」の印が押され、そこから訪問先の都道府県や、警察による準備が公式にスタートするのである。

このほか、宮内庁職員の人事異動なども、宮内庁関係書類として天皇のもとに届けられている。元宮内庁式部官の武田龍夫氏の『昭和天皇の時代　元式部官の私記』（勉誠出版）には、外務省から宮内庁に出向する際、その人事発令の書類を見た昭和天皇が「この新式部官の名には記憶がある」と声を上げられ、非常に珍しいことなので、周囲にいた職員が驚いたというエピソードが紹介されている。

変わったものでは、平成一六（二〇〇四）年一二月三〇日の執務で天皇陛下が決裁された書類に、長女の紀宮《のりのみや》さま（現・黒田清子《さやこ》さん）と黒田慶樹《よしき》さんの「ご結婚の件」というものがあった。陛下がそこで許しを出され、それを受けて同日、宮内庁長官がご婚約内定発表の記者会見を行った。これなどはまさに皇室（天皇家）内部の事項であり、内閣からの上奏書類とは性質の異なる典型的なものである。

「ご覧もの」の宮内庁関係書類とは、「お伺もの」で紹介した電報などのうち、諸外国の元首から天皇に送られてきたものがあたる。平成一六年の例でいうと、新潟県中越地震（一〇月）に際し多くの国の元首から見舞いの親電が送られた。また、天皇誕生日（一二月二三日）には各国元首からお祝いの電報が届いた。このような電報は天皇のもとに届けられ、天皇陛下が目を通されたものについて、侍従が「御覧済」の印を押す。

そのほかでは、たとえば、皇太子の誕生日の前には、住まいである東宮御所で予定されている誕生日祝賀行事の内容を報告するものや、海外に留学中の〇〇宮家の（子の）〇〇殿下が〇日～〇日まで一時帰国することになった、といった、天皇に報告すべきと判断されたものが書類として届けられ、目を通すと侍従が「御覧済」の印を押していくのである。

なお、宮内庁関係書類の決裁については、火曜・金曜午後の「執務」の時間だけでなく、天皇が住まいの御所にいるときにも行うことがたびたびあるという。

執務室「菊の間」

執務の場所には、皇居・宮殿の中の北西部分にある表御座所《おもてござしょ》棟（27ページ参照）の「菊の間」という約一〇メートル四方の執務室があてられている。

「菊の間」は、南西部分が芝生の敷きつめられた宮殿の南庭に面した明るい部屋で、書類決裁を行うための大きな机が置かれている。天皇が机に向かって執務を行い、担当の侍従が決裁の終わった書類を下げ、新たに決裁を求める書類を差し出す、という作業が繰り返される。侍従は近くの控えの部屋(「侍従候所《こうしょ》」と呼ばれる)に下がることもあり、その場合、書類の内容などで確認したいことなどがあった際には、天皇は侍従候所に直通電話やブザーなどで知らせて呼ぶことができるようになっている。

天皇陛下が平成一六年に決裁された書類の件数は、内閣からの上奏書類が一〇九一件。一一〇〇〜一二〇〇件前後という数は、毎年、ほぼ変わらないという。

この一〇九一件の内訳は、(通常国会や臨時国会召集などの)詔書が四件、法律などの公布が六〇四件、叙勲などの栄典関係一〇三件、信任状などの認証四二件、恩赦関係一一件、外国大使などの接受一八件、認証官の任免二八件、勲記・官記(辞令書)・信任状・解任状などが二八一件。国事行為の委任と儀式の挙行に関するものはともにゼロ件だったが、これはこの年に天皇陛下の海外ご訪問がなかったため、皇太子さまに国事行為を委任する必要がなかったのと、臨時の国事行為の儀式などが行われなかったためだ。

年間一〇九一件といってもカウントのしかたの問題もあり、単純に、決裁した書類が一〇九一通というわけではない。たとえば、「栄典の授与」については、週二回の天皇の執務で毎回、最低でも数百人分の叙勲の書類(叙勲の理由となる功績を記した功績調書など)が届く。先に述べたように、春・秋の叙勲シーズン以外にも叙勲があるためである。平成一六年でいえば死亡叙勲が八八二〇件、高齢者叙勲が一六二〇件もあった。

春・秋の叙勲シーズンにはそれぞれ、数千人分もの叙勲、褒章の受章者の名簿、功績調書が天皇の手元に届き、目を通したうえで「可」の印を押す。たとえば「瑞宝双光章」だけで各回約一〇〇〇人が受章しているが、その約一〇〇〇人が一回の執務で処理される場合、「瑞宝双光章〇〇〇〇（名前）ほか〇名　右謹んで裁可を仰ぎます」と一件の上奏書類としてカウントされることになる。

関係者によると、天皇の執務時間は、ふだんは一時間くらいだが、春・秋の叙勲シーズンなどになると、分厚い名簿や功績調書に目を通す必要から、六時間前後かかることもあるという。

法律の公布をはじめ、執務には国家運営上重要なものが数多く含まれているため、たとえば「風邪」などの体調を理由に休むこともできない（国事行為は憲法で「天皇」が行うと規定されている）ほか、他の行事を理由に遅らせることもできない。これは、天皇が、生存中に退位できないことや、天皇に「定年」がなく、年齢にかかわらず生涯、国事行為などの仕事をし続けなければならないことと並び、特筆すべきことである。

地方訪問中も

国体や植樹祭への出席などのため、天皇が泊りがけで地方訪問している場合、書類の決裁はどうなるかというと、内閣官房の職員が閣議後、すぐに公文書を現地まで運び、決裁してもらうのである。

たとえば、平成一六（二〇〇四）年一月二三日（金）～二六日（月）まで沖縄県を訪問された際には、二三日の金曜（閣議のあった日）、天皇陛下は夜、宿泊先のホテルの部屋で上奏書類を決裁されている。書類は同日午前の閣議の案件で、閣議終了後、すぐに職員が飛行機で沖縄まで持参した。また、御用邸などで静養している場合でも、閣議を経た上奏書類は御用邸まで運ばれ、現地で決裁される。

ふだん、皇居・宮殿で行われる執務（火曜・金曜の午後）の際、内閣からどのように上奏書類が届くのかというと、午前の閣議後、内閣官房の職員が車で皇居内の宮内庁に運んでくる。書類は「上奏箱」と呼ばれる木製の箱に納められている。上奏箱は縦約四〇センチ、横約三〇センチで漆塗り、ふたの部分には菊の紋章、その左下に「内閣」という文字が金の蒔絵《まきえ》でほどこされている。

書類決裁の際、天皇が押す印には、「不可」「不認」など、「ノー」の意思表示をする印はない。これはすでに述べたが、戦後、国民主権となって天皇の存在が変わり、天皇は、

「国政に関する権能（権限）を有しない」（憲法第四条）ため、国事行為は「内閣の助言と承認（＝内閣の同意や意思）を必要と」（同第三条）するようになり、天皇の意思による拒否権はない、ということになった。このため、天皇の国事行為は書類決裁も儀式も儀礼的・形式的なものとなっており、天皇に意思決定権がない代わりに責任についても「内閣が、その責任を負ふ」（同第三条）のである。

ところで、春・秋の叙勲シーズンには、一回の執務に数千人の名簿や功績調書が内閣から届けられるというが、天皇はこれら膨大な書類すべてに目を通しているのだろうか。答えは「目を通している」ようである。

政府関係者によると、現在の天皇陛下が以前、執務を行っていたある日、上奏書類で裁可を求められた多数の叙勲対象者について、一部の人たちの功績調書が添付されていないことに気づき、指摘されたという。これは、添付書類にも目を通されていたということでしか説明がつかないというのである。そのときは結局、内閣官房がその部分を添付し忘れていたことがわかり、すぐに宮内庁にその部分の調書を届けたという。

「御璽《ぎょじ》」「国璽《こくじ》」の印はどのようなものか

この章の最後に、「御璽」「国璽」についてふれておきたい。

天皇の公印である「御璽」は、法律の公布文をはじめとする書類、国の公印である「国璽」は勲記など――とそれぞれ国事行為関係の書類に押される大型の印である。その重要さは、昭和天皇の崩御により、現在の天皇陛下が即位（皇位を継承し天皇の地位につくこと）した際（昭和六四〔一九八九〕年一月七日）に行われた皇位継承の儀式「剣璽《けんじ》等承継の儀」で、天皇のシンボルである〝三種の神器《じんぎ》〟（このうちの「剣」の分身と「曲玉《まがたま》」、120ページ参照）とともに御璽と国璽が皇居・宮殿「松の間」に運ばれ、直立される天皇陛下の前に安置され、新天皇に引き継がれたことでもわかる。

宮内庁法の第一条には、同庁の役目として皇室に関する国家事務と「御璽国璽を保管する」が規定されているほか、刑法第一六四条では、御璽・国璽を偽造したり不正に使用した場合には、ふつうの公文書偽造より重い「二年以上の懲役」と定められている。

「御璽」は天皇によって署名がなされたことを証明する印ともいえ、純金製、縦・横それぞれ九・〇九センチもある四角い枠の中に「天皇御璽」と刻まれている（85ページの写真参照）。現在使用されている御璽は、国璽とともに明治七（一八七四）年に作られたが、純金製だけあって重さは三・五五キロもあり、両手でないと持ち上げて押印できない。それだけのものだから、押すのは天皇ではなく宮内庁の職員で、朱肉もその大きさをカバーする特注のものが使われている。

ある宮内庁幹部から聞いた話だが、御璽は天皇の署名とセットで押印されるため、その際、曲がって押してしまうといった失敗をしても、まさか「陛下、押印の方が失敗してしまったので、新しい紙に署名し直していただけますか」などとは言えない。だから担当の職員は前日は酒なども控え、早寝して体調を整え臨む人もいるという。

「国璽」は国の印(国印)であり、大きさは御璽よりわずかに小さい縦・横それぞれ九センチ、重さ三・五キロのやはり純金製。「大日本国璽」と刻まれており、勲記に押される。大綬章や文化勲章の勲記には天皇の署名も入るが、重光章以下は国璽のみとなる。春・秋の叙勲シーズンにはそれぞれ約六〇〇〇人が受章するとすでに述べたが、それだけの数の勲記への押印も行われているわけで、「国璽を保管する」宮内庁の担当職員は、その時期、勲記に国璽を押す作業に追われると思われる。

「日本国璽」でなく「大日本国璽」と刻まれていることについて、毎日新聞の宮内庁記者を六〇年以上にわたって務めた藤樫準二氏(故人)は、「(戦前は「大日本国」や「大日本帝国」などの国号が用いられていたのが)戦後は『日本国』となったが、(国璽は)今日も従来通りの『大日本国』が用いられ、改刻の意見がまだ具体化していないようである」(『天皇とともに五十年』毎日新聞社)と説明している。

コラム1　宮内庁

皇居内での儀式などは宮内庁の職員が裏方を務める。同庁は「省」でなく「庁」であることからもわかるように、省ほどの規模はなく、現在の職員数は約一〇〇〇人。形式的には内閣府に属し、首相（内閣総理大臣）の管理の下にある。

ただ、内閣府に属するといっても、「政治的な権能（権限）を持たない」天皇はじめ皇族に関する仕事をするだけに、「政策」を行う他の省庁とは大きく異なり、独立した感がある。しいていえば、訪日する外国の元首らとの会見や、各国の駐日大使の信任状捧呈式などの接待があるため、外務省（特に、前記の仕事をする外務省儀典官室）との、また閣議を経た書類（上奏書類）を天皇が決裁するため、内閣官房との仕事上のやりとりが多い。

法的には行政官庁に属するため、他の省庁と同じように、宮内庁が主導的に法案を作成することもできるが、実際にはそのようなことはほとんどない。たとえば、悠仁《ひさひと》さまが誕生される前、約四〇年もの間、男性皇族の誕生がなかったため、皇室典範を改正し、将来、女性天皇を認めるかどうかという議論が起こったが、典範改正に向けた有識者会議も首相の私的諮問機関として設置され、宮内庁はそれらの動きを静観した。

これについて「宮内庁も行政官庁だから（たとえば皇室典範の改正案などの）法案を作成することもできるが、宮内庁がそれをやると、〝天皇・皇族の意向を受けて行ったのでは〟

と誤解されるので、そのようなことはできない」と宮内庁関係者は話す。つまり、憲法第四条に反する、皇室の政治介入という誤解を生むというのである。行政官庁でありながら、その所管事項は「憲法上、政治的権能を持たない」天皇や皇族にかかわることを扱うという、この役所の特殊性を物語っている。「他の省庁は扱う対象が政策という『もの』だけど、ここでは皇室という『人』なんだよね。そこがまったく違うところなんだよね」と、筆者が宮内庁の記者クラブに入ったところ、他社の先輩記者から教わったことがある。

宮内庁の庁舎は皇居の中にある。皇居の各門は皇宮警察が番をしており、一般開放されている東御苑を除いては、通常、通行証のない一般の人が入ることはできない。一般の人が役所の玄関にたどりつくことができないという点でも、他の省庁と異なっている。建物は昭和一〇（一九三五）年に建てられた三階建ての古風な石造り（内部は鉄筋コンクリート）で、近代的なビルの霞が関の各省庁に対して、異彩をはなっている。

宮内庁は大きく分けて、総務課などの事務方の部署を中心に構成する「長官官房」、天皇・皇后のお世話をする侍従や侍医らからなる「侍従職」、皇太子ご一家のお世話をする「東宮職《とうぐう》」、宮中の儀式や皇室の外国交際を担当する「式部職《しきぶ》」、このほかに、全国に点在する天皇陵や皇室伝来の古文書を管理する「書陵部」、皇居内の施設や庭園の管理、天皇家・皇太子ご一家の食事、皇室の乗る車の運転や馬車などを担当する「管理部」があり、それぞれ、さまざまな課や係からなる。

皇太子ご一家の世話をする東宮職は、皇居ではなく皇太子ご一家の住む東京・元赤坂の東宮御所に事務棟があり、事務部門、皇太子の侍従・侍医（東宮侍従・東宮侍医）部門を備えた〝ミニ宮内庁〟的な組織になっている。宮内庁に長官がいるように、東宮職にも「東宮大夫《だいぶ》」という東宮職の長官のようなトップがいて、皇居とは別に、元赤坂で独立して仕事をしている、といった感もある。

皇居では、長官官房が「オモテ」、侍従職が「オク」と二つの系統に分ける見方もある。皇居の中でも、宮殿に隣接する宮内庁庁舎と、天皇・皇后の住まいである御所は離れた場所にあり、天皇の側近としてお世話を仕事とする侍従、皇后のお世話を中心に行う女官、そして侍医らは御所に併設の事務棟にいることが多く、何より、ふだんから天皇・皇后に接しているからである（侍従については、コラム3参照）。

もう一つ注目すべき点は、すべての宮家の皇族を担当する部署が「宮務課」という長官官房に属する一つの課にすぎないことである。この宮務課には約一〇人の職員と、各宮家に宮家付きの職員が約八人ずつ、合わせて約六〇人しかいない。

天皇・皇后のお世話をする侍従職が約八〇人、皇太子ご一家のお世話をする東宮職が五五人前後。これに対し、六宮家一八人のお世話をする宮内庁職員は約六〇人なのである。また侍医などは天皇・皇后のお世話をする侍従職や皇太子ご一家のお世話をする東宮職にしかおらず、各宮家は自分で外部のかかりつけの病院を持ち、自身で健康管理をしている。宮内庁の職員だけで人手が足りない場合、各宮家は自費で私的に職員を雇っている。

宮内庁の仕事は「皇室のお世話をし、支えていくこと」だが、それに皇室の仕事を合わせ考えると、他の省庁とは異なる、伝統を守っていくという宮内庁のイメージが浮かび上がってくる。ちなみに、「東宮大夫」はすでに述べたが、侍従職には、御所の管理をする「殿部《でんぶ》」、天皇の服装関係を担当する「内舎人《うどねり》」、職員ではないが、私的な相談役として外部で委嘱された人を「御用掛《ごようがかり》」というなど古い職名がある。部署の名前も、儀式を担当する「式部職」、天皇・皇太子家の食事や宮中晩餐《ばんさん》などの料理を担当する「大膳課《だいぜん》」など、伝統的なものが残る。また、天皇の外出に職員らがお供することを「供奉《ぐぶ》」という。

職員は幹部クラスは他省庁出身者が多い。二〇〇八年一〇月現在の長官である羽毛田信吾氏は厚生省（現・厚生労働省）で、大臣などを除く一般職のトップである事務次官を務め、侍従長の川島裕氏は外務省の事務次官出身だ。川島氏は侍従長になる前は式部職のトップである式部官長も務めた。皇居での儀式は外国関係のものも多いことから、外務省出身者も必要であることはすでに述べた。もちろん、生え抜きの職員もたくさんいる。

組織的にはこのほかに、京都御所を管理する宮内庁京都事務所や、奈良の正倉院事務所などがある。正倉院は明治時代、東大寺の管轄から国の管轄となり、現在、宮内庁の管轄となっている。

7　皇室祭祀（宮中祭祀）はどのように行われるか

元日の早朝の祭儀「四方拝《しほうはい》」

毎年一月一日（元日）の午前五時半、皇居内の南西部にある「宮中三殿」と呼ばれる、神社のような建物などが並ぶ一帯の構内にある、神嘉殿《しんかでん》という建物前の庭に天皇が現れる。元日の東京の日の出は午前六時五〇分ごろなので、まだ暗く、庭にはかがり火がたかれている。

天皇は平安時代から伝わる古式の装束（冠をつけた神社の神主のような）姿。この時期の東京都心の最低気温は約三度だが、だからといって防寒の上着（洋服でいうコートやマフラー）を身につけることはない。天皇は庭の中央にある、屋根だけの東屋《あずまや》のような場所へ移動し、そこに敷かれた畳の上で、まず伊勢神宮（皇室の祖先神が祭られている）、そして四方の神々に向かって、国の安泰や農作物の豊作などを祈って拝礼を行う。「四方拝《しほうはい》」といわれる皇室祭祀《さいし》（宮中祭祀）の儀式だが、報道されないこともあり、このようなことが行われていることは一般の国民にはほとんど知られていない。

平成一九（二〇〇七）年一月の歌会始（このとき歌の題は「月」）で、皇后さまが、

年ごとに　月の在《あ》りどを　確かむる　歳旦祭《さいたんさい》に　君を送りて

と、この四方拝とそれに引き続いて行われる「歳旦祭」を行うため住まいの御所を出られる天皇陛下を見送られたときの光景を歌にして披露された。これは毎年元日の明け方、陛下を見送って、自身も御所の外で拝礼する際に、年ごとに、月や星の位置や満ち欠けを楽しみにしながら、空を見上げる気持ちを歌にされたものといい、未明の暗闇の中で祭儀が行われている様子が詠まれている。

天皇陛下の長女で、結婚により平成一七年に皇族から民間人となった紀宮さま（現・黒田清子さん）は、まだ皇族だった同一六年、三五歳の誕生日（四月一八日）にあたっての宮内記者会（宮内庁記者クラブ）からの質問への文書回答で、前年に父の天皇陛下が古希を迎え

られたことに関連し、印象に残っている場面について、一般の公務のほかに「(天皇・皇后) 両陛下がなさってきたことの多くは目立たぬ地味なものの積み重ねで、宮中での諸行事や、一年のうちに最少でも一五、陛下はそれに旬祭《しゅんさい》(後述) が加わるため三〇を超える、古式装束をつけた宮中三殿へのお参りなど、皇室に受け継がれてきた伝統はすべてそのままに受け継いでこられました」と述べられた。冒頭の「四方拝」もその「最少でも一五」という皇室祭祀に含まれている。

祭祀の主宰者としての天皇

「執務」の章で、現在の憲法下では、法的な面での天皇のもっとも重要な仕事は「国事行為」であることを述べた。だが、戦前は (皇室内部では現在も)、この「祭祀」がもっとも重要な仕事とされていた。

広い意味での「祭祀」とは、超自然的な神や祖先の霊を招き歓待し、供え物をしたり歌や舞を奉納したりすることにより、自然災害や病気、戦争を回避し、農・漁業の豊作の願いをかなえるといったことをさす。日本の民族信仰は神道だが、雨が降らず水不足になったとき、農作物の収穫に悪影響が出ないように「雨乞《あまご》い」の祭りを行うといったことなどはそのわかりやすい例である。

古式装束姿で祭祀に臨まれる天皇陛下。前を歩く侍従がささげ持っているのは「三種の神器」の剣の分身（平成2年1月23日、宮中三殿）

天皇家の宗教も神道であり、歴史的に天皇は、稲作を行う農耕民族の代表者として、神に豊作を祈願し感謝する、そして、自らが統治する領土の安泰と人々の幸福・繁栄を祈願する存在、つまり祭祀の主宰者（祭祀王＝国の祭りをする人）として存在してきたといわれている。「天皇」の起源については、「おそらく『巫祝《ふしゅく》』（神に仕え、神事をする人）としての呪力が、物質上の実力と相まって、三世紀前後に民衆の上に立つ支配者を生み出す根源であったと思われる」（吉川弘文館『国史大辞典』中の「天皇」の項、家永三郎氏の記述）という。この点について筆者は、複数の古代史の権威に確認したが、祭祀王的な面にプラスして、共同作業となる稲作の指導者（司令塔）的な面もあわせもっていたものの、家永説は年代も含め、現在の学界ではほぼ穏当な解釈だとのことである。

現在も、（国民にはあまり知られていないが）祭祀の主宰者としての性格が受け継がれている。古代は領土を統治することと、その地域の豊作を祈願することとは未分化で、「祭祀を行なうことも、賞罰を行なうことも、服従を誓わせることも、すべてマツリゴトであった」（『時代別国語大辞典・上代編』三省堂）。

政治に宗教の介入を認めない「政教分離」の原則が現在の憲法で定められる以前、つまり戦前までは「政《まつりごと》」と神道の「祭り」が密接にかかわる「政祭一致」であり、重要な祭祀は国家行事とされてきた。明治四一（一九〇八）年に定められた「皇室祭祀令」では、皇室祭祀のうち重要な儀式（大祭《たいさい》という）について「大祭には天皇（が）、皇族および官僚を率ゐて親《みずか》ら祭典を行ふ」とあり、天皇が（神社の宮司のように）祭儀を主宰し、皇族だけでなく「官僚」、つまり首相や各大臣、軍人などの公務員も率いて、国民の幸福や国の平安などを宮中三殿で祈るといった各種祭儀を行ってきた。そこには、現在のような「象徴」でなく「統治者」として存在していたかつての天皇像の一端をみることができる。

重要な祭祀の行われる日（祭日）は休日（今でいう「国民の祝日」）とされた。その名残は現在もあり、「新嘗祭《にいなめさい》」（後述）の日として学校などが休みとなってきた一一月二三日は、現在は「勤労感謝の日」に、「春季皇霊祭《こうれいさい》」と「秋季皇霊祭」（いずれも後述）はそれぞれ「春分の日」「秋分の日」になっている。

戦後は天皇家の私的な行事に

終戦後、国家神道は軍国主義の象徴だと占領軍にみなされ、連合国軍総司令部（GHQ）のいわゆる「神道指令」により、政府などによる神社神道への援助は禁じられた。その流れを受け制定された日本国憲法第二〇条により、国民の信教の自由が保障されるとともに、公務員が特定の宗教活動に関与することも禁じられた。そのため、皇室祭祀に閣僚や宮内庁職員といった公務員がかかわることはできなくなり、祭祀は天皇家の私的な行事となった。天皇の存在も、戦前の「現人神《あらひとがみ》」（人の姿をしてこの世に現れた神）から「象徴」になった。現在もかつてと同じように皇室祭祀が行われているものの、あくまでも皇室のプライベートな行事となり、しかも報道陣に公開されることもないことから、多くの国民に知られていないのである。

「掌典《しょうてん》」（後述）と呼ばれる宮中三殿の神職の人たちは、戦前は宮内省（現在の宮内庁）の職員だったが、現在は憲法の規定に抵触しないよう、公務員ではなく、天皇が「内廷費」で雇用するかたちをとっている。宮内庁職員と区別し、「内廷職員」ともいう。

ただ、皇室のプライベートの行事といっても、皇室内部では現在ももっとも大切にされている。鎌倉時代の順徳天皇（在位・承元四〜承久三〔一二一〇〜一二二一〕年）が著した儀式書『禁秘抄《きんぴしょう》』には「凡《およ》そ禁中（皇居）の作法、先《ま》づ神事、後に他事」とあるほか、平安時代の宇多天皇（在位・仁和三〜寛平九〔八八七〜八九七〕年）が後の天皇への書として著した『寛《かん》平御遺誡《ぴょうのごゆいかい》』などにも神事の大切さが説かれているなど、神事、皇室祭祀は、このうえなく重要なものとされてきた。現代においても、天皇が地方訪問する国体開会式や植樹祭などの式典の日程や、非定期に入る閣僚の認証式といった重要儀式も、祭祀と重ならないように配慮されているという。

皇室祭祀の特徴は、明治時代に造られ冷暖房もない、神社のような建物である宮中三殿を中心に、平安時代から伝わる、神社の神職のような古式装束（服装）を天皇が着て祭儀を行う（重要な祭儀＝大祭では天皇自ら、神社のトップである宮司のように、祝詞《のりと》＝「お告文《つげぶみ》」を読み上げたり、祭儀を主宰したりする役割を果たす）ことなどがあげられる。

もっとも重要な「新嘗祭《にいなめさい》」

天皇がお出ましになる三〇を超える皇室祭祀の中でももっとも重要とされ、民間の稲の収穫祭を起源とし、宮中でも古くから行われている「新嘗祭」（毎年一一月二三日）を中心に、祭祀がどのように行われるか、具体的に説明していこう。

新嘗祭は、天皇がその年に採れた米などの新穀を祖先神をはじめとする神々に供え感謝した後、自らも食《しょく》すもので、農耕民族の代表者という天皇の歴史的な性格が色濃く表れた祭りである。

一一月二三日の午後六時、冠に純白の絹の袍《ほう》(からだを包む丸襟、大袖の上着)、純白の袴《はかま》、底が桐《きり》でできた純白の靴、右手には笏《しゃく》(木製の細長い板)という、「祭服《さいふく》」と呼ばれる皇室祭祀の中でも新嘗祭など特別に重要な祭儀だけに用いられる装束を着けた天皇が神嘉殿(宮中三殿の構内にある、新嘗祭だけを行うための建物)に現れる。その前には、すでに住まいの御所で入浴して全身を清めること(潔斎《けっさい》という)をすませている。天皇の前後には同じく古式装束を着け、剣璽《けんじ》(天皇のシンボルである剣と曲玉《まがたま》で、箱に収められている。後述)を持った侍従がそれぞれつきそう。

神嘉殿内に入った天皇は手を水で清めた後、皇室の祖先神を祭る伊勢神宮の方角に設けられた神座に用意された、ふかした新米のご飯、粟《あわ》のご飯、酒、刺身のように調理された鮮魚(タイ、アワビ、サケなど)、干した魚(タイ、アワビ、カツオなど)、野菜、クリやナツメなどの果実、塩、水などを自ら一品ずつ神に供える。米や粟は全国の農家から献上されたものや天皇自身が皇居内の水田で行った稲作(317ページ参照)によって収穫されたもので、食物についてはは天皇自ら、竹製の箸《はし》を使って器に盛りつけていく。冷暖房などもちろんなく、灯火だけの薄暗い建物の中で、鮮魚などはひと切れずつ、果実などはひと粒ずつ盛りつけていくので、これだけで約一時間半もかかる。

この間、宮内庁楽部《がくぶ》（日本最古の伝統音楽である雅楽を継承している組織）の楽師《がくし》らが古代歌謡の神楽歌《かぐらうた》を前庭で歌う。これは神に食物（神饌《しんせん》という）だけでなく、音楽も奉納するという意味である。

続いて天皇は拝礼し、「～かしこみかしこみ……」といった、独特の宣命体《せんみようたい》という文体でできた「お告文」（一般でいう祝詞）を読み上げる。その内容は、収穫への感謝と、今後も豊作であることを願うなどのものであるという。その後、天皇もご飯と酒を召し上がる。

この計約二時間の祭儀が「夕《よい》の儀」と呼ばれるもので、新嘗祭では、夕の儀の後、さらに同日午後一一時からまったく同様の祭儀が「暁《あかつき》の儀」としてもう一度行われる。天皇自ら食物を供えたりお告文（祝詞）を読み上げることなど、まさに天皇が、神社の宮司のように、祭りを自ら行っていることを示している。

また、この祭儀には皇太子も古式装束を着け拝礼する。お出ましの際は、皇太子のシンボルである「壺切《つぼきりの》剣《つるぎ》」を持った侍従がつく。

関係者によると、現在の天皇陛下は、新嘗祭の前には、神前に供える食物の順番や所作を確認するため、数回にわたって〝リハーサル〟を行われるほか、長時間の正座に慣れるため、住まいの御所で夜、テレビを見ながら正座の〝練習〟をされるという。

参列したことのある大臣経験者によると、着席している場所からは、前庭ごしに見える神嘉殿内部の様子はうかがい知ることはできず、かすかに建物内に明かりのともる障子に、人の動く影がたまに映る程度だった、という。「夜の闇の静寂の中、前庭に響く楽師の神楽歌に合わせて鳴らされる和琴《わごん》の低い響きと、庭でたかれるかがり火のパチパチとはぜる音が印象に残っている」と話してくれた。

宮中三殿

祭儀の行われる「宮中三殿」は、皇居内にある神社のような建物だと述べたが、そこは約八二〇〇平方メートルの敷地（神域）の中に、字のごとく、「賢所《かしこどころ》」「皇霊殿」「神殿」という三つの社殿がある。

中心となるのが「賢所」で、皇室の祖神である天照大神《あまてらすおおみかみ》が祭られている。昭和天皇の侍従長を務めた入江相政《すけまさ》氏編の『宮中歳時記』（小学館文庫）によると、「宮中の賢所は、伊勢神宮を天皇陛下のお住まいに祀《まつ》った『代わりの宮』である」という。神体は鏡で、この鏡は、天皇のシンボルである「三種の神器」（120ページ参照）の一つであり、伊勢神宮の神体となっている八咫鏡《やたのかがみ》の分身（複製）である。

賢所は他の二つの建物よりひと回り大きく、床の高さも約三〇センチ高い。賢所の内部はもっとも神聖な場所とされ、そこに入ることのできるのは天皇、皇后、皇太子夫妻だけで、他の宮家の皇族は入ることができない。ふだんの祭儀のほか、平成五（一九九三）年の皇太子ご夫妻の「結婚の儀」では、古式装束を着けたお二人が賢所の回廊を進まれる姿がテレビ中継されるなど、建物の様子を記憶している人もいるかもしれない。

「皇霊殿」は歴代天皇・皇族の霊が祭られており、ここでは、歴代天皇の節目の年の命日に行われる祭儀や、春と秋の皇霊祭（表7－1～表7－3参照）が行われる。

「神殿」には国内のさまざまな神が祭られている。

現在の三殿の建物は明治二二（一八八九）年に建造されたもので、木造の入母屋《いりもや》造り、銅ぶきの屋根となっている。建造から一〇〇年以上がたち、調査の結果、耐震強度に問題が判明したため、平成一八年五月から同二〇年三月まで、神体を近くの仮殿に移し、耐震改修工事が行われた。三殿の裏手には、天皇・皇后が祭祀用の古式装束に着替えるための綾綺殿《りょうきでん》という部屋などがある。また、三殿の横には、新嘗祭に使われる神嘉殿がある。

祭祀の奉仕を行う、一般の神職にあたる「掌典」については先にふれたが、トップの掌

宮中三殿。右から神殿、賢所、皇霊殿。左奥に新嘗祭の行われる神嘉殿

典長以下、掌典次長、五人の掌典、さらに、一般でいう巫女《みこ》のような「内掌典」と呼ばれる未婚の女性の神職（五人）がいて、「掌典職」という組織に属している。憲法に定められた「政教分離」の関係で、公務員（宮内庁職員）ではなく、天皇が私費で私的に雇っている（掌典職を組織している）ことはすでに述べた。

宮中三殿で行われる他の祭儀

宮中三殿では年間にさまざまな祭儀が行われる。

各祭儀は重要度により、「大祭《たいさい》」と「小祭」の二つの扱いに分かれる。「大祭」はすでに触れたように、天皇自らが神社の宮司のように祭儀を主宰する役割を果たし、自ら「お告文」(祝詞)を読み上げる。「小祭」は、一般の神社で宮司にあたる「掌典長」が祭儀を行って祝詞を読み上げ、天皇はそこに出席し拝礼をする(お告文はなく拝礼のみ)、というかたちをとる。

各祭儀の平均的な所要時間は三〇分から一時間(一つの儀に約二時間かかる新嘗祭は特別に長い)。天皇は住まいの御所で入浴してからだを清めたうえ、モーニングを着て約四〇〇メートル離れた宮中三殿に行き、構内の綾綺殿で古式装束に着替え、祭儀に臨む。

天皇の装束は、多くの場合、「黄櫨染袍《こうろぜんのほう》」という、天皇だけに許された赤茶色の丸襟、大袖の装束で、その赤茶色の生地には桐、竹、鳳凰《ほうおう》、麒麟《きりん》の模様が浮き出るように織り込まれている。それに冠、袴、表面に錦の布の張られた革製の靴、手には笏《しゃく》、そして袍の下にも複数の衣、袴も表だけでなく、その下にもう一枚の袴を身につけるなど、女子の十二単《じゅうにひとえ》にも匹敵する重厚な構成になっている。

一年間に行われる主要祭祀については、表7-1から表7-3にまとめた。

このほか、毎月一日(元日は歳旦祭なので除く)の午前八時には、天皇が宮中三殿を拝礼する「旬祭《しゅんさい》」が行われ、天皇は「黄櫨染袍」より簡略な、昔の宮中のふだん着に相当する、直衣《のうし》という白の丸襟、大袖の服装になる。

「旬」は「上旬・中旬・下旬」というように一〇日を表すもので、一年のうちで一月一日

1月1日「歳旦祭《さいたんさい》」(小祭) 「四方拝《しほうはい》」に引き続き、午前5時40分から宮中三殿で行われる年始の祭儀。天皇のほか、皇太子も三殿のそれぞれに拝礼する。

1月3日「元始祭《げんしさい》」(大祭) 年始にあたって皇室の起源と由来を祝い、国家国民の繁栄を祈る。天皇がお告文《つげぶみ》(祝詞《のりと》)を読み上げ、皇后、皇太子夫妻が三殿それぞれに拝礼する。

1月7日「昭和天皇祭」(大祭)「昭和天皇祭御神楽《みかぐら》」 昭和天皇の命日に三殿の皇霊殿で行われる。昭和天皇の側近だった元宮内庁職員なども参列する。昭和天皇に感謝し国の安泰を祈るお告文を天皇陛下が読み上げられるほか、皇后さま、皇太子ご夫妻も拝礼される。午後5時からは、再び天皇・皇后両陛下、皇太子ご夫妻が拝礼し退出された後、だれもおらずかがり火だけがたかれる三殿前庭の神楽舎で、雅楽を担当する宮内庁楽部《がくぶ》の楽師《がくし》により、翌日未明まで約6時間にわたって15曲の古代歌謡、うち2曲は人長舞《にんじょうまい》という舞を伴った神楽が行われる。

1月30日「孝明天皇例祭」(小祭) 孝明天皇(明治天皇の父)の命日に皇霊殿で行われる祭儀。天皇、皇后、皇太子夫妻の拝礼がある。皇室では、前4代の天皇(現在でいえば昭和天皇、大正天皇、明治天皇、孝明天皇)について、それぞれの命日に祭儀が行われる。

2月17日「祈念祭」(小祭) その年の農作物などの豊作を祈願するもの。秋に収穫を感謝する「新嘗祭《にいなめさい》」(11月23日)とセットになる。天皇と皇太子が三殿に拝礼。

春分の日「春季皇霊祭」「春季神殿祭」(ともに大祭) 歴代天皇、皇族の霊が祭られている三殿の「皇霊殿」で行われるのが「皇霊祭」で、一般の「彼岸の先祖供養」にあたる祭儀。天皇がお告文を読み上げ、皇后、皇太子夫妻が拝礼する。100人を超える歴代天皇について命日ごとに祭儀を行うのは大変なので、春・秋の2回、まとめて皇霊祭として行われるようになったという。「神殿祭」は三殿の「神殿」で行われるもので、神殿に祭られている国内のさまざまな神の神恩に感謝する祭儀。天皇がお告文を読み上げ、皇后、皇太子夫妻が拝礼する。

表7-1 1年間に行われるおもな祭祀1

が「歳旦祭」として重んじられるように、毎月の旬のうち最初の旬、つまり一月を除く毎月一日にも天皇が三殿を拝礼するのである。

臨時の祭儀としては、平成一六年の例でいえば八月二五日の「後深草天皇七百年式年祭」のような「式年祭」と呼ばれるものがある。

式年祭とは、歴代の各天皇の崩御から一定の年月がたったときに行われる祭儀で、三年、五年、一〇年、二〇年、三〇年、四〇年、五〇年、一〇〇年、それ以後は二〇〇年、三〇〇年……と、一〇〇年ごとの命日相当日に行われるもので、仏教でいう「〇回忌法要」のようなものである。

年間を通じて三〇以上の祭儀に天皇はお出ましになるが、各祭儀とも具体的な月日が決まっており、曜日とはまったく関係なく行われる。

園部逸夫氏は、天皇が「歴史的に見て宗教的権威を有するものとして存在してきたことも事実」とし、「憲法が皇位を世襲と定めていることの背景に、我が国の歴史及び伝統があることは（中略）認める」と述べている（『皇室法概論』）。

同氏は、すべての国民が法の下に平等であるわが国で、天皇だけが「象徴」という一般国民と異なる地位にあることの背景の一つに、「天皇が皇室祭祀を主宰し国民の幸福を祈る存在であるということも、国民の皇室に対する特別な意識の背景に存するものと考えら

4月3日「神武天皇祭」(大祭)「皇霊殿御神楽」 初代の天皇とされている神武天皇が崩御したとされる日に午前10時から皇霊殿で行われる祭儀で、宮内庁楽部の楽師によって「東游《あずまあそび》」も行われる。天皇がお告文を読み上げ、皇后、皇太子夫妻が拝礼する。「皇霊殿御神楽」は午後5時から、天皇・皇后、皇太子夫妻が拝礼し退出した後、未明まで楽師により神楽が行われる。

6月16日「香淳皇后例祭」(小祭) 天皇陛下の母で昭和天皇の妃、香淳皇后の命日に皇霊殿で行われる祭儀で、天皇・皇后両陛下、皇太子ご夫妻が拝礼される。

6月30日「節《よ》折《おり》」 天皇の体のけがれをはらう儀式。この祭儀は宮中三殿ではなく、宮殿・表御座所棟の「鳳凰の間」で行われる。「よ(節)」とは竹の節と節の間のことで、細い竹の一種である篠竹《しのだけ》で天皇の身長を測り、その長さの部分で竹を折るので「節折」の名称がある。天皇は、掌典(宮中三殿の神職)から渡された絹に息を3度吹きかける。さらに、壺にも息を吹き込み、折られた竹は海(現在は別の場所)に流される。また、同日には、宮中三殿・神嘉殿前庭で、皇族代表1人が参列して、皇族や国民のためのおはらいの祭儀「大祓《おおはらい》」が行われる(これに天皇は参列しない)。

7月30日「明治天皇例祭」(小祭) 明治天皇の命日に皇霊殿で行われる祭儀で、天皇・皇后、皇太子夫妻が拝礼する。元掌典の鎌田純一氏によると、この祭儀の神饌(供え物)には、明治天皇の好んだ、季節の果物を特に加えるという(『皇室の祭祀』神社本庁研修所)。

秋分の日「秋季皇霊祭」「秋季神殿祭」(ともに大祭) 内容は春季皇霊祭・神殿祭と同じ。天皇が、先祖(歴代天皇・皇族)やさまざまな神の神恩に感謝をする祭儀。

10月17日「神嘗祭《かんなめさい》」(大祭) 神嘗祭は農耕民族として、その年に採れた新穀を伊勢神宮に供える同神宮の祭りだが、それが明治になって宮中三殿の賢所でも行われるようになったもの。賢所に新穀を供え、神に感謝する。天皇がお告文を読み上げ、皇后、皇太子が拝礼する。午前10時5分に始まるが、それに先立つ10時ちょうど、天皇は神嘉殿の南庇《みなみびさし》から、伊勢神宮の方に向かい拝礼(遥拝)する。

表7-2　1年間に行われるおもな祭祀2

11月23日「新嘗祭《にいなめさい》」（大祭） 皇室の祭儀の中でもっとも重要なもの。詳細は本文参照。宮中三殿・神嘉殿で天皇が祖先神や国内の神々にその年の新穀を供え、収穫を感謝し天皇自らも食する。皇太子も拝礼するが、他の主な祭儀と異なり、女性皇族が参列しないのが大きな特徴である。また、重要な祭儀であることから、首相、衆・参両院議長、最高裁長官の「三権の長」や大臣らに参列の案内状が出される（春・秋の皇霊祭も同様）。

12月中旬「賢所御神楽」（小祭） 昭和天皇祭や神武天皇祭の御神楽と並ぶ神楽奉納の祭儀。午後5時から、天皇・皇后、皇太子夫妻が賢所に拝礼し退出した後、未明まで宮内庁楽部の楽師により神楽が行われ、賢所に祭られている神を慰めるもの。新嘗祭とともにもっとも古い歴史を持つ宮中の祭儀の一つ。

12月23日「天長祭」（小祭） 天皇誕生日を祝い、宮中三殿で午前9時から行われる祭儀。天皇陛下と皇太子さまが三殿に拝礼される。

12月25日「大正天皇例祭」（小祭） 大正天皇の命日に行われる祭儀。天皇・皇后、皇太子夫妻の拝礼がある。先代の天皇の命日の祭儀は大祭、それ以前の天皇の命日は小祭として行われるが、昭和天皇の時代には、大正天皇が先代天皇に当たるので「大祭」として行われ、当時、昭和天皇は現在のように拝礼だけでなく、お告文（祝詞）を読み上げられていた。

12月31日「節折《よおり》」 6月30日の「節折」と内容は同じで、その日に皇族代表により「大祓」が行われるのも6月と同様である。

※表7－1～7－3にあげたほかに、毎月1日（元日は除く）に「旬祭《しゅんさい》」、歴代天皇の崩御から節目の年の崩御相当日に「○○天皇○○年式年祭」といった臨時の祭儀がある（いずれも本文参照）。

※「大祭」と「小祭」の違いについては本文参照。

表7－3　1年間に行われるおもな祭祀3

れる」との見解を示している。ただ、これらの祭儀のすべてが古くから連綿と行われてきたわけではなく、長い間、途絶えていたものを明治時代に復活させたり、新たに創り出されたりしたものもある。

なお、平成二一年には、平成になって満二〇年をこえ、天皇陛下もすでに七五歳になられていることから、負担軽減のため、内容の調整がはかられるという。ちなみに昭和天皇は、六九歳のときから、いくつかの祭祀について、掌典長の代拝などに切りかえられた。

コラム2　三種の神器

「三種の神器」とは天皇であることの証し（天皇のシンボル）とされてきたもので、「八《や》咫《たの》鏡《かがみ》」という鏡、「草薙剣《くさなぎのつるぎ》」（別名・天叢雲剣《あめのむらくものつるぎ》）という剣、「八《や》坂瓊曲玉《さかにのまがたま》」という曲玉の三つからなる。

戦前の旧皇室典範では「天皇崩ずるときは皇嗣《こうし》即《すなわ》ち践祚《せんそ》し祖《そ》宗《そう》の神器を承《う》く」（天皇が崩御の際は、皇位継承順の一位の者がただちに天皇の地位を受け継ぎ、代々の天皇に伝わる神器を譲り受ける）とあり、三種の神器が正統な天皇であることを証明するものであった。それだけに、室町時代に南北朝の争いが起こり、南朝・北朝二系統の「天皇」が立てられた際には、激しい奪い合いが起きたという。

戦後、その部分は削除され、現在の皇室典範では「天皇が崩じたときは、皇嗣が、直《ただ》ちに即位する」と三種の神器に関しては明文化されていない。ただ、昭和天皇が崩御し現在の天皇陛下が即位した際（昭和六四（一九八九）年一月七日）のケースでは、そのとき行われた皇位継承の儀式「剣璽《けんじ》等承継の儀」で、三種の神器（のうちの「剣」の分身と「曲玉《まがたま》」。「鏡」は宮中三殿・賢所の神体となっているため、その儀式の場には運ばれない）が新しい天皇陛下に引き継がれた。

その儀式を憲法第七条に定める「国事行為の儀式」として行う（つまり、きわめて公式度の高い行事とする）ことが閣議決定された（次回以降の皇位継承でも同様に行われるとみられる）ことから、現在、神器は天皇の「私有財産」とされながら、事実上、現在の憲法下でも天皇のシンボルという公的な性格を持つものとして扱われている。

また間接的な規定ではあるが、皇室の財産や経費について定めた「皇室経済法」の第七条に、「皇位とともに伝わるべき由緒ある物は、皇位とともに、皇嗣が、これを受ける」とあり、この「由緒ある物」（「由緒物」と呼ばれる）は三種の神器などを指している。さらに、相続税法の第一二条で「由緒物」は相続税が非課税になることが定められ、皇位継承に伴う相続の際に神器が散逸しないように配慮がされている。

三種の神器のうち、「八咫鏡」は伊勢神宮の神体で、宮中三殿・賢所にその分身（複製）が神体として祭られていることはすでに述べたが、「草薙剣」は熱田神宮（愛知県）にあり、その分身は現在、天皇陛下の住まいである御所に安置されている。「八坂瓊曲玉」も現在、御所にある。つまり、三種の神器のうち、鏡は皇居・宮中三殿の賢所、剣と曲玉は皇居・御所に安置されているが、皇居にある鏡と剣は分身ということになる。

神器は皇祖神から授けられたものとされ、それら「すぐれた宝物は、王の身を守護する神秘な呪物とされたものと思われる」（村上重良著『天皇の祭祀』岩波新書）という。宮中では、三種の神器のうち鏡が、シンボルというだけでなく神体として祭祀の対象にもなっている。

宮中三殿の賢所の神体となっている鏡を除き、剣の分身と曲玉は天皇の住まいである御所の「剣璽《けんじ》の間」（「璽《じ》」は曲玉のこと）という専用の部屋に安置されている。そして宮中三殿で行われる重要な祭儀では、天皇のお出ましの際、箱に入った剣をささげ持った侍従が（新嘗祭などでは璽（曲玉）を持った侍従も）、天皇につく。

8　皇居・宮殿での儀式・行事

新年祝賀の儀

天皇のイメージといえば、ニュースなどで報じられる皇居・宮殿でのおごそかな儀式と結びつく人も多いかもしれない。実際、宮殿などで行われる儀式は皇室にとっては重要で、しかも数も多い。

1章で述べた「信任状捧呈式」をはじめ、毎年定期的に行われる儀式には表8－1のようなものがある。これら毎年行われる儀式のうち、「国事行為」にかかわるものには「新年祝賀の儀」「（首相、最高裁長官の）親任式」「信任状捧呈式」「（大綬章・文化勲章の）親授式」などがある。

中でも特に重要なのが「新年祝賀の儀」である。その理由は、「新年祝賀の儀」は(定例の儀式では)、国事行為の中の「儀式を行うこと」の項目に該当する唯一のものだからだ(昭和二七〔一九五二〕年閣議決定による)。

他の儀式についていえば、たとえば「親授式」を例にとると、この儀式は国事行為のうちの「栄典を授与すること」に属するが、「栄典を授与すること」という国事行為のメインは、閣議を経て届けられた受章者決定の書類に対し、天皇が印を押すこと(裁可すること、79ページ参照)であり、授与する儀式自体は全体の一部でしかない。

つまり「親授式」「親任式」「信任状捧呈式」は、各国事行為の一部をなすものという認識なのに対して、「新年祝賀の儀」は「儀式を行うこと」という国事行為そのものである。そのためにとりわけ重要とされるのである。

次々に祝賀のあいさつを受ける

それでは、その「新年祝賀の儀」がどのようなものか、みていこう。

元日の朝、「新年祝賀の儀」の前に、天皇・皇后は住まいの皇居・御所で、身のまわりでさまざまな世話をする侍従長や宮内庁侍従職の職員から新年の祝賀のあいさつを受ける。

7章で述べたが、天皇はこの日はすでに午前五時半から皇居・宮中三殿で古式装束を着け「四方拝」「歳旦祭」、続いて宮殿で「晴《はれ》の御膳」（新年の儀式的な食事、実際には口に入れずに、箸をつける所作だけのもの）を行っている。

午前一〇時、ここからが国事行為の「新年祝賀の儀」となる。

天皇・皇后は、皇居・宮殿「松の間」（27ページ参照）で各皇族から新年の祝賀を受ける。皇太子、皇太子妃、宮家の男性皇族、その妃殿下……の順でそれぞれ正面に立つ天皇・皇后の前に進み出て祝賀を述べ、退出する。服装は天皇が燕尾服、皇后がロングドレスと最高位の正装で、天皇は最高位の勲章である「大勲位菊花章頸飾《けいしょく》」という首飾り型の勲章を着用している。もちろん、天皇を先導・随行して「松の間」に入り、わきに控えている宮内庁長官や同庁の式部官長、侍従長、侍従、女官長、女官も同じように正装している。

一一時になると、今度は「松の間」の、宮殿正面から向かって右隣にある「梅の間」へ、首相、大臣、官房副長官、副大臣、内閣法制局長官と次長の各夫妻から祝賀のあいさつを受けるためお出ましになる。この際、皇室の側は天皇・皇后のほか、各皇族も続いてお出ましになる。首相以下の参列者も燕尾服か紋付袴姿である。

続いて再び「松の間」に移動して、衆・参両院議長・副議長、議員（元日に地方の選挙区に帰っておらず皇居に来られる首都圏の議員が中心になる）、衆・参両院事務総長（事務局のトップ)、同事務次長、衆・参両院法制局長、調査局長、国会図書館長・副館長のいずれも夫妻からの祝賀を受けられる。
その後、左隣の「竹の間」に移動し、ここでは最高裁長官、同判事、同事務総長・事務次長、各高裁長官の各夫妻からの祝賀を受けられる。

以上のように、立法・行政・司法の「三権」の機関の幹部からの祝賀を受けられる。この間、わずか三〇分である。

一一時半からは、前記以外の認証官と各中央省庁の事務次官、都道府県の知事・都道府県議会議長(一部の都道府県、どの都道府県かは宮内庁が毎年交代で指定)の各夫妻からの祝賀。各回とも、参列者の代表(たとえば司法関係の回なら最高裁長官夫妻)が前へ進み出て、天皇・皇后に祝賀を述べるというかたちをとる。天皇や各皇族は宮殿の各部屋を行ったり来たりすることになる。

このあと天皇・皇后は戻って昼食をとり、午後の部となる。

午後は二時半から、「松の間」で、駐日の各国大使夫妻の祝賀を受ける。この回には、午前の「三権」の関係者らとの回と大きく違う点がある。それは代表だけが進み出て祝賀を述べるのではなく、出席したすべての大使夫妻が順番に天皇・皇后の前に進み出て、あいさつするという点である。これは大使がその国の元首の代理であり、外交使節として赴

国事行為の儀式「新年祝賀の儀」に臨まれる天皇・皇后両陛下はじめ皇族方（平成20年1月1日、皇居・宮殿「松の間」）

任しているという〝重さ〟からきていると思われる。

だが、現在、日本には約一五〇の大使館などがあり、すべての祝賀を受けると、一時間近くかかってしまう。各国の大使夫妻が民族衣装で次々に進み出てあいさつする光景は華やかだが、そのあいだ、天皇・皇后両陛下は立ちっぱなしとなる。そのようなことも考慮されたのか、天皇陛下が前立腺がんの手術を受けられた翌年の新年祝賀の儀（平成一六〔二〇〇四〕年）は、三権の関係者からの祝賀と同じように、全員が整列し、代表者が祝賀を述べる〝短縮版〟に変更された。

ここまでが「新年祝賀の儀」で、各国

大使夫妻からの祝賀が終わると、夜明け前の祭祀からの長い行事はようやく一段落する。

なお、国事行為の儀式で定例のものは「新年祝賀の儀」だけだと述べたが、定例でないもの（つまり臨時で一回限りのもの）で、国事行為の儀式となるものがある。それは天皇の即位や喪儀（葬儀）に関する儀式、皇太子になったことを内外に知らせる「立太子」関係の儀式、皇族の結婚関係の儀式である。これらは閣議決定により、国事行為に指定される。

大綬章・文化勲章を授ける親授式

次に、親授式、親任式、認証官任命式についてみていこう。

このうち、親授式、親任式は、国事行為そのものではないが「国事行為の一部をなす儀式」である。いずれも「親」の字がつくが、これは「天皇が自ら、直接」という意味である。「認証官任命式（認証式）」は、国事行為に伴って行われる儀式である。

毎年五月と一一月の叙勲シーズンに行われる親授式は、宮殿「松の間」で行われる。まず、儀式を統括する宮内庁式部官長に先導された天皇が部屋の脇の扉から入り、中央の玉座（菊の紋の入った天皇の椅子）の前に立つ。天皇に随行してきた侍従長と侍従は部屋の端の方に立つ。天皇の脇には勲章と、丸めてひもで閉じられた勲記（賞状）が置かれたテーブルがあり、その前には首相と内閣府賞勲局（叙勲を担当する部署）の局長が立っている。

●定期的なもの

・１月１日　　「新年祝賀の儀」（注１）
・同　２日　　「新年一般参賀」
・同10日前後　「講書始の儀」
・同15日前後　「歌会始の儀」
・４月下旬と10月下旬の春・秋２回「園遊会」
・５・11月の叙勲シーズン「勲章親授式」　大綬章（旧・勲一等）・文化勲章受章者に対して。
・12月23日　天皇誕生日祝賀

●不定期のもの

・首相や最高裁長官の「親任式」
・大臣や大使、最高裁判事ら、さまざまな認証官の「認証官任命式」（認証式、年間十数回程度）
・「信任状捧呈式」（年間30〜40回程度）など。

※このほかに、国賓・公賓や公式実務訪問の外国元首らとの会見（年間10件以上）、宮中晩餐会や午餐（昼食会）なども儀式的な仕事に含まれる。

（注１）憲法第７条の「天皇の国事行為」の一つ、「儀式を行うこと」の「儀式」に該当するのは、定例のものとしてはこの「新年祝賀の儀」のみ（昭和27年12月12日閣議決定）。

表８－１　毎年行われる宮中儀式・行事

次に、「松の間」前の廊下で待機していた受章者が一人ずつ入り、天皇の前に立ち一礼する。すると首相が勲章（小さな板のような台の上にのせてあり、それごと）を天皇に渡す。天皇はそれを受け取り、受章者に渡す。受章者は勲章ののった台をささげ持ちながら、数歩下がり、今度は、斜め前にいる首相のほうに歩み出る。今度は首相が勲記を手渡し、受け取った受章者は再び天皇に一礼すると部屋を退出する。さらに次の受章者が入り、同様のことが続けられる。毎年の春・秋とも大綬章の受章者は十数人である。

親授式が終わると天皇は一度退出し、しばらくして再び「松の間」で受章者の拝謁が行われる。毎年一一月三日の「文化の日」に行われる文化勲章の親授式（受章者は毎年五人程度）もほぼ同様である。また、「執務」の章で述べたように、受章者に渡される勲記には毛筆による天皇の署名（御名）がある。

首相や最高裁長官などを任命する親任式

首相や最高裁長官などの任命の際に行われる親任式は、同じく「松の間」で、似た形式で行われるが、天皇の服装はモーニングで、勲章類は着けない。

首相の場合は、衆・参両院の議長と前首相が天皇の脇に立ち（「侍立《じりつ》する」という）、天皇の前に進み出た本人に対し、天皇から任命する旨の言葉があった後、任命書（辞令書）が

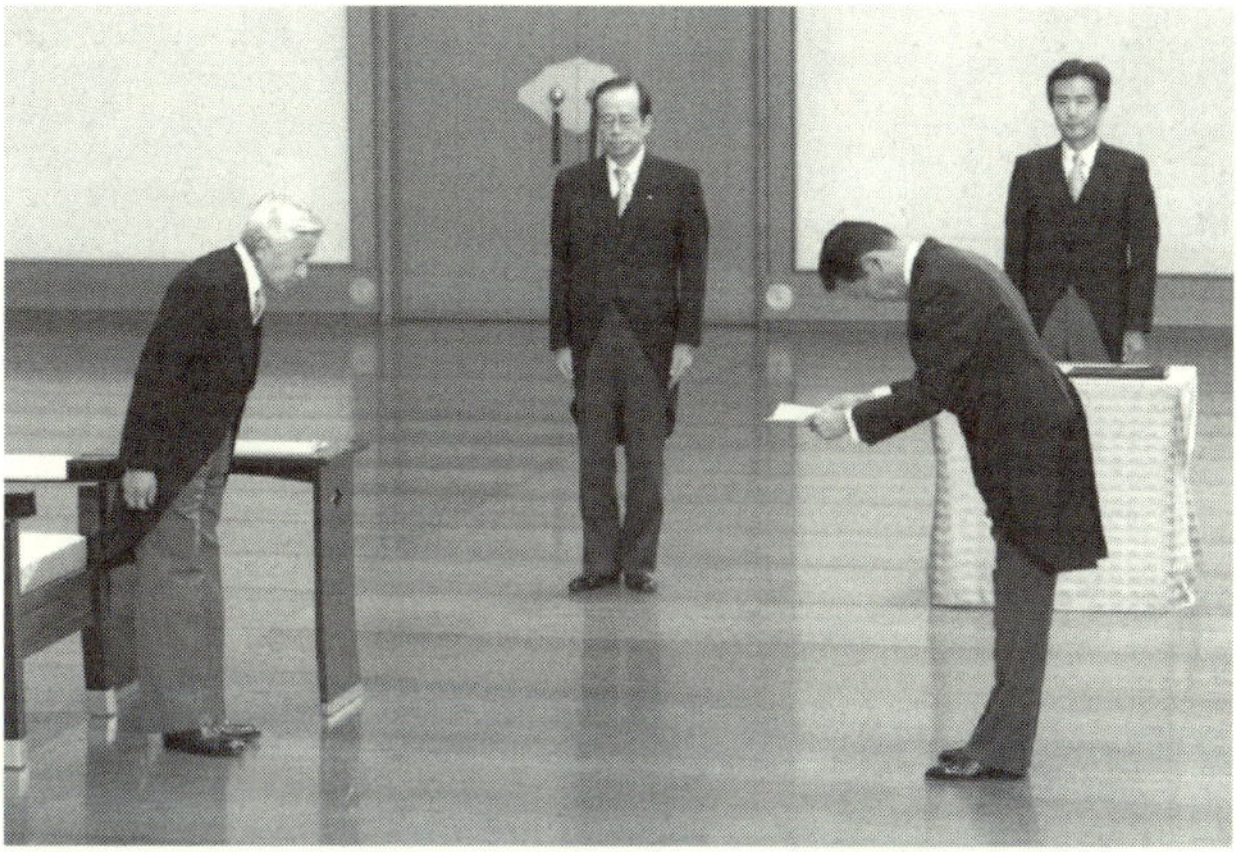

麻生太郎首相の任命式に臨まれた天皇陛下。脇に立っているのは前任の首相の福田康夫氏（平成20年9月24日、皇居・宮殿「松の間」）

前首相から渡される。最高裁長官の場合は首相が天皇の脇に立ち、同様に、天皇から本人に任命する旨の言葉があった後、首相から任命書が渡される。この任命書も勲記と同様、天皇の署名があり、天皇はその直前に任命書への署名も行っている。

大臣や大使などの認証官任命式

認証官任命式（認証式）は、一五種の認証官には、大使など人事が頻繁に行われる職種も含まれるので、年間の回数も多い。しかも、大臣や副大臣など、組閣や内閣改造の際、一度に数十人が対象者となるものも含まれるので、その直前には大量の辞令書（官記）への署名の作業も発生する（認証官任命式は平成一六〔二〇〇四〕年は一五回で対象者は八四人、同一七～二〇年は一〇〇人前後）。

会場も同じ「松の間」、内容も親任式とほぼ同じだが、天皇の脇に立つのは首相で、首相から官記を受け取った認証官は、その後、天皇に一礼する際、天皇から「重任（「重要な職務」の意）、ご苦労に思います」といった言葉を受ける。

組閣や内閣改造で一度に多くの大臣が任命されるときなどは、勲章の親授式と同じように、次の順番の新大臣が「松の間」前の廊下で待機し、前の人が官記を受け取り廊下に出てくると、すぐに中に入って……というように行われる。

大臣経験者に式の様子について聞いたことがあるが、紙を受け取り天皇の前に歩み出て一礼するという単純な所作だが、緊張のあまり間違える人もいるせいか、式の直前に宮内庁からビデオを見せられ、所作の〝予習〟をするのだという。

認証官任命式は月に何回か行われているが、大臣以外の認証式については宮内庁担当の記者にもほとんど公開されることがない。

「松の間」の両脇にある狭い記者室の壁の一部は小さなガラス張りになっていて、大臣の認証式などの際に取材することができたが、式の最中、室内には天皇陛下と対象者一人のほか、侍立する人や侍従、儀式担当の宮内庁職員などわずか数人しかいない。

記者クラブのホワイトボードには、○月○日、どのような種類の認証官の任命式が行われるか書かれた紙が貼り出されるが、ほとんど公開されることもないこれらの式の掲示を見るたび、〝都心の喧噪《けんそう》の中、わずか数人だけで、国事行為がらみの荘重な儀式が、だれにも知られることなく行われているのだな〟という不思議な気持ちになったことを覚えている。皇居の雰囲気を象徴する光景のような気がする。

コラム3　侍従

「侍従」は特別職の国家公務員で宮内庁職員である。先に述べたように、宮内庁には侍従職というセクション（「職」となっているが一般でいう「部」のようなもの）があり、天皇・皇后の側近としてのさまざまなことや、御璽《ぎょじ》・国璽《こくじ》の保管という重要な業務を行っている。

そのセクションのトップにあたるのが「侍従長」で、ナンバー2として「侍従次長」、さらに、七人の「侍従」がいる。また、皇后の奉仕職員として、「女官《にょかん》」がいる。女官は、統括する「女官長」のほか、六人の「女官」という構成である。

さらに天皇・皇后の医療・健康をつかさどる「侍医」がおり、統括役の「侍医長」に三人の「侍医」がいる。そのほかに天皇・皇后の世話や国事行為関係の書類の管理、外国賓客から天皇に贈られた美術品などを含む御物《ぎょぶつ》の管理を行う職員など、侍従職には計約八〇人の職員がいる（宮内庁全体の職員数は約一〇〇〇人）。

宮内庁組織令では、「女官」の仕事は皇后の側近に関することとなっているが、実際には、侍従と女官の間で厳密な線引きがされているわけではなく、天皇・皇后の食事や身のまわりのことなど、天皇に関する部分も女官が受け持ち、逆に侍従が皇后に関する部分を受け持つこともある。

侍従の仕事とは、「中心は当直勤務（当番となって宿直もする）、二四時間交替で両陛下のお側《そば》に控えて、秘書的役割を務める。具体的にいえば、朝の宮中三殿へのご代拝（天皇に代わって参拝を行うこと）、宮殿・研究所へ出御《しゅつぎょ》のお供、拝謁などの宮殿行事のご先導、上奏書類などのご決裁（執務）の準備、ご下問（天皇・皇后からの質問）に関する処理、その他、日常生活にかかわる諸事などを、長官・侍従長はじめ関係部局と連絡を密にしながら果たしていく」（昭和天皇の侍従を務めた故・卜部《うらべ》亮吾氏の言葉、小学館文庫の『宮中歳時記』あとがきより）とあり、常に天皇の側近に控え、仕事の手伝いをするのが役目だとされている。

また一〇年半にわたって侍従長を務め、平成一九年に退任した渡邉允《まこと》・前侍従長は、両陛下への行事ご出席や拝謁のお願いの申し出などについて「担当部局と一緒に交通整理をする」ことや、側近としてふだんの天皇・皇后両陛下のお考えを把握している立場から、「両陛下が式典などで述べられる『お言葉』の原案を考えるというのも、大事な役目」と話している（『諸君！』平成二〇年七月号のインタビュー記事より）。

女官や侍医も泊まり勤務がある。また、私的な部分も、という点では、天皇が御用邸で静養する際などもついていく。現在、侍医の多くは東大医学部出身の医師で、交代で一人が宿直勤務を行い、二十四時間体制で側近に控え健康管理を行っている。

ところで、どのような人が侍従になるのだろうか。

侍従は、おもに、他の中央官庁からの出向や天皇の学友（民間企業から）が多く、宮内庁の生え抜きの職員がなるケースはあまりない。中央官庁からの場合は外務省や総務省などである。外務省は国際親善（外国交際）を行ううえで重要であり、侍従だけでなく、宮内庁には同省出身の職員が多い。また、学友については、私的な部分も含めてのかかわりを持つ以上、気心の知れた人物が侍従になることも自然なのかもしれない。

また、侍従の仕事にはこのほか、宮中三殿での祭儀に出る天皇の前後で、古式装束をつけ、「剣」や「璽《じ》（曲玉）」の箱をささげ持って歩いたり、国内の要人の死去に際し、勅使（天皇の使者）として祭粢料《さいしりよう》（一般でいう香典のようなもの）を葬儀会場に持参するなど、さまざまな仕事がある。

国賓が来て天皇が宮中晩餐会に出席すれば、担当侍従も同じように燕尾服やタキシードに着替える。筆者も、外務省から出向し侍従になった経験を持つ人から、「外交官になって、まさか平安朝の古式装束をつけて仕事をするとは思ってもみなかった」という言葉を聞いたことがある。

侍従職トップである侍従長は、組織的には宮内庁長官の配下にある。だが、宮内庁の一般の事務方（〝オモテ〟）とは異なり、天皇の私的な面（住まいの御所での時間なども）にもかかわる部署のトップだけに、〝オク（奥）〟、つまり天皇をもっともよく知る人物として、長官を含めた他の幹部とはまったく異なる存在としてみられることも多い。

宮内庁のある職員は、「たとえ長官だって、陛下とお会いするには侍従長に連絡をとって〝いつだったら大丈夫ですか〟なんてやりとりをしないといけないけれども、侍従長は常に陛下のおそばにいるのが仕事なんですから。私たちだってふだん陛下と直接お話しする機会なんてないのだから、ふだん陛下の近くにいる侍従長の言うことや指示が、思し召《おぼしめ》し（天皇の意向）とイコールだと私たちはとらえているのです」と、話してくれたことがある。

宮内庁長官と侍従長は認証官であり、大臣と同じように、就任に際しては天皇が出席しての認証官任命式があり、天皇の署名の入った辞令書（官記）が交付される。ちなみに、他の中央省庁では、事務方のトップである事務次官であっても認証官ではない。

9　国際親善の仕事

「皇室外交」という言葉

天皇の仕事に「国際親善」、つまり外国交際関係のものが多いことは、4章で述べた。実際、憲法の定めた天皇の国事行為（一三項目）をみても、「外国の大使および公使を接受すること」「批准書および法律の定めるその他の外交文書を認証すること」「全権委任状および大使および公使の信任状を認証すること」と、外国交際関係のものは三つ含まれる。天皇が日本国の象徴として、国を代表して国際親善を行う役割が求められるのは、ある種、当然といえるかもしれない。

ただ注意しなければならないのは、天皇は「国政に関する権能（権限）を有しない」（憲法第四条）ため、あくまでも政治的なものが絡まない範囲での外国との親善であるということである。

このため、政治的なニュアンスも含まれてしまう「皇室外交」という言葉を、宮内庁は使用していない（宮内庁ホームページでは「皇室の国際親善」という言い方をし、外国交渉的な意味を取り除いている）。外国交際に関しても、天皇は、公平・公正であることを含め、憲法の趣旨にのっとり、「象徴」としての性格に反しないことが必要とされる。

天皇にとっての国際親善（外国交際）とは、以下のように幅広いものがある。

1　外国を訪問すること
2　国賓を含む、来日した外国賓客に会い、もてなすこと
3　駐日外国大使らへのさまざまな接待
4　諸外国への災害見舞いや各国の建国記念日の祝意など、各国の元首らと電報（親電）や手紙（親書）のやり取りをする
5　海外へ赴任予定の大使や、任期を終え帰国した日本の大使らに会う（ねぎらう）

このうち、1の外国訪問と、2外国賓客のうち特に国賓のもてなし（国賓には宮中晩餐会

が催される）については、10・11章で説明する。

会見と引見

現代の国際社会では、親善を深めるため、元首が相互にそれぞれの国を公式訪問するという慣習がある（ちなみに政治的には、相手国を訪問したうえでの首脳会談が外交の基本となる）。日本にもおおぜいの外国賓客が来日するが、元首級の賓客が皇居・宮殿を訪れ、天皇がその賓客と会うことを「会見」「引見」という。「会見」は外国の元首（国王や大統領）や王族（国王以外も）と会うこと、「引見」はそれ以外の外国賓客（たとえば各国の首相や国会議長など、広い意味では、日本に着任・離任する各国大使を含む）に会うことをさす。

会見や引見の流れは以下のようになっている。

まず、天皇（相手が単独でなく夫妻の場合は天皇・皇后）が宮殿の南車寄に出て賓客の到着を待ち受ける。皇居の正門（二重橋のある門）を通って車で到着した賓客と握手をかわし、渡り廊下を通って、天皇が竹の間（27ページ参照）まで案内する。

宮殿に入って渡り廊下の手前には、日本画の大家、東山魁夷《かいい》の海の波をモチーフにした大壁画が飾られており、渡り廊下からは美しい中庭がガラス越しに目に入り、その美しさについて会見・引見の際に話題にする賓客も多い。天皇と賓客の先導は、宮内庁の儀式や外国交際関係を担当する部署、式部職《しきぶしょく》のトップである式部官長が行う。

竹の間には天皇（と皇后）と賓客、通訳と式部官長のみが入り、侍従長（皇后が同席の場合は女官長も）や相手国の随員は千草・千鳥の間で待機する。

現在の天皇陛下の会見・引見では、陛下がかつてその国を訪問した経験があれば、そのときのもてなしへのお礼や、当時の印象に残っていることなどから会話が始まり、たとえば、「（相手国の）特産品は〇〇でしたね」といった会話をされる。

会見・引見は多くの場合三〇分程度で、賓客の方も「日本滞在中は〇〇などを訪問する予定です」といったことを話す。場合によっては「陛下もぜひ一度、わが国を訪問ください」と天皇陛下の自国訪問を招請することがある。この招請が、天皇が外国訪問を行う際のきっかけ（外国訪問を行う理由の一つ）として、場合によっては政府で検討が行われ、天皇の実際の外国訪問に結びつくこともある（なお、天皇は政治的に関与できず中立性が求められるので、外国訪問についても、訪問する国を含め、天皇の意思ではなく、政府が決め、閣議決定するかたちをとっている）。

なお、賓客とよりなごやかに会見・引見ができるよう、天皇（相手が夫妻の場合は天皇・皇后）は、会見・引見の一週間から数日前に、その相手国に駐在している日本大使を御所に招き、事前にその国情について、説明を受けられている。

なごやかな雰囲気で会話を終えると、プレゼントの交換と記念写真の撮影が行われ、再び南車寄へ賓客を案内し、帰りを見送ることになる。賓客のレベルによっては、宮殿の小食堂「連翠《れんすい》」に移動し、昼食会（午餐《ごさん》）になったり、「国賓」の場合は、天皇と国賓の会見後、いったん迎賓館に帰った賓客が夜、再び宮殿を訪れ宮中晩餐会が行われるなど、いくつかのパターンに分かれている。平成一六（二〇〇四）年の天皇陛下と外国賓客との会見・引見は計三〇件（会見一五件、引見一五件）、同一七年は六〇件、同一八年は二八件、同一九年は三九件だった。

賓客と天皇との会見・引見中の会話は、記録をとらないことになっている。ただし、その模様は式部官長が記者クラブ（宮内記者会）で後からレクチャーすることになっており、記者の記録が貴重な歴史資料ともなる。

会見や引見の際、賓客から受け取ったプレゼントは皇室の私的な所有物（「御物《ぎょぶつ》」という）となるが、昭和天皇のケースでいえば、崩御に際し、美術品を中心とする一部が国に寄贈され、国有財産となった。そして、これらを展示・研究する施設として、平成五（一九九三）年、皇居内に「三の丸尚蔵館《しょうぞうかん》」が造られ、現在は、後継者がいないことにより絶家した秩父宮家や高松宮家の品々も加わり、定期的に入れ替えながら一般に公開されている（入場無料）。

公式実務訪問賓客として来日したスリランカ大統領夫妻と会見される天皇・皇后両陛下（平成19年12月10日、皇居・宮殿「竹の間」）

皇室にとって国際親善（外国交際）がいかに重要かということは、すでに述べたように、皇室の世話をする宮内庁が、式部職の中に儀式担当のほか、「外事」（外国交際に関すること）担当の専門のセクションを置いていることからもわかる。この部署が外務省と緊密に連絡をとりながら、皇室が、外国賓客や各国の駐日大使の接待を行う際の準備などを行っているのである。宮内庁の職員に外務省の出身者や出向者が多いのも、このような理由によると思われる。

大使らへの鴨場接待

日本に駐在する各国の大使らに対し

ても、手厚い接待が行われる。

まず、新任大使については、お茶や午餐（昼食会）に招き、任務を終え離任する大使については、天皇（大使が夫妻なら皇后も）が会う。着任した各国の大使はまず信任状捧呈式のために宮殿を訪れ、日を改め、お茶に招かれる。

それとは別に、各国大使も、四ヵ国くらいずつまとめて、配偶者とともに宮殿に招かれ、小食堂「連翠」で年に数回、昼食会が催される。これは「外交団午餐」と呼ばれている。平成一六（二〇〇四）年の新任大使夫妻お茶は一〇回（三六ヵ国）、外交団午餐は五回（二〇ヵ国）だった。

離任する大使が皇居を訪れ、天皇と会う「離任大使引見」は、信任状捧呈式が行われる際、前大使はすでに帰国しており、新任大使だけが出席するため、異動の前に設定される。

元日の「新年祝賀の儀」の際にも、8章で述べたように、大使夫妻はその国の民族衣装などを身につけ、天皇・皇后の前に進み出て新年のあいさつをかわし、親善の機会としている。

各国大使らに対してはこのほかに、天皇の「思し召《おぼめ》し」（意向）というかたちで、宮内庁の施設でさまざまな接待が行われる。

まず「鴨場《かもば》接待」というものがある。宮内庁は千葉県市川市に「新浜鴨場」(約一九万六〇〇〇平方メートル)、埼玉県越谷市に「埼玉鴨場」(約一一万六〇〇〇平方メートル)という施設を所有している。

両鴨場内にはそれぞれ約一万三〇〇〇平方メートルの池があり、冬になると野鴨などの渡り鳥が越冬のためわたってくる。日本では古くから網や鷹《たか》を使って鴨を捕る鴨猟が行われてきたが、明治時代以降、宮内庁では、叉手網《さであみ》という、虫とり網の網の部分を大きくしたようなものを使って、傷つけずに鴨を捕まえる伝統技法が継承されてきて、そのための専門職員もいる。これは徳川将軍家や各大名家に伝わっていた鴨猟を引き継いだものだという。鴨猟といっても猟銃で撃ち落とすものではなく、優雅な〝遊び〟である。

思し召しにより、毎年一一月から二月にかけ六回に分け、駐日大使夫妻らが招待される(一回に一〇ヵ国程度の大使夫妻を招待、このほか、国会議員らも招待される別の回もある)。その際、接待役として、現在では秋篠宮ご夫妻をはじめとする皇族が同席されるときもある。招待者らは叉手網を使って鴨を捕る遊びに興じた後、野鳥調査用の足環《あしわ》を付けたうえで、参加者一同で野に放つ。その後、施設内の食堂で昼食会が催される。

御料鵜飼と御料牧場での接待

鴨場のほか、「御料鵜飼《ごりょううかい》」と御料牧場での接待も行われている。鵜《う》を泳がせてアユなどを捕る鵜飼は、一三〇〇年来の歴史を持つ古代漁法だが、皇室の保護のもと、御料鵜飼（「御料」は皇室などが使用する物の意）として岐阜県の長良川で行われている。古代の文献に鵜匠《うしょう》（鵜飼を行う人）が宮廷の公務員として漁を行っていた記録があるほか、諸大名によって受け継がれてきた鵜飼が消滅の危機にさらされた明治時代、岐阜県の要請により鵜匠に対し、現在の宮内庁職員にあたる身分が与えられ継承されてきた。

現在、毎年五月から一〇月にかけ、年に八回の御料鵜飼が行われているが、そのうちの二回については、駐日大使夫妻やその家族らの招待の回として、彼らを接待するとともに日本の伝統文化を紹介する場としている。大使夫妻らは夜に行われる鵜飼の模様を遊覧船から見学する。なお、御料鵜飼ではないものの、宮内庁の鵜匠による観光用の鵜飼（内容はほぼ同じ）を有料の観覧船で見ることができる。

このほか、天皇家の食事や宮中晩餐会などの食材（牛乳、肉、卵）、宮中儀式で使う馬の生産などを行う栃木県の御料牧場（高根沢町と芳賀町にまたがる）に、毎年春、各国大使夫妻らを招き、乗馬やサイクリング、昼食会などの接待も行っている。

一方、日本の外務省から各国に赴任する大使らについては、まず、人事異動で新たに海外赴任する大使が決まると、大使は皇居・宮殿「竹の間」で天皇陛下に拝謁する。異動は一度に複数発令されることが多いので、数人の大使で、というケースが多い。拝謁は五〜一〇分程度で、「〇〇（国の名前）へ赴任いたします」といったあいさつをする。その後、大使らは「千草・千鳥の間」に移動する。そこでは配偶者も合流し、大使「夫妻」で、という形になり、しばらくすると天皇・皇后両陛下がお出ましになり、立ったまま、ドリンクとクッキー程度の菓子をいただきながら語らう。両陛下が各大使夫妻に対し、一組五分程度、話をしながらまわられる。

異動により、赴任先から日本に帰国した大使夫妻に対しても、両陛下によるお茶の招きがある。

親書・親電

来日した外国元首に会ったり、大使などを通じて交際したりするだけでなく、天皇は、さまざまな機会に手紙や電報のやりとりをしている。これらを「親書」「親電」という。手紙は、天皇から出したものもあれば、外国元首から受け取った手紙に対する返信も含まれる。特に外国王室とのやりとりのときには、親電より親書の形式をとることが多いという。

親電には、まず、各国の建国記念日や独立記念日に際し、その国の元首にあてて出される祝電がある。他には、元首の誕生日、元首の就任・再任、外国王族の結婚や子供の誕生などの祝電もある。また、元首が死去した際の弔電、各国で大規模な災害が起こった際の見舞電、各国から天皇が受け取ったすべての祝電・弔電・見舞電などに対するお礼（答電）など数多くのやりとりがある。

外国から天皇が受け取ったり、天皇が外国に出されたりした電報は、すべて官報（357ページ参照）の「皇室事項」の欄に掲載され、一般の人でもどのような内容か知ることができる。

具体的にどのようなものがあったか、平成一六年の分からいくつかを表9－1にまとめてみた。この年、天皇陛下が出された親電は六〇六件あった。

これら親電・親書は、天皇が決裁する「宮内庁関係書類」に分類される。ちなみに平成一七（二〇〇五）年に出された親電は六一一通（うち天皇誕生日祝電への答電二〇八通、紀宮さま〔現・黒田清子さん〕婚約・結婚祝電への答電五六通）、同一八年は六〇一通（うち天皇誕生日祝電への答電二二二通、悠仁さまご誕生祝電への答電一一〇通）、同一九年は五〇一通だった。

なお、皇室と各国の王室が親密な関係にあることはすでに述べたが、慶弔に関しても、親電だけではなく、結婚式や葬儀などが行われる際には、直接その国を訪問して参列され

●祝電関係
・オランダ女王に王孫誕生で祝電（4月2日）
・英女王誕生日で祝電（4月21日）
・オランダのフリーゾ王子結婚で祝電（4月23日）
・オランダ女王誕生日で祝電（4月30日）
・スペインの皇太子結婚で祝電（5月21日）
・ヨルダンの皇太子結婚で祝電（5月26日）
・フィリピンのアロヨ大統領の再任に際し祝電（6月30日）
・ドイツのケーラー大統領就任に際し祝電（7月1日）
・ブルネイの皇太子結婚で祝電（9月8日）

●弔電関係
・米のレーガン元大統領死去に際し、ブッシュ大統領へ弔電（6月9日）
・オーストリアのクレスティル大統領死去で弔電（7月9日）
・オランダ女王の父、ベルンハルト殿下死去で弔電（12月3日）

●災害関係
・ドミニカ・ハイチの水害に対し見舞電（6月4日）
・フィリピンの台風被害に対し見舞電（12月8日）

※天皇陛下（天皇・皇后両陛下も含む）が外国に出された親電は計606通（平成16年分）。内訳としては、天皇誕生日の祝電に対するご答電214通、紀宮さま（現・黒田清子さん）の婚約発表（12月）の祝電に対し18通、12月18日に逝去された高松宮妃喜久子さまへの弔電に対し38通。ほかに、鈴木善幸・元首相の死去に際して複数の国からの弔電に対して、新潟県中越地震、福井原発の事故、11月の台風被害などの際、複数の国から届いた見舞い電に対してなど。

表9－1　天皇陛下が出された親電の例（一部は皇后さまと連名、平成16年）

ている。ただ、葬儀などは、突然、行われることが決まるため、週二回の執務など国事行為関係の仕事もある天皇は（国事行為の臨時代行などの手続きに時間がかかることもあり）参列というわけにはなかなかいかず、他の皇族が名代《みょうだい》（天皇や皇后の代理として皇族を遣《つか》わすこと）として参列するケースが多い。

なお、国際情勢について、天皇陛下は一～二ヵ月に一度、外務省総合外交政策局長を住まいの御所に招き、進講を受けられている。また、皇后さまも個別に同様の進講を受けられている。

コラム4　国賓

日本では、外国からの賓客に対し「国賓」、「公賓」、「公式実務訪問（賓客）」などの扱いがある。

まず、外国の要人が来日する際、日本側が招待し滞在中の経費負担をする公式訪問と、自費で来日する非公式訪問に分かれる。毎年数十件にのぼる公式訪問の賓客のうち、政府は総合的な観点から数件程度、実務よりも儀礼（社交）の要素に重点を置き、最大限のもてなしを行う「国賓」と「公賓」を指定する。

「国賓」と「公賓」が他の賓客と大きく違う点は、迎賓館が宿泊場所として提供され、儀《ぎ》仗《じょう》隊の栄誉礼や国歌の演奏が行われる歓迎式典（歓迎行事）が行われるということである。

「国賓」と「公賓」の違いだが、「国賓」は国王（夫妻）や大統領（夫妻）などの元首が対象で、①皇居で天皇・皇后との会見、②宮中晩餐、③（東京を発《た》つ際、天皇・皇后によるお別れのための迎賓館への）訪問が行われる。「公賓」は、皇太子（夫妻）や王族、首相、副大統領などが対象で、①天皇（相手が夫妻の場合は天皇・皇后）との会見、②宮中での昼食会（「午餐」という。ただし王族のみに対して）となっている。

また、国・公賓以外の実務を目的に来日した賓客についても、「公式実務訪問」に指定されると、皇居で天皇との引見や午餐がセットされる。

ちなみに、平成一八（二〇〇六）年のデータによれば、閣僚級以上の海外要人の日本への公式訪問は四五件で、うち国賓二件、公賓一件、公式実務訪問九件だった。国の大小は関係ないが国賓は年に二件前後しかない。また、同じ人が在位中に二度以上来日しても、国賓として扱われるのは原則として一度だけである。

国賓の来日については、決定すると外務省のホームページに掲載されるので、事前に知ることができる。

http://www.mofa.go.jp/mofaj/

10　宮中晩餐会

国賓を歓迎して

外国の元首が来日した夜、シャンデリアが輝く皇居・宮殿の最大の広間「豊明殿《ほうめいでん》」に多くの招待客が集まり、クラシックが生演奏される華やかな雰囲気の中、料理やワインが振る舞われ、天皇・皇后と外国元首夫妻や、他の招待客の歓談がなごやかに行われる……。

国民がテレビなどのメディアで天皇の姿を見る機会において、もっとも華やかな光景として、外国元首が訪日した際に皇居で行われる宮中晩餐《ばんさん》会の場面を目にしたことのある人も多いと思う。

宮中晩餐会は国際儀礼として、友好親善のために国賓に対して受け入れ国として行うもてなしの一環であり、その際、国の大小は関係なく平等に扱われる。

晩餐は国賓に対して行われるので、一年間に来日する外国賓客の中で、国賓の扱いを受けることになる元首の数が、その年の晩餐会の開催回数となる。平均するとだいたい年に二回前後である。日本を訪問し、天皇と会見・引見を行う外国元首らは（年によっても違うが）だいたい年に三〇人（件）程度だから、国賓に指定され、宮中晩餐のもてなしを受けることがいかに格の高い待遇になるかがわかるだろう。

皇室のもてなしの流れ

国賓の来日の際には、皇室としてのもてなしのパターンが決まっているが、その流れを見てみよう。

国賓は、羽田空港（のVIP用のスポット）に到着し、車で東京・元赤坂の「迎賓館」に入る。東宮御所などのある赤坂御用地に隣接する迎賓館は内閣府の施設で、ベルサイユ宮殿を模して一八世紀の様式を取り入れたという建物だが、そこに宿泊する。

その翌朝の歓迎式典（「歓迎行事」という）からもてなしが始まる。

まず、午前九時台に、皇太子夫妻、他の皇族（接伴《せっぱん》皇族という。たとえば、平成一六〔二〇〇四〕年一一月のデンマーク女王夫妻来日の際は、日本デンマーク協会総裁を務められる常陸宮ご夫妻といった、(相手国にゆかりのある皇族)、首相が迎賓館玄関前で待つ中、天皇・皇后が皇居から車で到着する。そして玄関ロビーに出てきた国賓夫妻と対面、握手しあいさつを交わす。

その後、玄関前に出ると、相手国の国歌と日本の国歌が自衛隊の音楽隊により演奏される。次に、天皇が、皇太子夫妻、接伴皇族、首相を国賓夫妻に紹介する。

そして玄関前の広大な庭で行われる自衛隊の儀仗隊(儀式のための隊列)による栄誉礼(賓客をもてなす儀礼で制服の隊員が敬礼し、荘重な音楽が演奏される)の中を、国賓が巡閲していく。その際、儀仗隊長が先導する。これらは国際儀礼として多くの国で行われているものである。

その後、国賓夫妻と天皇・皇后は出迎えの人々のところへ行き、会釈する。出迎えの人たちとは各大臣や外務副大臣のほか、衆・参両院の議長、最高裁長官らいわゆる「三権の長」、そして迎賓館の近くにある小学校の高学年の児童、都内にある相手国の(外国人)学校の児童が招かれ、庭で相手国の国旗の紙旗を振りながら歓迎する。

このあと、天皇は国賓の元首と、皇后は元首の配偶者(「配偶者」と書いたのは、元首が女王など女性のケースも多く、その場合、元首の配偶者は男性となるため)とそれぞれ別の車に乗り、皇居へ向かう。皇太子夫妻や首相らはここで帰ることになる(夜の晩餐会にはもちろん出席する)。

車は、御料車《ごりようしや》（「御料車」とは天皇が乗る車の意味、231ページ参照）の「センチュリーロイヤル」（平成二〇年一二月現在）で、交通規制が敷かれる中、皇居には約一〇分で到着し、車は正門から宮殿の南車寄に入る。

午前一〇時台、天皇・皇后と国賓夫妻との、宮殿「竹の間」での会見が行われる。この会見については先に述べたが、付け加えると、国賓の場合は会見の終盤で、交換されるプレゼント（贈答品）の内容が宮内庁から発表される。

参考までに記しておくと、筆者が宮内庁担当だった平成一五年六月にインドネシアのメガワティ大統領（当時）夫妻との会見の際に天皇・皇后両陛下が大統領夫妻に贈られた品物は、竹で編んだ花かご（「豊栄編方花籃《ほうえいあみほうはなかご》」）、陶製の大鉢（「青白彩磁暈綱輪華大鉢《せいはくさいじうんげんりんかおおばち》」）、両陛下の写真（署名入りで菊の紋のついた銀の額縁に入ったもの）で、このほかに皇后さまから大統領へ、かごに入った花が贈られた。大統領夫妻から両陛下へは、大統領の写真と大統領の配偶者の写真（ともに署名入り）が贈られ、このほか、夫妻から天皇陛下へ、銀製の輿《こし》の置物、皇后さまには燭台《しよくだい》とインドネシア音楽のCD一〇枚が贈られた。

会見では、国賓から天皇・皇后に対して「両陛下も今度ぜひ、わが国にお越しください」という、自国への訪問の招請があるのかどうかも重要なポイントとなることはすでに述べた。元首が外国に公式訪問を行う（この場合は外国の元首が日本を訪問する）ということは、「相手国（この場合は日本）の元首からの答礼の公式訪問を期待させるという国際慣行もある」（加瀬英明編『宮中晩餐会　お言葉と答辞』日本教文社）からである（天皇が元首にあたるかどうかについては22ページを参照）。

会見が終了すると、国賓夫妻は車で迎賓館に戻るが、天皇・皇后は南車寄で見送る。その日の皇室関係の行事は、夜の宮中晩餐会までないが、国賓夫妻はこの間、迎賓館などで要人の表敬訪問を受けたり（たとえば、経済関係を強化したい場合は財界人などと会ったり）多忙なスケジュールをこなす。

どのような人が招かれるか

午後七時半、国賓夫妻が再び皇居・宮殿を訪れる。迎賓館からの送迎の車は菊の紋がドアなどに入った御料車が使われる。つまり、天皇が自らが使用する車を貸す、というかたちをとっており、手厚いもてなしの一環といえる。国賓の随員らは同じ車列で後に続く何台ものハイヤーに分乗する。

正門、二重橋を通って南車寄に到着すると、天皇・皇后が再び出迎える。晩餐会だけあって、昼間の歓迎行事や会見の際のスーツから着替え、正装をしている。服装は国賓側の国と協議して決められるが、男性の場合、燕尾服（ホワイト・タイ）と、それに次ぐタキシード(ブラック・タイ)のケースがある。「宮中晩餐は、燕尾服が原則だが、国賓側の希望によってタキシードに代用されることがある」(入江相政編『宮中侍従物語』TBSブリタニカ)という。モーニングが〝宮中の制服〟といわれるが、これは昼間の正装である。

女性はロングドレス(イブニング・ドレス)で、女性皇族の華やかな姿が印象に残っている人も多いかもしれない。場合によっては勲章を着用することもある。また、民族衣装も可とされ、国賓は民族衣装の場合もある。招待客などは和装も可、男性は紋付き羽織袴《はかま》、女性は白襟紋付き(色留袖)とされ、そのような服装で来る人もいる。

服装の指定は厳格で、招待状に燕尾服と指定されていたのに、間違えてタキシードで来てしまい、生涯に一度あるかないかという宮中晩餐会の機会にもかかわらず、車寄まで来たものの会場に入れずに帰っていった不運な招待客がいたのを筆者は見たことがある。

天皇・皇后にお供して、晩餐会に出席する侍従や女官も、指定された服装である。

宮殿に到着した国賓夫妻は「松風の間」(27ページ参照)で、晩餐会に出席する皇太子夫妻をはじめ他の皇族の紹介を天皇・皇后から受け、食前のドリンクが出される。食前酒のシェリー酒のほか、オレンジジュースやトマトジュースなどが供される。

次に、天皇・皇后は国賓夫妻を「石橋《しゃっきょう》の間」に案内し、招待客全員のあいさつを受ける。

国賓として来日した中国の胡錦濤主席を招き行われた宮中晩餐会。天皇陛下がお言葉を述べられている（平成20年5月7日、皇居・宮殿「豊明殿」）

宮中晩餐会の主催は天皇・皇后だが、皇族以外にどのような人が招待されるかというと、首相、衆・参両院の議長、最高裁長官のいわゆる「三権の長」、各大臣、衆・参両院副議長、外務省事務次官、宮内庁長官、国賓の国に駐在する日本の大使（同国に大使として赴任したことのある歴代の経験者も）、駐日の「外交団長」（各国の駐日大使〔外交団〕の中でもっとも赴任年数の長い人がなっている）、国賓の国と日本との友好議員連盟の会長、日本経団連会長など財界の首脳、日本貿易振興機構のトップなどのほか、国賓の国の文化や歴史を研究するゆかりの深い大学教授なども招かれる。もちろん、いずれも夫妻での招待となる。

国賓の国の側からは、随行員のほか、同国の駐日大使夫妻などが招かれる。出席者の人数は一〇〇人を超え、筆者が取材する機会のあったインドネシアのメガワティ大統領（当時）夫妻のとき、デンマークのマルグレーテ二世女王夫妻のときとも約一二〇人だった。国によっては一五〇人近くになるときもあるが、現在、晩餐会の会場となっている宮殿・豊明殿は一五〇人程度が限度でやや〝狭い〟状態になっている。戦前の晩餐会は数十人規模で行われ、昭和三〇年代後半〜四〇年代前半の、宮殿が建設されたころは、百数十人規模の晩餐会が頻繁に行われるようになることは想定されていなかったのかもしれない。

午後八時すぎ、天皇・皇后が国賓夫妻とともに豊明殿に入場する。他の招待客はその前に会場に入って待機しており、起立して入場を迎える。入場の際、宮内庁楽部のオーケストラが雰囲気を盛り上げる曲を演奏する。国賓夫妻と天皇・皇后が着席するのは会場の中央、メインテーブルの真ん中である。会場には、文化勲章受章者の中村岳陵画伯のデザインによる「豊幡雲《とよはたぐも》」のつづれ織りが映《は》える正面の大壁面を背に約四〇人が着席できるメインテーブルがセットされ、他の招待客が着席するいくつかのテーブルがメインテーブルと垂直に、櫛《くし》の形のように並ぶ。

メインテーブル中央は、国賓の向かって右側に天皇、左側に皇后が着席し、さらに天皇の右に国賓の配偶者、その四人の両脇に皇太子夫妻、さらにその外側に宮家の皇族、国賓の随行員、日本の首相夫妻、衆・参両院の議長夫妻、最高裁長官夫妻、衆・参両院の副議長夫妻、さらに大臣ら……という並びで着席する。夫妻で出席の場合、各招待者とも、国賓（夫妻）と天皇・皇后を挟み、夫と妻が両側に分かれて着席するように決められているのが特徴だ。

晩餐会での「お言葉」

国賓夫妻と天皇・皇后が着席すると、天皇が再び起立し、歓迎の言葉を述べる。それが終わると国賓の国の国歌が演奏され、演奏終了と同時に天皇が杯を上げ、乾杯となる。次に国賓が起立し答辞を述べ、間をおかずに日本の国歌「君が代」が演奏され、今度は国賓が杯を上げるという流れとなる。そして食事をしながらの歓談に移っていく。ここで、やや長くなるが、前出のインドネシア大統領夫妻の晩餐会の際の天皇陛下のお言葉を紹介する。

このたび、インドネシア共和国大統領メガワティ・スカルノプトゥリ閣下が、ご夫君《ふくん》とともに、国賓としてわが国をご訪問になりましたことに対し、心から歓迎の意を表します。ここに、今夕《こんせき》をともに過ごしますことを、まことに喜ばしく思います。

大統領閣下にはご就任後間もない一昨年の九月に、ご夫君とわが国をご訪問になり、皇后とともに皇居にお迎えいたしました。これは閣下と私どもにとり、三九年ぶりの再会でありました。私は皇太子であった一九六二年、父君のスカルノ大統領が国賓としてわが国をご訪問になったことに対する答礼のため、昭和天皇の名代《みようだい》として、当時皇太子妃であった皇后と貴国を訪問いたしました。そのとき閣下は父君とともに、空港で私どもを迎えられ、皇后に花束を渡してくださいました。閣下は十代、私どもは二十代のときのことであります。父君にはジャカルタにおいて丁重なおもてなしをいただき、またボゴールからバリ島への旅にご同行いただきました。そのお気持ちは私どもの心に残るものでありました。その折、貴国の多くの人々に温かく迎えられ、貴国の風物や文化に接したことも忘れられません。

即位後の一九九一年、私どもは再び貴国を訪問し、前回の訪問から時を経《へ》て大きく発展したジャカルタの今日の姿に接しました。このときには、ジャカルタに加え、ジョクジャカルタやボロブドゥールの遺跡も訪れました。

私どもの若き日、大統領でいらした父君を貴国に訪問し、閣下にもお会いしてから四一年を経、今夕ここに、閣下を国賓として、ご夫君とともに、お迎えすることに、深い感慨を覚えます。閣下には大統領就任以来二年近く、公務に忙しい日々を過ごしていらっしゃいました。国内の民主化や各種の改革の推進に努め、政治的な安定や経済の回復などのためのさまざまな課題に取り組んでいらっしゃる閣下のご努力に、改めて深く敬意を表します。

一万七〇〇〇余の島々から成り立つ広大な国土を持つ貴国は、多様性に富み、資源に恵まれ、わが国との間には経済、文化、人々の往来など、幅広い分野にわたって交流が続けられてきました。このような両国の関係が、今後ますます緊密なものとなっていくことは、まことに喜ばしいことであります。このたびのご訪問が、両国間の相互理解と友好関係の増進に資する実り多いものとなることを、心から念願いたします。

ここに杯《はい》を挙げて、大統領閣下ならびにご夫君のご健勝とインドネシア国民の幸せを祈ります。

お言葉の中に「杯を挙げて」とあるように、この直後に一同で乾杯が行われる。晩餐会での国賓に対する「お言葉」の内容には、天皇陛下ご自身と国賓との過去の交流についての感謝や、国賓の国を過去訪問された際の思い出などが織り込まれることが多い。

お言葉は、宮内庁、内閣、外務省で事前に検討し作成される。天皇は憲法上、政治的なものに関与することはないが、国賓が中国や韓国など、過去の戦争に絡み、日本に対し微妙な感情がある場合など、天皇からどのようなお言葉があるのか、マスコミなどから注目が集まるケースもある。

この天皇陛下からのお言葉に対して、大統領からの答辞（答辞はその国の言葉〔このときはインドネシア語〕で話されるが、あらかじめ、日本語訳された紙が各出席者に配られている）がある。

晩餐会の流れ

その後、「君が代」が演奏され、国賓が乾杯を行う。そして食事が進行していく。食事は宮内庁大膳《だいぜん》課の職員らが担当する。大膳はこのような宮中行事の際の食事のほか、天皇・皇后や皇太子ご一家のふだんの食事などの調理や配膳も担当している。また、先に述べたように、晩餐会で使用される肉、卵、乳製品や野菜などは、栃木県の御料牧場で生産されている。

プロの料理コンクールの審査員も務める都内の高級レストランのシェフにメニュー（表10－1参照）を見てもらったところ、「私たちのお店で出しているものと比べると、クラシカル（古典的）な感じがします」とのことで、一般の人がレストランで食べるフランス料理のコースとは若干、趣が異なるのかもしれない。ドリンクについても、相手国の宗教の

【平成15〔2003〕年6月23日、インドネシア大統領夫妻の来日時】
・コンソメスープに卵を入れた「洋風茶わん蒸し」
・殻付き仕上げの伊勢エビ揚げ（付け合わせに揚げパセリ）
・車エビ、ホタテ貝、オクラ、鮭のムースを使ったテリーヌ
・若鶏のソテー（マッシュルームとトマトのソース、付け合わせに温野菜）
・サラダ
・アイスクリーム（富士山型のもの）
・デザート（メロンとブドウ＝巨峰）
飲み物は、日本酒のほか、白ワインが1993年物のシャブリ、赤ワインが1982年物のシャトー・ラトゥール、シャンパンが1993年物のドン・ペリニヨン

【平成16年11月16日、デンマーク女王夫妻の来日時】
・コンソメスープに卵を入れた「洋風茶わん蒸し」
・エスニック風仕上げの舌ビラメの蒸し物（付け合わせにシシャモの衣揚げとカキのベーコン巻き）
・フォアグラのムースの入った燻製若鶏の冷製
・羊もも肉の蒸し焼き（付け合わせにキノコのソテー、クレソン、温野菜）
・サラダ
・アイスクリーム（富士山型のもの）
・デザート（メロン・イチゴ）
飲み物は、日本酒のほか、白ワインが1993年物のモンラッシェ、赤ワインが1985年物のシャトー・ムートン、シャンパンが1993年物のドン・ペリニヨン

※ともに、食前の飲み物として、シェリー酒、トマトジュース、オレンジジュース、食後の飲み物として、コーヒー、コニャック、リキュール、ウイスキーがある。

表10－1　宮中晩餐会メニューの例

関係で、酒類は日本側の客のみに出されるというケースもある。

各テーブルには、花器に入れられた一〇種類を超える花が飾られて、会場（豊明殿）の左右端にも大きな生け花がそれぞれ飾られる。インドネシア大統領夫妻のときは、サルスベリやアジサイ、ツバキの生け花が置かれた。

食事歓談中は、宮内庁楽部により洋楽が間断なく演奏される。楽部は、皇室祭祀などのために雅楽を演奏する二十数人の専門家の職員により構成され、国の重要無形文化財に指定されている（つまり団体として人間国宝になっている）が、晩餐会のもてなしなどのため、西洋音楽の楽器も習得し、オーケストラを編成している。

晩餐会での演奏の際は、相手国の民謡を取り入れるなど、国賓に喜んでもらえるように選曲が行われる。実際、曲によって雰囲気がなごみ、国賓夫妻と天皇・皇后との会話が盛り上がるような場面がしばしばあるという。また、相手国がかつて植民地だったり、革命などで政権交代がなされ、前政権までの文化が否定されていたりするケースもあることから、曲選びには慎重が期されている。

食事が始まってから一時間半ほどして、デザートも食べ終わると、天皇・皇后は、国賓夫妻とともに席を立って近くの「石橋《しゃっきょう》の間」に移動し、食後の飲み物をとる。招待客は起立して見送った後、石橋の間の隣の大広間「春秋の間」に移動し、そこで立ち話をしながら食後の飲み物をとる。しばらくすると天皇・皇后と国賓夫妻が石橋の間から戻ってきて招待客との歓談となる。

この二次会的な歓談の場は「後席《こうせき》」と呼ばれており、立ってコーヒーなどを飲みながら、というくつろいだ雰囲気の中、広間のあちらこちらに話の輪ができておおいに盛り上がる。メインの晩餐会の方は各テーブルで着席して、ということでいろいろな人と話すことができない。だから天皇・皇后も国賓夫妻もこの場で入れ替わり立ち替わり目の前にやってくるすべての招待者と話し、交流を深めるのである。

そうして約二〇分が経過したころ、この夜の宴は〝お開き〟となる。

午後一〇時半ごろ、国賓夫妻は再び車で迎賓館へ帰っていく。天皇・皇后は南車寄まで国賓夫妻を見送り、他の招待客は春秋の間で見送る。このようにして、午前の迎賓館での歓迎行事から始まった長い一日が終わる。

筆者が初めて国賓関係行事を取材したとき、天皇・皇后両陛下も国賓夫妻も、一日のうちに何度も迎賓館と皇居の間を往復するので、驚いた経験がある。もてなす側はもちろん、もてなされる側もたいへんなのだ。

地方などに案内することも

国賓はこの後、数日間、日本に滞在するケースが多い。その間に首相官邸で行われる首相主催の晩餐会出席や国内の企業視察など多忙なスケジュールをこなす。地方に行くケースもある（前出のインドネシア大統領の来日では、トヨタの工場視察のため、愛知県に行った）。

国賓が東京を出発する日の朝、天皇・皇后は、お別れの訪問として迎賓館に向かう。帰国する日でなく東京を発つ日、としたのは、国賓が視察などのため地方に移動して、東京に戻らずにその地方の空港から帰国するケースもあるからだ。午前九時に迎賓館正面玄関に到着した天皇・皇后は国賓夫妻と握手をかわし、館内の「朝日の間」という部屋で約三〇分間、会話と別れのあいさつをする。このお別れの訪問までが、皇室による国賓の接待である。

ただ、これは一般的なケースの接待であり、国賓が大統領などではなく、外国王室といった日本の皇室と深いつきあいを持つ相手の場合、一日使って天皇・皇后が国賓夫妻を地方などに案内することもある。伝統的に各国の王室同士は深いつきあいがあり、たとえば先にもふれたデンマーク女王夫妻来日時には、天皇・皇后両陛下が女王夫妻を伴い群馬県を訪れ（特別列車で移動）、「八木節」などの伝統芸能や、「伊勢崎絣《がすり》」など地元の伝統工芸の実演、群馬交響楽団の演奏会を鑑賞された。

また、国賓の側から、さまざまなもてなしへのお礼として迎賓館などで「答礼行事」が催されるケースもある。

なお、平成二一（二〇〇九）年一月現在、迎賓館が改修工事中のため、国・公賓の宿泊は一般のホテルを、歓迎式典も迎賓館前庭ではなく皇居・東庭（一般参賀の行われている庭）を暫定的《ざんてい》に利用しているが、改修工事終了後、歓迎式典などについて、当初の場所に戻すかどうかは未定という。

11　外国訪問

訪問予定はどのように決まるか

国際社会では、元首が相手国を訪問する（もちろん招待することも）ということは、一国が表す相手国（国民）への最大の敬意ともいえる。

憲法で定められた天皇の国事行為の中に、外国の大使らを接受する（接受は公式に受け入れること）というのはあるが、外国を訪問する、という項目はない。つまり天皇の外国訪問は国事行為でなく、「象徴」という立場から行われる公的行為に属する。国事行為については憲法第三条の規定で「内閣の助言と承認（天皇の意思ではなく、内閣の意思決定により行われる）を必要とし」とされているが、公的行為は国事行為ではないので、内閣の助言と承認は必要としないともいえる。

だから本来は、憲法上、天皇の意思で外国訪問を決めることができる（たとえばどの国を訪問したいかなど）のだが、実際はそうなっておらず、外国訪問は政府が検討し、閣議にかけ、閣議決定というかたち（もちろん、責任も内閣が負う）をとり、天皇の意思は介在できないことになっている。

その理由は「重要な公的な御行動でございまするので、内閣の責任のもとにこれがとり行われるということで、それぞれの場合に閣議決定という形でこれを取り運んでおるような次第で……」（昭和五四〔一九七九〕年五月二二日の参院内閣委での富田朝彦宮内庁長官〔当時〕の答弁）とされている。「重要な公的な」というのがどのようなことをさすかについて、富田氏は、別の機会に「非常に大事な国と国との間の関係」だということを述べている。

それでは、政府は天皇・皇后の外国訪問を決める際、どのような観点から検討を行うのだろうか。まず、以下のような点が検討される。

・相手国からの招請があること
・（相手国からの）国公賓の来日状況
・相手国との交流の現状

・相手国の情勢（政情や治安が安定しているか）
・地域的なバランス
・天皇の国内の行事日程（外国訪問のスケジュールを入れられるか）

これらの条件が総合的に検討され、閣議で決定されるという。早い場合は数年前から検討が開始され、半年から数ヵ月前に閣議決定、一ヵ月から数週間前に詳細な日程が発表される。準備には外務省があたり、訪問先の日本大使館は多忙を極めることになる。各訪問場所（施設）などについては宮内庁や外務省、警察庁（警備）の職員らが事前調査に入り、入念な確認を行う。筆者が宮内庁記者クラブ在籍中、ある発展途上国へのご訪問が水面下で検討されたが、事前調査の結果、警備の面などで難しいとして断念されたことがあった。

日本国内では国家元首は天皇なのか首相なのか法的にあいまいなことはすでに述べたが（22ページ参照）、訪問先では天皇・皇后は元首としての扱いを受ける。

平成になって増えた外国訪問

国同士の友好関係がより深まる、という重要な役割を持つ天皇の外国訪問だが、これは現在の天皇・皇后両陛下の大きな特色といってもいいだろう。両陛下は平成に入ってから(皇太子夫妻としてではなく天皇・皇后になってから)二〇年までに一四回、三一ヵ国(表11-1参照)を訪問されている。それに対して、昭和天皇は六〇年以上の昭和の時代に、わずか二回(昭和四六〔一九七一〕年の欧州諸国と昭和五〇年の米国)しか外国訪問していないからだ。

ただこれには、昭和天皇の時代、「国事行為の臨時代行に関する法律」が長い間存在しなかったことも影響している。天皇の国事行為(毎週火曜・金曜午後の「執務」＝上奏書類の決裁など)がストップすると、国の運営上、大きな影響が出る。

憲法では「天皇は、法律の定めるところにより、その国事に関する行為を委任することができる」(第四条)と規定されているが、当時、肝心の、委任に関する法律がなく、だれに、どのような手続きで委任すればよいのかが決まっていなかったため、執務などを他者に委任する(代行させる)ことができず、日本を留守にすることができなかった。昭和三九年に同法が施行され、摂政と同じように皇太子を第一順位とする委任の序列や、臨時代行は「内閣の判断」により置かれることなどが定められ、昭和天皇の海外ご訪問がようやく実現したのである。

このとき皇太子夫妻であった現在の両陛下は、海外訪問のできない昭和天皇の名代《みょうだい》(代理)として、当時、国公賓として訪日した各国元首への答礼の訪問を数多く行っており、皇太子夫妻時代の海外訪問は三七ヵ国に上るという。

ちなみに、「摂政」と「国事行為臨時代行者」の違いは、摂政は、未成年や重大な病気などで天皇に意思能力がない場合に、皇室会議(49ページ参照)の議決だけで決められるのに対し、臨時代行(委任)は一時的な病気・故障や海外訪問などでの空白期間に置かれるもので、天皇の意思により内閣の判断で委任される。つまり、天皇に意思能力があるかどうかでどちらになるかが決まる。だから海外訪問などは、「臨時」に委任し、皇室会議にかけなくてもよいのである。

平成に入って二〇年あまりで一四回の海外訪問ということは、ざっと平均すると一年半に一回、海外訪問されていることになる。ただ、前立腺《ぜんりつせん》がんの手術を受けたあとは三年近く(平成一四年七月〜一七年五月)海外訪問がなかったり、一方、一年に二回(平成六年、六月の米国と一〇月の仏・スペイン・独など)訪問された年もある。

訪問国決定には地域的なバランスも考慮されると述べたが、オセアニアとアフリカのご訪問はまだなく(皇太子時代はあるが、天皇としてはまだない)、招請があれば、将来、検討されるかもしれない。

また、近隣諸国では韓国のご訪問がまだない。平成一五年六月に盧武鉉《ノ・ムヒョン》大統領夫妻が国賓として来日した際、両陛下との会見で韓国へのご訪問を盧大統領が正式に招請してお

H3（1991). 9.26～10.6	タイ、マレーシア、インドネシア	3ヵ国の招待による親善目的
H4（'92). 10.23～28	中国	招待による親善目的（日中国交正常化20周年）
H5（'93). 8.6～9	ベルギー	ボードワン国王葬儀ご参列
H5. 9.3～19	イタリア、ベルギー、ドイツ、※バチカン	イタリア、ベルギー、ドイツの招待による親善目的
H6（'94). 6.10～26	米国	招待による親善目的
H6. 10.2～14	フランス、スペイン、※ドイツ	フランス、スペインの招待による親善目的
H9（'97). 5.30～6.13	ブラジル、アルゼンチン、※ルクセンブルク、※米国	ブラジル、アルゼンチンの招待による親善目的
H10（'98). 5.23～6.5	英国、デンマーク、※ポルトガル	英国、デンマークの招待による親善目的
H12（2000). 5.20～6.1	オランダ、スウェーデン、※スイス、※フィンランド	オランダ、スウェーデンの招待による親善目的（日本・オランダ交流400周年）
H14（'02). 7.6～20	ポーランド、ハンガリー、※チェコ、※オーストリア	ポーランド、ハンガリーの招待による親善目的
H17（'05). 5.7～14	ノルウェー、※アイルランド	ノルウェーの招待による親善目的（日本・ノルウェー国交樹立100周年）
H17. 6.27～28	サイパン島（米自治領）	戦後60年にあたり、戦没者慰霊のため
H18（'06). 6.8～15	シンガポール、タイ、※マレーシア	シンガポールは招待による親善目的（日本・シンガポール国交樹立40周年）、タイは招待によりプミポン国王即位60周年記念式典ご参列のため
H19（'07). 5.21～30	スウェーデン、エストニア、ラトビア、リトアニア、英国	スウェーデンと英国からリンネ生誕300年にあたり、リンネ協会名誉会員（本文参照）の天皇陛下へ記念行事への招待があり、他の3ヵ国は招待による親善目的

※印の国は「立ち寄り国」（本文参照）

表11－1　天皇・皇后両陛下の外国ご訪問一覧

り、形式的には日本政府がそれを受ければ実現はできる。だが、両国間には過去の植民地支配などによる微妙な感情などもあり、「友好親善を深める」という皇室の海外訪問の趣旨（訪問国の国民が心から歓迎し、訪問によって二国間の親近感が深まる）や、仮に訪問した際の晩餐会でのお言葉の問題（政治的なものに巻き込まれず、しかも相手国民の感情に配慮した内容が求められる）、さらには北朝鮮の不安定な状況（警備面）などを考えると、すぐに、というのはなかなか難しいかもしれない。

余談だが、両陛下の韓国ご訪問（決定）というのは宮内庁担当の記者にとっては現時点で最大級のスクープとなりうるもので、各社の記者ともそのことを頭の片隅に置いてふだんの取材にあたっている。

「立ち寄り」での訪問

訪問国などについては天皇の意思ではなく政府が決めると述べたが、その年が相手国との関係の〝節目〟にあたる国が選ばれるケースが多い。具体的には、両国の「国交樹立〇周年」といったものである。

そんなに頻繁に外国訪問ができない以上、訪問の際には近隣の諸国にも立ち寄り、できるだけ多くの国と友好親善を深めるというのは自然な発想で、両陛下は、平成四（一九九二〇一一年の中国や同六年の米国など、大国のケース（一ヵ国のみのご訪問）を除いては各訪問とも、二～五ヵ国をまわられている。日数は数ヵ国まわられる場合で計二週間程度（一つの国ごとに数日滞在）だが、最近は両陛下の年齢などに配慮してか、一〇日前後になっている。季節は、寒暖の厳しい冬や夏は避け、五、六月が多い。訪問国の景色がもっとも美しい時期ということもあるだろう。

一度の旅でまわる国の中で、「招待により」訪問する国と「立ち寄り」で訪問する国とでは、扱いが分かれる。たとえば、「国際親善が主目的で数ヵ国をまわる」という、最近では典型的な外国訪問のケースにあたる平成一四（二〇〇二）年七月の欧州四ヵ国ご訪問では、ポーランドとハンガリーが招待による（招請を受けての）公式訪問で、チェコとオーストリアが「立ち寄り」で訪問された国であった（表11－1参照）。ポーランドとハンガリーは、招請を受け来てくれたということで「国賓」として扱い、国際儀礼にのっとった賓客の接遇（儀仗《ぎじょう》兵による栄誉礼などの歓迎式典や公式晩餐会など）をしたのに対し、立ち寄りの国では形式上、招待による訪問ではないため、遇し方がやや簡素であった。ただ、実際は、立ち寄り国でも国賓級の待遇になることが多い。

「立ち寄り」には、公式訪問国に入る前の時差調整や曜日調整という重要な意味もある。これは日本と公式訪問国との時差の問題を、その間に立ち寄り国でのスケジュールをはさむことで調整し、万全の状態で公式訪問国に入るというものだ。前記の欧州四ヵ国ご訪問ではポーランドに入る前の週末にチェコ、ハンガリーに入る前の週末にオーストリアと立ち寄り国をはさむかたちをとり、曜日調整的なものにもなっていた。

外国訪問の日程

一つの公式訪問国での典型的な日程（数泊の場合）をみてみよう。

まず、到着すると歓迎式典が行われる。会場は王宮や大統領官邸、国会議事堂前の広場などで、相手国の元首とともに出席、両国国歌の演奏や国軍の儀仗兵による栄誉礼や礼砲を受ける。続いて相手国元首との会見。さらにその国の戦没者記念碑（「無名戦士の墓」など）への供花も行われる。天皇・皇后（や首相など）の外国訪問のニュースで、儀仗兵が整列する中、戦没者記念碑の前に大きな花輪を供える映像を見たことのある人も多いのではないだろうか。

夜には訪問国元首（国王や大統領など）主催の公式晩餐会が行われる。晩餐会では訪問国元首・天皇双方のお言葉があり、天皇陛下のお言葉では、訪問国の歴史・文化への共感や敬意を示し、両国の交流の歴史を振り返ったうえで「両国民が相互の理解を一層深め、世界の平和と繁栄のために力を合わせていくことを願っております」といった内容を語られ

欧州5ヵ国訪問でスウェーデンを訪れ、グスタフ国王夫妻（右）らと晩餐会に臨まれる天皇・皇后両陛下（平成19年5月23日）

ることが多い。また、以前、国賓として来日したことのある元首がすでに引退しているような場合は、公式晩餐会などで旧交をあたためたりもする。

宿泊は、その国の迎賓施設（日本でいう迎賓館）が用意され、それが国賓に対する国際儀礼となっている。陛下の服装は公式晩餐会が燕尾服（ホワイト・タイ）またはタキシード（ブラック・タイ）、その他の行事はスーツというケースが多い。

第二日以降は、元首以外の要人主催の昼食会（たとえば平成一〇〔一九九八〕年の英国ご訪問でいえば、エリザベス女王主催の公式晩餐会の翌日にブレア首相〔当時〕主催の昼食会など)、文化施設・福祉施設・歴史遺産などの視察・見学、さらにはクラシックのミニコンサートといったものなどが入ったりする(もちろん初日でも行事の合間に見学が入ることもある)。歴史遺産などが地方都市にある場合は移動する。

訪問国に王室があり、日本の皇室と古くから親交がある場合などは、国王自ら両陛下を地方に案内するなどの手厚い接遇もある。平成一〇年に両陛下がデンマークを訪問された際、同国のマルグレーテ女王は、自らつきっきりで両陛下を案内し、移動の際も国賓として四四年ぶりに王室専用列車を提供したほか、王室専用ヨットで一緒に昼食をとりながらの船旅もされた。

もてなす側としては当然だが、各国とも自国の優れた文化・芸術・自然をできるだけたくさん見てほしいと思う。訪問国と外務省などでスケジュールの調整が行われるが、そういった事情もあり、さまざまな見学などが入り、分刻みのスケジュールになってしまうようだ。

両陛下ご訪問の際のさまざまな視察・見学をみてみると、博物館や美術館、ヨーロッパなどでは中世の古城や大聖堂、そして歴史ある街並みの散策、それから音楽関係(歴史あるオペラの劇場のご見学や両陛下のためのミニコンサート)などが多い。市街地を徒歩で散策される際は、見物の地元の市民と気軽に声をかわしたり握手をしたりして、訪問国民との交流をされる。ミニコンサートは、音楽がお好きな両陛下（特にピアノを演奏する皇后さま）をもてなそうとの訪問国側の配慮がうかがえ、実際、コンサートの最中、演奏者の側から「ぜひご一緒に」と促され、皇后さまが飛び入りでピアノの演奏をされたこともある。

また、見学の対象にも門外不出の国宝級のものが用意される。たとえば平成一四年のオーストリアご訪問で、ウィーン・フィルハーモニー管弦楽団の本拠地の「楽友協会」を見学したときには、同施設が所有する約二〇〇年前のベートーベンやモーツァルト、シューベルトの自筆の楽譜が両陛下の前に出され、説明を受けながら見入られていた。

このほか、必ず入るのが、在留日本人や日系人の代表の拝謁、現地の高齢者や障害者施設などの訪問である。現地の日本大使公邸などに数十人程度の在留日本人が招かれ、両陛下と親しく語らう。両陛下にとっても、そういう人たちにねぎらいの言葉をかけられるとともに、海外で暮らす日本人の現状を知る機会となるのである。平成九年のブラジル・アルゼンチンご訪問は、訪問自体が日本からの移民やその二世・三世との交流を深められる旅だったといってもよい。

高齢者・障害者らの入所する福祉施設訪問は皇室が国内で重点を置く仕事のひとつであり、13章であらためて述べるが、海外訪問の際も現地の施設を訪ね、通訳を介して入所者に声をかけられる。先ほど述べた散策時の街での市民との交流や、福祉施設ご訪問などの映像が訪問国のニュースで流れることで、訪問国の国民が日本への親近感を増す機会にもなるようだ。

さらに、現地の日本研究の拠点（大学の日本学科や日本語学科）などを訪問し、学生らと交流するケースも多い。

その国を離れる前の晩、もてなしを受けたお礼として、現地の日本大使公邸などで、両陛下主催という形で訪問国の元首はじめ要人を招待しての答礼レセプションが開かれる。答礼の意味を込め、皇室が所蔵する国宝級の絵巻などが訪問の時期に合わせ現地の美術館やレセプションの会場に展示され、お披露目されることもある。

公式訪問でなく立ち寄り国の場合は、歓迎式典がなく、公式晩餐会ではなく昼食会（午餐会）になるケースが多いが、すでに述べたように、実際には国賓級扱いをする国もけっこうある。

経費と随行スタッフ

海外訪問の経費は、皇室予算の中で公的な行事などに使われる「宮廷費」などから支出される。

両陛下に随行するのは宮内庁や外務省の職員、そして皇室のボディガードを務める皇宮警察の護衛官。宮内庁からは長官、総務課長、陛下のお世話（側近奉仕）の責任者である侍従長、そして複数の侍従、皇后さまの側近奉仕の責任者の女官長《にょかんちょう》、複数の女官、侍医、事務官、また、国内の地方訪問とは違い、国賓来日のときに皇居で行われる宮中晩餐会などの責任者（皇室の外国交際の責任者）を務める式部官長が入る。植樹祭など国内の地方訪問では総務課長が責任者として随行するが、外国訪問では一ランク上の式部官長が入り、日程中、毎日現地で行われる記者会見（その日の両陛下のエピソードや翌日の日程説明など）にも対応する。

国内訪問とのもっとも大きな違いは、「首席随員」が任命されることである。首席随員は天皇・皇后の外国訪問の際、六〇～七〇人にもなる随行団を率いる最高責任者で、それにふさわしい格、ということで首相や外相の経験者から選ばれる。最近では、平成一七（二〇〇五）年のノルウェー・アイルランドご訪問の首席随員は森喜朗元首相、同一八年のシンガポール・タイ・マレーシアご訪問時は川口順子《よりこ》元外相だった。

変わったところでは、平成一九年の欧州ご訪問時の首席随員はノーベル化学賞受賞者で理化学研究所理事長の野依《のより》良治氏になった。これは、そのときの訪問の主目的が、魚類の分類学者としても知られる天皇陛下が「近代分類学の祖」とされる生物学者リンネの生誕三〇〇年記念行事に招待されたためのもので、親善というより学術的な意味合いの強いものだった。陛下は魚類学の研究により、昭和五五（一九八〇）年にロンドン・リンネ協会の外国会員に、同六一年に同名誉会員になっており、つまり「学者」として招待されたことから、野依氏が適任ということになったのである。

毎日新聞ロンドン支局長を務めた黒岩徹氏の『物語　英国の王室』（中公新書）によると、英国王室では外国訪問の際、日本の皇室と異なり、産業界の代表団も随行するという。訪問の目的が「親善」だけでなく、英国製品の売込みなど貿易関係の促進という、政治的意味も含んだ王室外交であるからだ。

羽田空港（天皇・皇后や皇太子夫妻は海外訪問の際、一般の便を使わないので、成田でなく羽田空港を使用する）から現地の往復、そして複数国間の移動には政府専用機のジャンボ（ボーイング747）が使われる。政府専用機は、白地に金のアンダーラインをあしらった機体で前方側面に「日本国」という文字、尾翼には日の丸が描かれている。機内は執務室や会議室を持つ特別仕様で、航空自衛隊千歳基地に所属、客室乗務員も自衛官が務める。搭乗するのは両陛下のほか首席随員、宮内庁や外務省の随行の人たち、同行する宮内庁担当の記者らで一〇〇人近くになる。

現地での移動（訪問国内での移動）は日本国内と同じように距離に応じ、飛行機、列車、自動車（車列）を使い分けるが、自動車列の場合、次章の「地方訪問」で述べるような国内の車列とはかなり違った編成になる。

これは外国訪問と国内訪問の根本的な違いにかかわることだが、外国訪問の場合、警備を含め訪問国側が仕切ることになり（護衛は日本の皇宮警察の護衛官がつくが）、車列などの交通手段も訪問国側が用意する。天皇・皇后が乗る「御料車」も日本から運ぶことはできず、当然、各訪問国側が用意する。欧州などではベンツの車体の長いリムジンタイプが用意されることが多いようである。

国によって、御料車の前に何台もの白バイが先導についたり、あるいは、白バイはつかないが前後左右に警備用の自動車が囲むようについたりするなど、いろいろなパターンがある。

外国訪問に出発される天皇・皇后両陛下（平成18年6月8日、羽田空港）

日本国内の地方訪問では、両陛下が沿道の人たちに「お手振り」ができるよう、窓を開け、（沿道の人たちからよく見えるように）スピードも落として走行するが、警備上の理由から〝日本流〟が受け入れられず、窓も開けず速度も上げてあっというまに通過していく、というケースもある。日本より治安の悪い国もあるだろうから、しかたないのかもしれないが……。

出発前の記者会見は貴重な機会

天皇・皇后の外国訪問はその前後や日本出発時、帰国時にもさまざまな関連行事がある。まず、出発の約二週間前、両陛下で皇居・宮殿で記者会見される。質問は今回のご訪問の意義や訪問国についての文化・自然などを含めての印象、また皇太子時代に訪問されていれば、そのときの思い出などについてが多い。この会見には、宮内庁の記者クラブ(宮内記者会)の記者だけでなく、訪問国の報道機関の日本駐在の記者も参加する。

たとえば先にふれた平成一四年の、ポーランド・ハンガリー・チェコ・オーストリアご訪問を前にした記者会見では、この四カ国を初めて訪問するという皇后さまが、四ヵ国の芸術・文化の印象についての質問で次のように話された。

「私はこれまでそれぞれの国と、淡いながら何かよい巡り合いをしてきたように思います。そのうちのあるものは本であり、カレル・チャペックの郵便屋さんの物語や、それについていたヨセフ・チャペックの挿絵、モルナールの『パール街の少年たち』、シェンキエヴィチの『クオ・ヴァアディス』等でした。一九七〇年の世界万国博のチェコ館で見た、美しい一冊の本の姿も忘れることができません。チェコの教育者コメニウスの本であるという説明を受けましたが、一国を代表するものとして本が飾られていたということが、その後も長く私の記憶に残りました」

また、宮内庁担当の記者にとってはもうひとつ重要なことがある。

それは、皇后さまが記者会見をされる数少ない機会だということである。天皇陛下は毎年、誕生日（一二月二三日）の前に記者会見を行われるが、皇后さまは誕生日（一〇月二〇日）の際は、質問に文書で回答されるのみで、肉声にふれる機会がない。だから数年に一度の外国訪問前の記者会見は、皇后さまが日ごろ思われていることを直接聞ける貴重な機会と位置づけ、記者は会見に臨む。

たとえば平成一九（二〇〇七）年五月の欧州ご訪問前の会見では、その前月に腸壁からの出血のあった皇后さまに対し、どのように病気と向き合い、現在のご体調は？ という質問があり、「過去に体験したことのない病気で、症状のとれるまで少し不安もありましたが、十分な静養のときを頂き、元の健康に戻ることができました」と答えられている。

なお、訪問を終えてからは、随行した侍従から、訪問の意義や印象に残ったことなどを記した両陛下の「ご感想」が発表される。

このほか、これは皇室内部の行事だが（皇室にとっては重要行事だが）、訪問の数日前と帰国直後に両陛下で皇居・宮中三殿に拝礼される臨時の皇室祭祀（「賢所・皇霊殿・神殿に謁するの儀」）がある。これは祖先神へ外国訪問の報告をされるのであろう。

一方、法的に重要な行事として、（これも皇室内部の行事だが）天皇が皇太子（国事行為臨時代行の委任の第一順位者）に国事行為の臨時代行者として委任する旨の「勅書《ちょくしょ》」を渡す儀式が宮殿・表御座所「鳳凰の間」で行われる。勅書とは皇室の事務などに関する天皇の命令を伝える文書のことだ。文書には委任の期間が入っており、陛下が帰国され、委任が終了すると、皇太子さまが天皇を御所に訪ね、終了の報告をされる。

委任期間中、閣議を経た国事行為関連のさまざまな上奏書類については、皇太子が皇居・宮殿の表御座所に出向き、天皇の代わりに決裁する。また、委任期間中に国会の開会式などの日程が入った場合も、代わりに出席する。ただし、この場合、式典会場（参議院本会議場）で座る椅子は、菊の紋の入っていないものに取り替えられる。

さらに、国の象徴として日本を代表しての友好親善目的訪問、という趣旨から、羽田ご出発時には他の皇族や首相、最高裁長官、衆・参両院議長の「三権の長」の見送りがあり、空港貴賓室で首相からのあいさつがあるほか、帰国時も同様の人たちの出迎えがある。

一～二週間近い期間、両陛下は訪問国で休むことなく連日の公式行事をこなされることになるが、帰国して一〜二週間後をめどに、四泊前後で葉山御用邸でのご静養のスケジュールが入る。

戦没者慰霊の旅、サイパン島ご訪問

相手国の招待による友好親善目的の海外ご訪問がほとんど、と書いたが、ここ数年、やや趣旨の違うご訪問が複数あった。

一つは、平成一八（二〇〇六）年六月のタイなどご訪問である。このときの目的は同国のプミポン国王の即位六〇年記念式典へのご出席で、世界中の王室や元首が一堂に会し、映像で見たが、実に豪華絢爛《けんらん》な雰囲気の式典だった。

もう一つは、先にふれたが、平成一九年五月のスウェーデン・英国などのご訪問で、両国から、生物学者リンネの生誕三〇〇年記念行事に招待されてのものだった。記念行事では、陛下が英語で、リンネの業績や日本での分類学の歴史について講演された。

そして、三つ目は、平成一七年六月のサイパン島（米自治領）のご訪問である。

両陛下の強い意向により、戦後六〇年の節目にあたるこの年、戦没者慰霊のため、先の大戦の激戦地となったサイパン島を一泊で訪問された。

両陛下は戦後五〇年の平成七年の七月から八月にかけ、戦没者の慰霊のため、原爆の被爆地となった広島・長崎の両県、地上戦の舞台となった沖縄県、そして東京大空襲で多数の犠牲者が出た東京都墨田区（東京都慰霊堂）を訪問し、それぞれ慰霊碑などに花を供えたが、その一〇年後、同様の趣旨で海外へ初の慰霊訪問に出かけられた。

すでに述べたように、天皇・皇后の外国訪問は、「非常に大事な国と国との間の関係」であることや政治的なものに皇室が巻き込まれないようにするため、内閣の意思で決めることになっており、天皇の意思では決められない。

このことからみても、両陛下のご意向によるこの訪問はきわめて異例のものだが、内閣が決めたというかたちをとるため、ご訪問の閣議決定にあわせて出された小泉純一郎首相（当時）談話では、「両陛下には、戦後五〇年に当たり、戦争により亡くなられた人々を慰霊し、平和を祈念されるため、国内各地へ行幸啓（ご訪問）になりました。戦後六〇年の節目に当たる本年は、政府として、天皇皇后両陛下に、同じ趣旨から、海外への御訪問をお願いすることとした次第であります」とし、「政府がお願いした」かたちになっている。ちなみに、相手国の招請によらない海外ご訪問は初めてのケースだったという。

この訪問では、六月二七日午後に政府専用機で羽田をたち、サイパン入りされた。出発にあたり、羽田空港で、次のようなお言葉を述べられた。

「この度、海外の地において、改めて、先の大戦によって命を失ったすべての人々を追悼し、遺族の歩んできた苦難の道をしのび、世界の平和を祈りたいと思います。私ども皆が、今日の我が国が、このような多くの人々の犠牲の上に築かれていることを、これからも常に心して歩んでいきたいものと思います」

サイパン到着後は、宿泊場所のホテルに、日本から入った遺族や帰還者の団体代表ら約四〇人を招き、激戦のもようや遺族の苦労などについて話を聞かれ「ずいぶんご苦労されましたね」などと声をかけられた。

サイパン島は戦前、日本の委任統治領で、沖縄から多くの人が移住、大戦が始まると日本本土攻撃の拠点にするため米軍が激しい攻撃を行い、日本軍は玉砕、民間人を含め約六万人が犠牲になったといわれている。

両陛下は翌二八日には朝、ホテル前の砂浜で、当時の帰還兵から日本軍が玉砕したときの状況などを聞き、その後、島北端にある日本政府建立の「中部太平洋戦没者の碑」に供花、続いて、追いつめられた民間人の多くが海に身を投げ自決した二つの断崖「スーサイドクリフ」「バンザイクリフ」を訪ね、黙禱《もくとう》された。「バンザイ」の名がつくのは、自決の際、人々が「天皇陛下、万歳」と叫びながら身を投げたからだといわれている。

さらに、島内の各所に建立された、沖縄出身者の慰霊碑、朝鮮半島出身者の慰霊碑「韓国平和記念塔」、現地人・米軍人の慰霊碑などを次々訪れ拝礼や花を供えられるなど、国籍を問わず犠牲者を慰霊された。午後には島の敬老センターを訪れ、現地の高齢者に親しく声を掛けられ、その日のうちに空路、帰国された。遺族の中には「ようやく戦争が終わった」と話す人もいたという。

政治と外国訪問

平成五（一九九三）年八月にはベルギーのボードワン国王の葬儀（国葬）に両陛下で出席されている（二泊でのベルギーご訪問）。これは歴代天皇で外国王室の葬儀に出席した初めての例となったが、ベルギー王室と日本の皇室が家族ぐるみの親交があり、昭和天皇が崩御し大喪の礼が行われた際にも、同国王が欧州の王室でトップを切って自ら出席を表明したなど特別の関係があることが大きいという。他の外国王室葬などでは皇太子ご夫妻や秋篠宮ご夫妻が名代（代理）として出席されている。

皇室の海外訪問は友好親善が目的で、政治的なものに巻き込まれないことが重要だと述べたが、政治利用された可能性のあることが明らかになってしまった例がある。

中国の銭其琛・元副首相が平成一五（二〇〇三）年に出した回顧録『外交十記』の中で、平成四年に天皇・皇后両陛下を中国に招待したのは、一九八九年の天安門事件を理由に西側諸国が発動した経済制裁を解除させる突破口にするためだった（つまり、両陛下のご訪問に合わせ日本が制裁解除したとなれば、他国も追随せざるをえない状況にもっていける)、という趣旨のことを明らかにしたのだ。当時、中国の外相だった人物が自ら書いているのだから間違いはないのだろうが、「国政に関する権能を有しない」天皇が政治的に利用されたとなれば憲法に抵触するような問題である。

この中国ご訪問は両国の友好親善を深めるという点では大きな意義があったことは確かだが、皇室が政治的なものに巻き込まれることを防ぐために、内閣が(総合的な見地から)外国訪問を決定するシステムをとっているのだから、内閣は各国の招請について、常に慎重な目で判断していくことが求められる。

12　地方訪問

三大行幸啓《ぎょうこうけい》

天皇に関するテレビや新聞などの報道で比較的多いのが、「天皇・皇后両陛下が○○県を訪問された」とか「○○の式典が○○県で行われ、天皇・皇后両陛下が出席された」といった地方訪問のニュースだろう。

現在の天皇陛下は年に四回程度、泊まりがけで東京以外の地方、つまりいずれかの道府県を訪問されている（御用邸での静養を除く）。これらの地方訪問には皇后さまも同行されており、宮内庁では天皇・皇后の地方訪問のことを「地方行幸啓」と言っている。これは天皇が外出することを「行幸」（230ページ参照）、皇后・皇太后・皇太子・皇太子妃が外出することを「行啓」ということから、天皇・皇后の外出は「行幸」「行啓」の両方を合わせたもの、つまり「行幸啓」というのである。

地方訪問（地方行幸啓）は年に四回程度ある、と述べたが、そのうちの三つは毎年行われている以下の定例の行事である。

- 「全国植樹祭」（四〜六月ごろ）
- 「国民体育大会（国体）」（九〜一〇月ごろ）
- 「全国豊かな海づくり大会」（九〜一一月ごろ）

これらはいずれも毎年、各都道府県持ちまわりで開催場所が変わる（海づくり大会は海のある都道府県のみで開催されていたが、平成一九年、滋賀県の琵琶湖、つまり湖で初めて開催された）。関係者は特にこれらを「三大行幸啓」と呼び、ふだん、東京（皇居）にいる両陛下が地方を訪問し、式典への出席はもとより、全国の国民と交流される数少ない機会として、重要なものと位置づけている。

法的には、国事行為にこそあげられてはいないものの、憲法の「象徴」規定に基づき〝象徴として（このようなことを）行われるのがふさわしい〟という位置づけをされた「公的行為」に分類される。その重要性を示す一つの例として、右記の三つの式典では、天皇の「お言葉」(268ページ参照)がある。

「全国植樹祭」は、戦後の荒廃した国土の緑を増やし、森林に対する国民の愛着をはぐくもうと、昭和二五(一九五〇)年から、現在の国土緑化推進機構が開催都道府県と共催で毎年行っている国土緑化運動の中心的行事である。山梨県で開催された第一回から天皇・皇后(当時は昭和天皇と香淳皇后)が出席し、会場で両陛下それぞれが苗木を植え、さらに大きな木箱でできた苗床に樹木の種をまくイベントを行い、国民に模範を示してきた。

「国体」は、スポーツを振興し国民の健康と豊かな生活を実現しようと、昭和二一年から毎年行われている。第三回大会からは、男女総合順位一位の都道府県に「天皇杯」、女子の一位には「皇后杯」が贈られている。

植樹祭や国体ほどの知名度はないが、「豊かな海づくり大会」も天皇・皇后両陛下が臨席される。同大会は、水産資源や海の環境保全の重要性を伝えるため、昭和五六年から、各都道府県持ちまわりで開催されている。式典のほか、天皇・皇后両陛下による稚魚の放流行事も行われる。知名度がやや劣るのは、現在の両陛下が皇太子夫妻の時代、毎年出席する行事として行われていたものを、天皇・皇后の行事にされた、つまり平成になってから天皇の恒例行事になったという経緯があるからである。

昭和のころに比べ、平成になって天皇の行事の数が増えた要因の一つには、このように、現在の陛下が皇太子時代の出席行事（つまり当時、皇太子が担当していた行事）を、天皇に即位したことに伴って、「天皇の行事」にされた、ということもあるという。なお「植樹祭」「国体」「豊かな海づくり大会」の式典はNHKテレビで当日に全国放送されており、その模様を見ることができる。

ちなみに最近の三大行幸啓の行事の開催地は、植樹祭が平成一七（二〇〇五）年は茨城県、一八年は岐阜県、一九年は北海道、二〇年は秋田県、国体が平成一七年は岡山県、一八年が兵庫県、一九年が秋田県、二〇年は大分県、豊かな海づくり大会が平成一七年は神奈川県、一八年が佐賀県、一九年が滋賀県、二〇年は新潟県となっている。

大分国体の開会式でお言葉を述べられる天皇陛下と皇后陛下（平成20年９月27日、大分市の九州石油ドーム）

これら三大行幸啓のほかに、

毎年、日本学術会議の推薦により、その年に日本で行われる大きな国際学会の開会式に出席し、「お言葉」を述べられる。地方訪問が毎年四回程度というのは、三大行幸啓以外にこれが入るからだ。

「両陛下で」が基本

これらの地方訪問も、現在は「両陛下で」というのが基本である。

東京の人たちにとっては、皇居が都内にあり、両陛下が行事などで頻繁に近くに外出されるため理解しにくいところもあるが、地方の道府県の人々にとっては、天皇・皇后の訪問は一大イベントである。なぜなら、年に四回程度の地方訪問ということから計算すると、自分の住む道府県を天皇・皇后が訪問する確率は約一二年に一回しかないからである。

国際学会は大学（つまり研究者）が夏休み中の八月に行われるケースが多いが、三大行幸啓は、先にふれたように、植樹祭が毎年四～六月ごろ、国体が一〇月ごろ、豊かな海づくり大会が九～一一月ごろ、と春・秋の週末に式典が行われる。

天皇・皇后はそれに合わせるかたちで三泊四日（金曜出発で月曜帰京、または土曜出発で火曜帰京、というパターンが多い）程度の日程でその開催県を訪問する。春・秋は、都内で行われる天皇出席の行事や式典も多いほか、天皇が受章者の拝謁を受ける叙勲もあり、各種行事が集中する。そのため、週末に地方訪問されても、帰京後〝代休〟が取れないことのほうが多い。

三泊四日の地方訪問の例

ここで、平成一六（二〇〇四）年四月二四日（土）から二七日（火）にかけて、天皇・皇后両陛下が植樹祭出席のため、宮崎県を訪問された際を例に、地方訪問とはだいたいどのようなパターンで行われたかをみていこう。この宮崎訪問を例にしたのは、筆者が担当していた時期の地方訪問の中で、もっとも平均的なパターン（内容）で行われたからである。

四月二四日（土）午前九時半、両陛下は住まいの皇居・御所を車で出発された。陛下の服装はスーツ、皇后さまは白の上着とおそろいの帽子、黒のスカート。同行するのは宮内庁長官、侍従長、侍従、女官長、女官、侍医、同庁総務課長、同庁職員数人、警察庁長官、警察庁職員数人、皇宮警察本部本部長、そして両陛下を護衛する皇宮警察の護衛官六人らで、彼らの乗った車も一緒に車列となって移動する。地方訪問のときはいつも同じような構成となる。

宮内庁総務課長は「行幸主務官」といって、地方訪問の際の総括責任者となるほか、両陛下の乗る御料車（231ページ参照）の前を走る先導の車（前駆《ぜんく》車という）の助手席に乗り、車列のスピードの上げ下げの指示なども行う。任務には警備的な要素も含まれるため、総務課長は警察庁から出向の官僚が務めるケースがほとんどだ。

車列は皇居を出るとすぐに高速道に入り、約二五分で羽田空港へ。空港には、VIP専用のスポットがあり、そこに貴賓室の建物もある。車列はそのスポットに直接乗り入れるが、両陛下は貴賓室でほとんど休憩することもなく、特別機に搭乗される。タラップを上がる手前には、首相（このときの首相は小泉純一郎氏）、警視総監（警視庁のトップ）、宮内庁次長（長官に次ぐナンバー2）、訪問県である宮崎県の東京事務所長らが立っており、あいさつを受けられる。首相が見送りに来ることをみても、地方訪問が重要な行事だとわかる。飛行機内には、同行取材する宮内記者会各社の記者約一五人も、すでに入っている。

国内訪問の際は日本航空や全日空など民間の小型機を特別機としてチャーターするが、このときは全日空が担当した。同機には同社の社長も搭乗し、往復とも、到着時に両陛下がタラップを降りる際の先導役となる。

車列が空港に到着後、わずか五分で出発（この日は午前一〇時に羽田発）。両陛下は前のほうの席に着かれ、その後ろに宮内庁職員などが着席する。機内では一般便と同じように、ドリンクなどが出される。

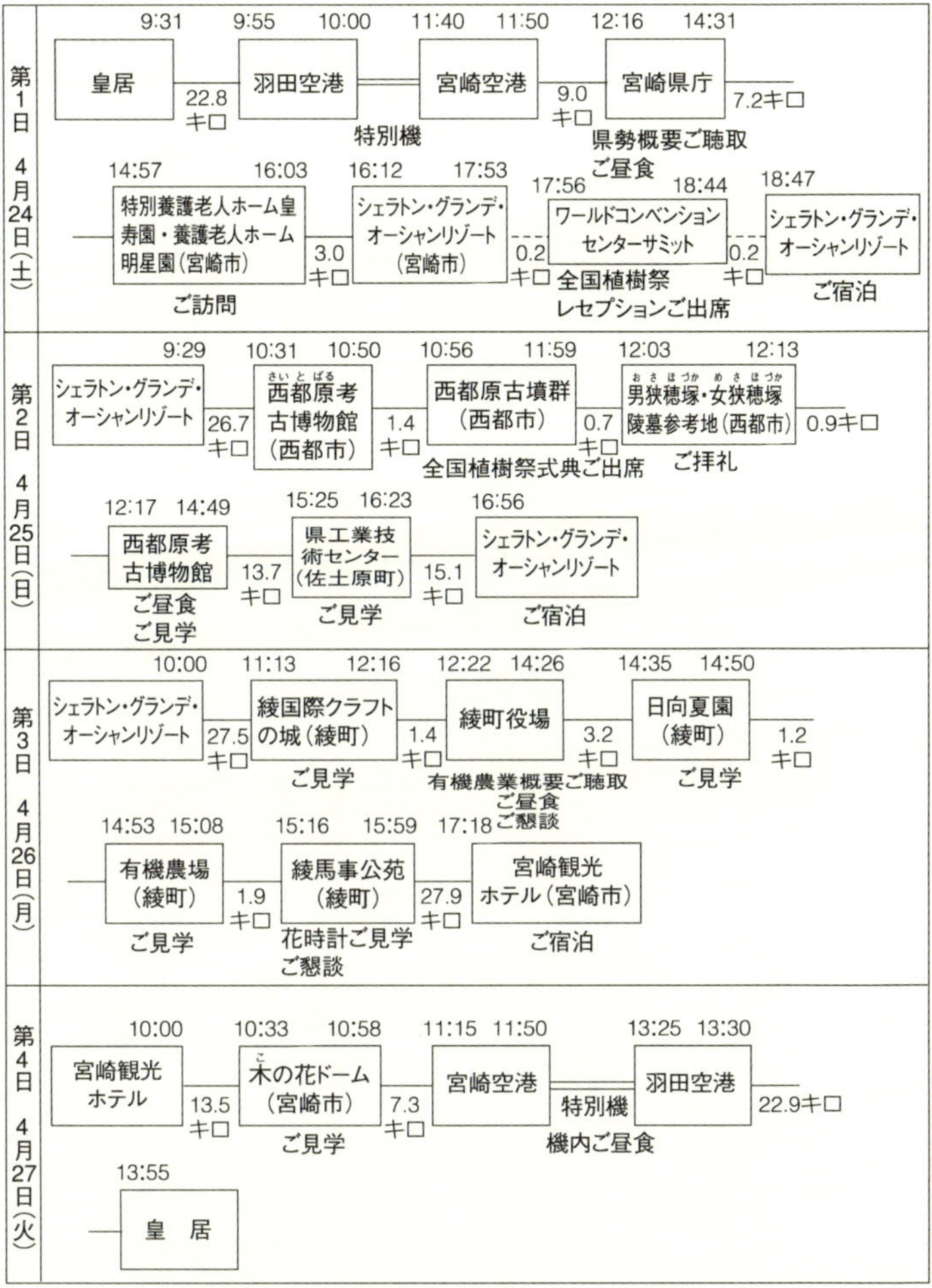
第1日 4月24日(土)
9:31 皇居 22.8キロ 9:55 羽田空港 10:00 特別機 11:40 宮崎空港 11:50 9.0キロ 12:16 宮崎県庁 14:31 7.2キロ
県勢概要ご聴取
ご昼食
14:57 特別養護老人ホーム皇寿園・養護老人ホーム明星園(宮崎市) 16:03 ご訪問
3.0キロ
16:12 シェラトン・グランデ・オーシャンリゾート(宮崎市) 17:53
0.2キロ
17:56 ワールドコンベンションセンターサミット 18:44 全国植樹祭レセプションご出席
0.2キロ
18:47 シェラトン・グランデ・オーシャンリゾート ご宿泊
第2日 4月25日(日)
9:29 シェラトン・グランデ・オーシャンリゾート 26.7キロ
10:31 西都原《さいとばる》考古博物館(西都市) 10:50 1.4キロ
10:56 西都原古墳群(西都市) 11:59 全国植樹祭式典ご出席 0.7キロ
12:03 男狭穂塚《おさほづか》・女狭穂塚《めさほづか》陵墓参考地(西都市) 12:13 ご拝礼 0.9キロ
12:17 西都原考古博物館 14:49 ご昼食 ご見学 13.7キロ
15:25 県工業技術センター(佐土原町) 16:23 ご見学 15.1キロ
16:56 シェラトン・グランデ・オーシャンリゾート ご宿泊
第3日 4月26日(月)
10:00 シェラトン・グランデ・オーシャンリゾート 27.5キロ
11:13 綾国際クラフトの城(綾町) 12:16 ご見学 1.4キロ
12:22 綾町役場 14:26 有機農業概要ご聴取 ご昼食 ご懇談 3.2キロ
14:35 日向夏園(綾町) 14:50 ご見学 1.2キロ
14:53 有機農場(綾町) 15:08 ご見学 1.9キロ
15:16 綾馬事公苑(綾町) 15:59 花時計ご見学 ご懇談 27.9キロ
17:18 宮崎観光ホテル(宮崎市) ご宿泊
第4日 4月27日(火)
10:00 宮崎観光ホテル 13.5キロ
10:33 木《こ》の花ドーム(宮崎市) 10:58 ご見学 7.3キロ
11:15 宮崎空港 11:50 特別機 機内ご昼食
13:25 羽田空港 13:30 22.9キロ
13:55 皇　居

—— は自動車(車列)での移動　----- は徒歩　═══ は特別機

※市町村合併により、佐土原町は現在、宮崎市。

図12－1　地方訪問の例(平成16〔2004〕年・宮崎県での全国植樹祭ご出席)

一時間四〇分のフライトの後、午前一一時四〇分、宮崎空港に到着。タラップを降りると宮崎県知事、同県議会議長、同県警本部本部長、宮崎市長、同市議会議長、宮崎空港ビル社長が出迎え、あいさつを受けられる。地元の県・市の代表のあいさつというパターンはどこへ行っても同じである。

なお、ここから帰りの特別機に乗られるところまでの日程を通して、県知事と県議会議長は、終始、同行する（「随従《ずいじゅう》する」という）。知事は、地元だから、自宅から通って合流することもできるが、両陛下のご滞在中は同じ宿（ホテル）に泊まり、車も一緒の車列に組み込まれて移動する。全県民の代表としておもてなしするという意味合いだろう。各式典や訪問先の施設では、両陛下のそばについて同行するかたちをとる。そのほかにも、両陛下に県勢概要（後述）の説明を行ったり、行幸主務官とともに、ご滞在中は毎夕記者会見に臨み、その日の両陛下のご様子や訪問先でのやりとりなどについて説明したりする。

移動の際の車列

宮崎空港のタラップを降りたところに車列は駐車しており、両陛下が乗り込まれ、宮内庁職員ら供奉《ぐぶ》（天皇のお供の列に加わること）の者、知事ら随従の者、記者らも車列のそれぞれの車に乗り込むと車列は出発する。ゲートから一般道に出て、二十数分かけてまずは宮

地方ご訪問の際の車列。御料車のナンバー部分には菊の紋が入り、ボンネットには天皇旗が（平成14年11月16日、長崎・ハウステンボス）

崎県庁に向かう。

205ページの図12－2に、車列の構成について示した。天皇・皇后の乗られる「御料車」を中心に、その前後を護衛の警察車両（パトカーではなく黒の乗用車）と白バイが固める。御料車の前を走る車を「前駆車」、後ろを「後衛車」といって、すでに述べたが、前駆車の助手席には行幸主務官が乗り、前方を見ながら車列全体のスピードの指示なども出す。前駆車の前には、先導の白バイ二台がつく。

前駆・後衛車にガードされた御料車（御料車と後衛車の間にも白バイ二台がつく）の後には、宮内庁関係者の乗る「供奉《ぐぶ》車」と呼ばれるマイクロバスが続く。ここには宮内庁長官、侍従長、侍従、女官長、女官、侍医、宮内庁の事務官二名程度と、皇宮警察の護衛官数人が乗り込む。以前は宮内庁長官、侍従長……とそれぞれ一台ずつ車が用意され、車列に組み込まれていたが、あまりに車列が長くなるため、そのための交通規制をする時間が長くなり、一般車に迷惑をかけてしまうのでは、との両陛下のご意向もあり、最近、宮内庁関係者はまとめてマイクロバスに乗るかたちに変わった。その後ろには訪問県の知事と県議会議長とが乗る「第一随従車」、その後に警察庁長官と皇宮警察本部本部長らが乗る「第二随従兼無線車」(無線は警備上のもの)。警察庁長官と皇宮警察本部長は地方訪問には常に同行する。これは警備に関する総責任者としてである。

第二随従兼無線車の後には「後押《あとお》さえ車」と呼ばれる白バイ二台が続き、その後に「報道一号車」「報道二号車」という二台の小型バスがつく。同行取材の記者が乗る車だが、一号車は東京から同行した宮内記者会の記者、二号車には地元の記者(全国紙の地元支局の記者や地元紙や放送局の記者)らが乗る。さらにこの後、御料車に故障などトラブルがあった際の「予備車」、そして最後尾には二台の白バイがつく。

行程中は常にこの車列で移動することになる。沿道の人たちはこのような車列を見て、その長さや、「こんなにたくさんの人たちが後ろに続いているが、いったいどういう人たちなのか」と驚くのである。

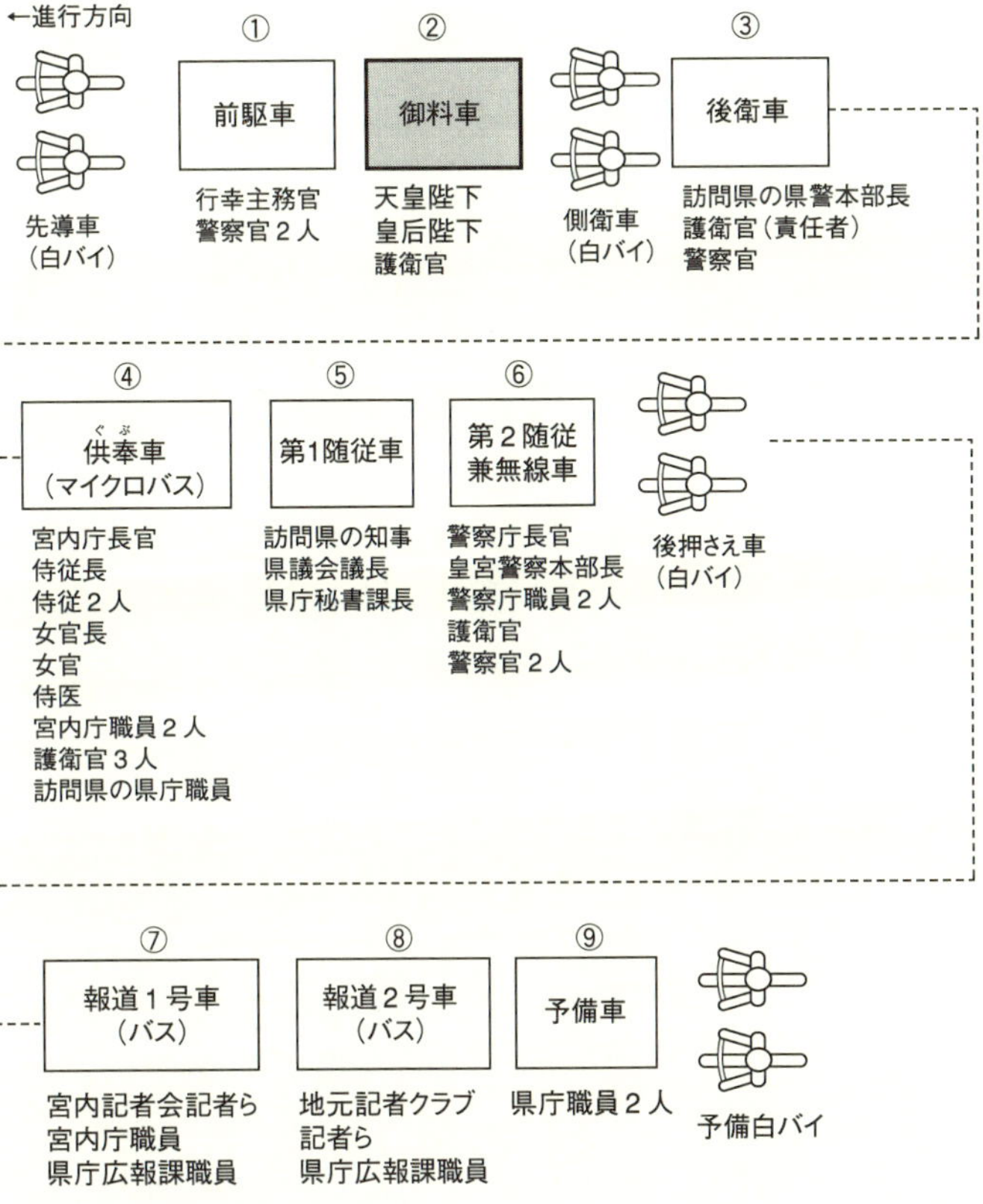

※運転手は除いて記載。
※「供奉」とは、天皇の外出などの際の列に加わること。
※「行幸主務官」は本文参照。

図12－2　地方訪問の際の車列の一般的なパターン

天皇・皇后の車列が通過する際は、交通規制がなされ、一般車はシャットアウトされ、進行方向の信号はすべて手動で「青」にするので、ノンストップで進む。

沿道で歓迎する人（「奉迎者《ほうげいしゃ》」という）たちは、警備上、「途切れることなく」というかたちはとらず、約五〇メートルおきに固まって見るように警察から要請される。だから、沿道の両脇に人がいないところを少し走ると、歓迎の人たちの集団が見え、その後また人のいないところ、人の集団……という光景が続く。そのほうが警備もしやすいし、「お手振り」をされる両陛下も、ひたすら手を振り続けることから解放され、訪問先に着く前に疲労困憊《こんぱい》せずにすむという、両者にとってのメリットがある。

なお、車列の速度だが、お手振りの際は、天皇・皇后の姿が沿道の人によく見えるようにと、前駆車に乗った行幸主務官の指示によって、かなりゆっくりした速度に落とされる。地方訪問に同行取材の際、後方の報道バス車内から前方の御料車を見ていると、沿道の人のいるところといないところで繰り返し速度を変えるので、御料車のブレーキランプが何回も点滅し、〝こんなに速度を上げたり下げたりするものなのか〟と驚いた。

また、沿道には多くの住民が集まるが、車列の通過する際、沿道に並んだほとんどの人たちが振っている日の丸の紙旗は、民間団体が配っているようである。

交通規制についてふれておくと、天皇・皇后のほか、皇太子夫妻の外出や地方訪問の際にも、交通規制をかけたうえで車列を通す。一方で、宮家の皇族の場合、交通規制は行われず、一般車に混ざって走る。車列も白バイがなかったり、列の車の台数も少なかったりなど、簡略化されている。交差点の信号が青になったので渡ろうとした歩行者が、目の前に停車している黒塗りの車をふと見ると秋篠宮ご夫妻が乗っていて驚いた、などというエピソードがよくある、と皇宮警察の人から聞いたことがある。

まず知事から「県勢概要」説明

さて、車列は、午後零時一五分ごろ、宮崎市の宮崎県庁に到着した。沿道だけでなく、県庁前にも多くの人が集まり、日の丸の小旗を振って出迎えた。

県庁では約二時間一五分、午後二時半まで滞在したが、両陛下は知事、県議会議長、県警本部長のあいさつを受けた後、知事から約二〇分にわたって「県勢概要」の説明を受け、その後、知事会議室で知事や県議会議長と昼食をとられた。

「県勢概要説明」とは、地方訪問などの際、県民の代表である知事が県の現状を説明するもので、数十分の行事ではあるが、日本（全体）の「象徴」でありながら、日ごろ東京で過ごす天皇・皇后にとって、地方の状況を知るための重要な行事であり、機会である。そこでは、その県の地理的な特徴や気候、人口、歴史といった基本的なデータから、県の経済状況、振興のために行われていること、産業（工業、農業、特産品）、文化などが知事から直接説明される。その内容は報道にも公表される。

県勢概要説明に対して天皇陛下がどのような反応を示されたかが、記者会見の場で知事から披露されることがよくある。

地方訪問中の天皇・皇后の昼食についても、メニューが公表される。前出の宮崎県知事会議室での知事らとの昼食では、宮崎牛をはじめとする同県産の肉、魚、野菜、果物などを使った松花堂弁当を召し上がった。これは〝食事を通じた県勢概要説明〟ともいえ、農業や漁業に携わる地元の人たちにとっても〝両陛下に召し上がっていただいた〟ということで誇りになるので、毎回、報道に発表されるのである。

取材設定

昼食を終えた両陛下は宮崎県庁をご出発。午後三時前、宮崎市の特別養護老人ホーム「皇寿園」と養護老人ホーム「明星園」（両施設は一つの建物に併設）を訪問された。

同施設では、まず施設長から施設の概要や沿革の説明（約五分間）を受けられた後、一階の広間へ。ここでは約二五人の入所者が音楽に合わせてストレッチ体操などの機能訓練を行っており、施設長の説明を受けながら、見学された。五分ほどして訓練が一段落すると、両陛下は入所者に歩み寄り、ひざをついたり腰をかがめたりして相手(高齢者なので椅子に座っているケースも多い)と同じ目の高さに合わせながら、「おからだの調子はいかがですか」「いつまでもお元気で」といった声をかけられた。

この部屋での一連の場面は、室内の決まった位置からテレビや写真の撮影ができる。これを「取材設定」がされているという。天皇・皇后が福祉施設などを訪問し、入所者に声かけをする映像などを目にしたことのある人も多いと思うが、このように設定された場面が放映されているのである。

地方訪問などの際、式典や施設訪問での映像や写真は目にすることがあるが、車列で移動中だとか、飛行機や新幹線の車中、食事中の場面が目にふれることはない。「取材設定」がされた場所以外では撮影などができないことになっているからだ。常に撮影されているとなると、大変な精神的負担になるわけで、その負担を軽減する意味合いもあるようである。

平成流の「お声かけ」

両陛下が「お声かけ」の際、相手の目線の高さに合わせてからだを低くされると書いたが、これこそ、「平成流」と呼ばれる、現在の両陛下のもっとも大きな特徴の一つといわれている（他の大きな特徴は災害地訪問を進んで行われていること）。実際に同行取材して見ていると、同じ目線で手を握られ、声をかけられた高齢者たちはかなり感激するようである。

また、このような見学や、式典の入退場の際、ぞろぞろとたくさんの〝お付き〟の人たちが続くので、「いったいこの人たちは何者で、こんなにたくさんの人が必要なのか」と思う人もけっこういるようだ。前にもふれたが、宮内庁長官、侍従長、侍従、女官長、女官、侍医、宮内庁の事務官ら、皇宮警察の護衛官数人、警察庁長官、警察庁職員数人、皇宮警察とは別に地元の県警の警護の警察官数人、県知事、県議会議長、施設の責任者や式典の責任者、宮内庁記者クラブの記者、地元県庁クラブの記者、さらに報道を仕切る県庁広報課の職員といった人たちが天皇・皇后の後ろを一緒に移動（随従）していくので、想像以上の大所帯になるのである（式典の際は、記者らは壇上でなく客席などに移る）。

「皇寿園」「明星園」で約四〇分の視察とお声かけを終えられた両陛下は、同施設一階の応接室で約二〇分の休憩をとられた。施設の視察や式典出席の際には、必ず施設の一室がこのように「休所《きゅうしょ》」として用意される。この休憩は、たとえば、靴から室内用スリッパに履《は》き替えたり、一般の人でいう化粧室休憩などにあてたりしていると思われる。多くの人の視線を常に浴びているため、このような場で「息抜き」をして直後のスケジュールに備えられているのである。

小休止を終え準備を整えられた両陛下と供奉・随従の人たちは午後四時すぎ、老人ホームを出発。四時一〇分すぎ、この日のお泊まり所、「シーガイア」の名で知られる宮崎市の海沿いの総合リゾート内にある四三階建ての高層ホテル「シェラトン・グランデ・オーシャンリゾート」に到着、四〇階へ上がられ、宿泊の部屋へ。その際も皇宮警察の護衛官がエレベーターに同乗する。侍従らの部屋も同じフロアに設定され、両陛下の隣室には臨時の「侍従候所《こうしょ》」が設けられた。

この日、両陛下を一目見ようと宮崎空港前や沿道などに集まった人々は、約二万四〇〇〇人にのぼったという。

両陛下は休憩と次への身支度を整え、午後五時五〇分すぎ、ホテルを出られ、徒歩で約三分の隣接するリゾート内の国際会議場「ワールドコンベンションセンターサミット」へ。ここでは翌日本番となる「全国植樹祭」のレセプションがホールで行われ、両陛下はそれにも出席された。知事の先導により会場に到着すると、植樹祭の大会会長である衆院議長、所管官庁トップである農水相、主催団体である国土緑化推進機構の理事長、翌日の植樹祭の式典会場である西都《さいと》市の市長らが並んで出迎えた。レセプションは立食式で行われたが、出席者は両陛下の周囲に集まり、両陛下も歓談を楽しまれた。約四〇分の後、両陛下は拍手の中を退席、午後六時五〇分ごろホテルに戻り、ようやくこの日のスケジュールを終えられた。この後はホテルの部屋で夕食をとられた。ちなみに、両陛下がレセプションなどで料理を召し上がるのは見たことがない（ドリンクは片手に持たれているが）。

植樹祭出席の二日目

二日目の四月二五日（日）は、今回の訪問のメイン行事である植樹祭の式典出席などの日程で、会場のある西都市と、隣接する佐土原町《さどわら》（合併により、現・宮崎市佐土原町）をまわられた。

両陛下は午前九時半前、ホテルをご出発に。一時間ほどで西都市の「県立西都原《さいとばる》考古博物館」へ。植樹祭式典会場が屋外のため、約一・四キロ離れたこの施設を「休所」として利用された（式典終了後の午後、再びこの施設を訪れ、展示を見学された）。約一五分の休憩の後出発、式典会場の「特別史跡公園西都原古墳群」に到着。この日の陛下はグレーのスーツ姿、皇后さまはサーモンピンクのスーツ姿だった。

一一時から式典は始まった。屋外なので、会場の中心に両陛下が着席して式典を観覧される「野立所《のだてしょ》」と呼ばれる屋根付きの「あずまや」のような建物がもうけられており、両陛下は約一万人の参列者の拍手の中、そこまで歩かれ、着席された。開会の言葉の後、国旗などの掲揚と国歌斉唱があり、続いて大会会長（衆院議長）と県知事のあいさつ。両陛下が出席される各種行事での関係者のあいさつはたいがい「本日は天皇・皇后両陛下のご臨席を仰ぎ、〇〇式典を開催できますことをまことに喜ばしく思います」などの言葉から始まり、「国民の緑化運動がさらに広がっていくことを願っています」といったあいさつの後、天皇陛下が「お言葉」を述べられた。「お言葉」があるのは重要行事である（268ページ参照）。

参考までにこのときの「お言葉」全文を紹介する。

第五五回全国植樹祭に臨み、ここ西都市「特別史跡公園西都原古墳群」において全国から集まった参加者とともに植樹を行うことをまことに喜ばしく思います。

わが国は急峻《きゅうしゅん》な地形が多く、国土を豊かに潤す水も、豪雨や台風のときには洪水や土砂崩れによって大きな災害をもたらします。そのような環境の下で、わが国の人々は長年にわたり、災害の防止や水資源の涵養《かんよう》（ゆっくりと養い育てること）のために、また、木材の供給のために森林を守り育ててきました。そして豊かな木の文化を生み出しました。

現在、わが国は国土の七割近くが森林に覆われています。ここ宮崎県の森林率も非常に高く、七六パーセントに達し、スギの素材生産量は全国一位であります。

森林の造成には、忍耐強い努力が必要であります。森林を活力に満ちた状態に保つためには、間伐、保育などの管理を、絶え間なく続けることが大切であり、山村地域の過疎化、高齢化が進むにつれて森林の恵みを受ける国民各層からの幅広い協力が求められます。今日、全国植樹祭をはじめとするさまざまな活動を通して、森林や緑への関心が高まり、国の内外において、多くの人々が森づくりに参加していることを大変心強く思います。

今回の全国植樹祭を契機として、森林の大切さについての人々の理解がさらに深まり、より多くの人々が森づくりに参加するようになることを願い、式典に寄せる言葉といたします。

「お手植え」と「お手まき」

国土の緑化に功労のあった個人・団体への表彰が行われたあと、いよいよ式典のメインである、両陛下による植樹（「お手植え」と「お手まき」）が行われる。「お手植え」は両陛下が苗木を植えられること、「お手まき」は種をまかれることをいう。

両陛下は野立所から会場中央のお手植えの場所（芝地になっている）に移動し、それぞれ左右の場所に分かれて各三本の苗木を植えられる。「緑の少年団」（小中学生を中心に緑を守

全国植樹祭で苗木を植えられる天皇・皇后両陛下。後ろにお手まき用の木箱が見える（平成20年6月15日、秋田県北秋田市の県立北欧の杜公園）

り育てる学習や奉仕活動を行う、〝森林版ボーイ・ガールスカウト〟のような組織）の子供たちが制服姿で両陛下それぞれに介添えとして付き、植樹に使う木製の鍬《くわ》を渡す。

鍬を受け取ると天皇陛下はまずイチイガシの苗木、皇后さまはイロハカエデの苗木をそれぞれ植樹される。植樹場所にはあらかじめ苗木を植える部分の土が掘り取られており、介添えの子供たちが約一メートルの高さがある苗木を差し込み手で支えている。陛下と皇后さまはそれぞれ、苗木のわきにある埋め戻し用の土を入れて植樹されていく。次に陛下はオガタマノキ、皇后さまがヤマザクラを同じように植樹（植樹場所は一本目の場所から数メートル離れたところ）、さらにそれが終わると三本目の場所に移動して、陛下がタブノキ、皇后さまがヤマモモを植樹される。

お手植えが終わると、その場所のすぐ近くに置かれた二つの「お手まき箱」というお手まき用の、大きな冷蔵庫を横倒しにしたようなサイズの、土の入った木箱（プランターを巨大にしたようなもの）に陛下、皇后さまそれぞれが二種類ずつの種をまかれるお手まきが始まる。

まず、陛下がオビスギの種、もう一方の箱では皇后さまがキリシマミズキの種を箱の土の上にまかれる。種は木製の大きなますに入ったものを、介添えの子供が両陛下それぞれの前に差し出して、それを受け取られる。

続いて陛下がハナガガシ、皇后さまがクヌギの種をまかれる。種は苗木に育った後、地面に植え替えられる。なお、これら一〇種の樹木は、開催県での代表的な品種の針葉樹・広葉樹から幅広く選ばれ、将来、バランスのよい森林になるよう考慮されている。両陛下は植樹の際、緑の少年団の男の子や女の子たちにも「この木（種類）は県内にたくさんあるのですか」などと声をかけられた。

この「お手植え」「お手まき」は約一二分間かかり、ここで午前一一時半。このあと、両陛下は自席に戻られ、アトラクションが披露された。

最後に、主催者である国土緑化推進機構の理事長が大会宣言を読み上げ、宮崎県知事と翌年開催地となる茨城県知事のリレーセレモニーが行われて正午前に式典は終了、両陛下は正午ごろ、約一万人の参加者の拍手の中、会場を出て、車列で会場を後にされた。

その後、両陛下は、七〇〇メートルほど離れた、宮内庁が管理する男狭穂塚《おさほづか》・女狭穂塚《めさほづか》陵墓参考地に到着、男狭穂塚陵墓参考地の方に拝礼された。

「陵墓」とは宮内庁が管理する、歴代天皇や皇族の（ものとされる）墓のことで、現在、皇室典範第二七条で天皇や皇后などの墓所を「陵」、その他の皇族の墓所を「墓《ぼ》」と規定し、「〇〇天皇陵」などの言い方が一般に知られている。

今回、両陛下が拝礼された「陵墓参考地」とは、宮内庁が、伝承などから陵墓の可能性があるとして管理しているものである。天皇・皇后は地方訪問の際、訪問先の周辺に陵墓などがある場合は（特に多いのは京都・奈良など）、立ち寄って参拝するケースが多い（一般では先祖の墓参りにあたるのだろう）。また、訪問地域に皇室ゆかりの大きな神社などがあれば参拝する。

参拝は参道の往復も含め約一〇分で終えられ、一二時二〇分ごろ、午前中に寄られた県立西都原考古博物館へ。ここで、昼食と展示の見学が行われた。

この日の昼食場所は三階の展望ラウンジで、随従の知事や地元の西都市長、同市議会議長らも同席した。地方訪問での昼食は、その日の訪問先（と周辺を含めた）の市町村長や市町村議会議長らとともにし、地元の食材を使った食事をとりながら地元の様子を聞かれる、というのが一つのパターンとなっている。

約一時間一〇分の食事の後、休憩をとられ、午後二時すぎから同館一階の展示室へ。約二〇分の見学を終えると、休所（同館二階応接室）で二〇分過ごし、二時五〇分ごろ、同館を出発された。

車列はこの後、車で約三五分の、佐土原町の宮崎県工業技術センターへ。この日も沿道には両陛下をひと目見ようと多くの人が立っていた。同センターは県内企業の技術力向上のために研究などを行っている施設で、このように地場産業関係の施設や前記の博物館など文化施設を見学されることも、福祉施設訪問とともに一つのパターンとなっている。

同センターには午後三時半前到着、所長の先導で玄関を入ると、県庁の商工労働部長（このセンターを管轄する責任者）、町長、町議会議長らが出迎えた。施設見学の後、午後四時二〇分すぎ出発し、同五六分、初日と同じホテルに到着、この日の日程を終えられた。夕食はホテルでとられた。

天皇の宿泊先

ここで、天皇・皇后の宿泊についてふれておく。

まず、地方訪問などで宿泊の際は、警備上などの理由もあり、ホテルは規模により貸し切りとなるケースが少なからずあり、両陛下のほか、同行の宮内庁職員、警察庁・皇宮警察関係者、県警関係者、知事や県庁関係者、同行の記者クラブの記者などが宿泊する。

森暢平氏は『天皇家の財布』で、宮内庁への情報公開請求の資料の分析などから、天皇・皇后の宿泊料は、皇室予算の宮廷費の中の「報償費」の項目からの「お泊料」と、従業員にお礼として「手当」名目で払う「従業員手当」とで、「一泊当たり一六〜二〇万円ぐらいを（中略）渡しているものと考えられる」としている。同行の宮内庁職員らの宿泊費は一泊一律二万円という。もちろん、各ホテル・旅館側のコストはそれ以上かかっていると思われる。

なお、先にも述べたように、京都を訪問する際（日本海側などを除く）は、一般のホテルではなく、京都御所に隣接し、皇室や国賓が宿泊する「京都大宮御所」という、江戸時代末に造られた和風建築の施設に宿泊される。

三日目と四日目

宮崎訪問の三日目（四月二六日）は、前日より約三〇分遅く、午前一〇時、ホテルを車列でご出発に。この日は宮崎市の市街地から約三〇キロ西にある綾町《あやちょう》（の各施設）を訪問された。

まず、一一時一五分ごろ、「綾国際クラフトの城」へ。

その後、車で約五分離れた綾町役場へ。同町は全国でもっとも早くから有機農業などに取り組んでおり、両陛下は、町長から有機農法の概要説明を受けられたあと三階の会議室で一緒に昼食、デザートには地元特産の日向夏《ひゅうがなつ》（宮崎県特産の夏ミカン）を召し上がった。

その後、同町の日向夏の果樹園へ。視察は約一五分で、経営者から日向夏栽培について説明を受けた後、両陛下はそれぞれ、はさみを使って大きく実った日向夏を〝収穫〟された。

その後は約三分走って有機農場へ。ここでの視察も約一五分で、両陛下は農場主から説明を受けながら、レタスを栽培している畑や有機肥料をご覧になった。

三時一〇分ごろ、同農場をご出発に。車で約一〇分の「綾馬事公苑」へ。同町は昔から競走馬の飼育が盛んで、乗馬など、馬と触れ合える施設として開設された。ここでは、県内の若手農業後継者の団体のメンバー七人と約二〇分間、懇談された。この日の行事はこれで終わり、四時ごろ、同苑を出発された。

車列は再び宮崎市を目指し、午後五時一八分、この日の宿へ。前日までの海沿いの宿とは違い、宮崎駅に近い中心部の「宮崎観光ホテル」へ。両陛下は最上階の一三階の部屋に

地方訪問の際に児童館を訪れ、子どもたちに話しかけられる天皇陛下
(平成20年9月6日、新潟市西区の「有明児童センター」)

入り、その後、夕食をとられた。

最終日(四日目)の四月二七日(火)は、前日と同じくホテルを午前一〇時にご出発、宮崎市内の「木《こ》の花《はな》ドーム」へ。これまでの日程中と同様、沿道に多くの人が出て日の丸の小旗を振り、両陛下は車の窓を開けて手を振り続けられた。

「木の花ドーム」は当時オープンしたばかりの、ドームのアーチ部分に宮崎県産のスギを使用した県の施設で、野球やサッカーでの利用ができる。施設内部の見学の後、車列は宮崎空港へ向かった。

空港に到着した両陛下は貴賓室に入り、訪問中すべての日程に同行した知事をはじめ、県議会議長、県警本部長らから訪問へのお礼と別れのあいさつを受けられた。そして特別機の機内へ。特別機は午前一一時五〇分ごろ出発した。

なお、このときのご訪問最終日は午前中で日程を終えたが、夕刻まで日程をこなし、あわただしく空路、帰京するというケースもある。その場合は、車列が直接空港内のスポットまで入り、タラップに横付けされ、すぐに乗り込まれて離陸、ということもある。

機内で昼食の時間帯となったため、両陛下や供奉の宮内庁職員らは機内食となった。特別機でのフライトは約一時間三五分、午後一時二五分、羽田空港へ到着。タラップを降りられた両陛下を、（行きは首相らだったが、帰りは）参院議長、警視総監、宮内庁次長、宮崎県東京事務所長らが出迎えた。両陛下（と供奉）はそのままタラップ下に横づけされた車列に乗り込み、ゲートを出て交通規制の敷かれた首都高速を約二五分走って皇居・御所へ戻られた。首都高速環状線の代官町出口が皇居の乾《いぬい》門の前にあるので、ほとんど一般道を通らずに皇居まで戻ることができるのである。

なお、この日は火曜日で午前中、閣議があったため、内閣から上奏書類が届いており、陛下は午後、宮殿に出向き、その決裁（執務）を行われた。今回は地方滞在中とぶつかることはなかったが、もし、閣議のある火曜日と金曜日の午後、陛下が地方に滞在する場合は、先に述べたように、内閣官房の職員がその上奏書類を現地まで当日中に持参し、陛下は宿泊先のホテルなどで決裁を行われる。

となる。

「国体」と「豊かな海づくり大会」

ここまで植樹祭のケースでの地方訪問を述べてきたが、このほかに、毎年、両陛下が出席される「国体」も「豊かな海づくり大会」も基本パターンは同じで、次のようなかたちとなる。

1　その式典が行われる開催県を二泊から三泊で訪問。

2　開会式や式典に出席のほか、県内の福祉（高齢者・障害者）施設や地場産業・文化施設（たいてい一日に複数まわる）を訪問する。

三大行幸啓の「国体」の開会式においては、「式典」は以下のような流れが基本となる。天皇・皇后が競技場ロイヤルボックスに入り、フィールドで行われる式典前のアトラクションを観覧、その後、約三〇分にわたる各県選手団の入場行進を見守り、開催県の知事の開会宣言、大会会長（日本体育協会会長）、文科相のあいさつのあと、天皇のお言葉（国体の重要な役割や開催県と国体のかかわり、選手が十分に力を発揮して開催地の市民との交流を深めてほしい、など）があり、炬火《きょか》（五輪でいう聖火）ランナーの入場、点火、そして選手宣誓で式典が終了。

なお、両陛下は、開会式翌日などにも、いくつかの競技を観戦されるのが定着している。

「豊かな海づくり大会」の場合は、式典前に両陛下が会場に入場されると、地元の人たちによるアトラクションが披露され、次に式典として、地元漁協代表による開式のことば、大会会長（植樹祭と同じく衆院議長）あいさつ、そして陛下のお言葉（海の大切さや開催県と海、漁業などのかかわり、歴史、大会が海への関心を高めることに寄与するのを期待する旨など）がある。

大会後は、海辺の屋外会場に移動し、岸壁から両陛下が見守る中、大漁旗をつけた地元漁船団がパレードし（海上歓迎行事）、その後、地元特産の種類の稚魚・稚貝を両陛下がバケツで放流される（放流行事）。

ここでもご訪問中は、一日数万人が、両陛下をひと目見たいと沿道などに詰めかけるという。

トラブル対策

地方訪問の行程中、飛行機での移動や屋外での行事などの際は、荒天の場合はどうするのかという問題がつきまとう。荒天で飛行機が遅れたり欠航したりするケース、屋外行事や屋外施設見学が荒天で不可能になった場合の代替手段などは、すべて事前に決められており、きちんと対応できるように準備されている。

たとえば、初日が台風などで特別機が欠航した際は、翌日（本来なら二日目にあたる日）の何時に羽田を出発し、その日に植樹祭の式典会場に直接入り、すぐに式典に出席する、などの代替スケジュールも事前に作られている。

天皇・皇后の訪問は警備や交通規制も含め、各方面で、何年もかけ準備が行われるので、移動時間や見学時間も細かく決められている。たとえば、天皇・皇后が、本来予定になかった施設や場所を見学したいといって急遽《きゅうきょ》立ち寄る、などということはあり得ず、また、宿泊先周辺の厳重な警備などもあり、夜、お忍びで外出、などということも不可能である。

各地方訪問の際、取材の報道陣に配られる、「報道のしおり」という冊子を見ると、たとえば、施設に到着した両陛下は、玄関で施設の長らのあいさつを二分間受け、その後エレベーターまで廊下を一分歩いて、何時何分に乗って、入所者の待つ部屋ではこのテーブルとこのテーブルを、このライン（動線）を通ってまわり何分間、といったことが、ラインの入った図を付けて書かれている。役割ゆえとはいえ、皇室がいかに自由の制約を受けているかがよくわかる。

なお、地方訪問の日程が正式発表される時点（訪問の約一ヵ月前）と、訪問が終わって天皇・皇后が帰京のため訪問の県を離れた時点のそれぞれで、訪問先の知事から「知事謹話」（談話）が出される。

訪問日程発表の際は「天皇・皇后両陛下におかれましては、○○（行事名）のため○月○日から○日まで本県を訪問される旨の発表がございました」などと始まり、本県への訪問は○回目で、県民挙げて訪問を心待ちにしています、という内容だ。訪問終了の際の謹話は、「本日、訪問をつつがなく終えられました。○○（行事名）が成功裏に終わり、本県の実情をご覧いただいたことは光栄であり、また○○（福祉施設など）を視察され入所者に励ましをいただいたことに感謝します」といったようなものだ。やや仰々しい感じもするが、関係者によると、これは昭和天皇の時代に行われていたことが、現在も踏襲されているのだという。

訪問の道府県内を二泊から三泊でまわると述べたが、これは最近定着したかたちで、平成一〇年ごろまでは、一回の訪問で四泊程度かけ複数の県を訪問されるというパターンも存在した。平成九（一九九七）年の海づくり大会での岩手県訪問では、岩手入りの前に秋田県を訪問（二泊）し、岩手に移動してからの三泊と合わせ、計五泊の長い地方ご訪問となっている。これは天皇に即位以来、全都道府県（四七都道府県）の訪問を平成一五年一一月の鹿児島県訪問（奄美大島など、奄美群島日本復帰五〇年記念式典ご出席）で達成されるまでのあいだ、できるだけ多くの県などを訪問し、多くの国民とふれあいたいという意向の表れだったという。

ちなみに、全都道府県の訪問を達成した現在の両陛下は、離島など、これまでなかなか訪問できなかった地域を今後、まわりたいとの意向を持たれているという。

新幹線利用の場合

地方訪問の際、どんな場所や施設を訪問するかといったスケジュールに関しては、基本的には訪問先の道府県庁が作成し、宮内庁に示すかたちを取る。また、過去訪問している道府県の場合、なるべく多くの国民と交流するという観点から、前回訪問の際にまわっていない地域（たとえば、山形県訪問と仮定した場合、前回、別の行事で訪問の際は県内の内陸部を中心にまわったので、今回は日本海側の地域を中心に、など）をまわるといった配慮もなされる。

今回、例に出した地方訪問は宮崎県なので、飛行機を使って現地入りされたが、たとえば大阪の場合は新幹線なのか、それとも飛行機を使うのだろうか？　おおまかにいうと、西は京都までが新幹線で、大阪以西は飛行機、東北方面は山形だったら新幹線、秋田だったら飛行機、甲信越方面では、新潟は新幹線、長野も新幹線、北陸方面は飛行機——という感じで、所要二時間半くらいが新幹線か飛行機かという分かれ目になるようである。

飛行機の場合は特別機だが、新幹線利用の際も特別列車（車両は一般のもの）となる。一編成そのままが貸し切りとなり、飛行機のときと同じように、天皇・皇后のほか、侍従長はじめ宮内庁関係者、皇宮警察の護衛官、警察庁長官、宮内庁記者クラブの記者が同じ列車に乗り込む。新幹線の場合は一編成貸し切りとスペースに余裕があるので、天皇・皇后がグリーン車の中央に乗り、同じ車両内に供奉の宮内庁職員、宮内記者らは別の車両に乗り込む。その場合、首相は東京駅のホームに見送りに来る。

さらに東京に隣接する県などの場合、皇居から直接、自動車の車列で、ということもある。

参考までに、皇太子（夫妻）や宮家の皇族の場合についてふれると、皇太子の場合は、飛行機も新幹線も一般の定期便を利用するが、羽田空港ではＶＩＰ専用のスポットを利用する。このため、その日のその便だけは一般客も、普通の搭乗口からではなく、バスでそのスポットまで運ばれて乗り込むことになる。

皇太子（夫妻）は機内ではスーパーシートを利用し、その後方に宮内庁職員や皇宮護衛官、宮内記者らが座り、一般客の席との間の〝壁〟を作るようなかたちになる。新幹線の場合も一般客の乗る定期列車だが、皇太子（夫妻）は貸し切りにしたグリーン車に乗り、その前後一両ずつ、計三両だけ貸し切りにして、一般客が入れないようにしている。また、宮家の皇族は、飛行機はスーパーシート、新幹線はグリーン車だが、貸し切りにはせず、一般客との同乗、というかたちになる。もちろん、周辺に側近の宮内庁職員や皇宮護衛官はつくが、天皇や皇太子に比べるとかなり少ない。

昭和天皇の時代には、皇室専用の客車で編成され、天皇の乗る車両側面中央に大きな菊の紋の入った「一号編成」と呼ばれる車両がよく使われ、鉄道マニアにとっては見逃せないものだった。だが、現在はあまり使われることはなく、外国王室が国賓で来日の際に天皇・皇后両陛下が同行して地方を案内される際などに利用されるくらいである。

なお、車両の老朽化もあり、平成一九(二〇〇七)年七月、JR東日本によって約四〇年ぶりに、「E655系」という特別車両が製造された。濃いあずき色の電車の編成で、御料車のほか、グリーン車五両の計六両からなる。内装はスギ材や絹を多用した和風で、両陛下の「お手振り」が沿線からもよく見えるよう、窓を大きくとってある。翌二〇年一一月、両陛下がスペイン国王夫妻(国賓)を茨城県に案内された際に「お召し列車」として初めて使われた。

コラム5 「行幸」という言葉

平安時代の『伊勢物語』には、「むかし、仁和のみかど、芹河《せりがわ》に行幸したまひける時……」という用例が見える。その語源については中国の古文献に、帝王がお出ましになると、その地域の人々が食糧や絹布をいただいたり、税の免除が行われるなどの〝幸せ〟を得たという記述があるところからだという。

「外出」の意味だから、地方訪問だけでなく、たとえば天皇・皇后が都内の美術館に展覧会を見に行かれるケースでも、宮内庁や展覧会の主催者は「両陛下が○○美術館に行幸啓された」とか「○日にこの施設に行幸啓がある」などという言い方をする。

この言葉は関係者の間ではふつうに使われていて、天皇・皇后の地方訪問の際、訪問先の道府県が報道機関に配る取材要領の冊子の表紙も毎回、『天皇陛下・皇后陛下行幸啓報道のしおり』となっている。

195ページで地方訪問を「地方行幸啓」というと述べたが、宮内庁で天皇・皇后の地方・都内訪問の事務を担当するのは総務課の「幸啓係《こうけいがかり》」という部署である。ほかにも「供奉《ぐぶ》」、皇太子ご一家の世話を担当する宮内庁の部署「東宮職」のトップの役職の名称は「東宮大夫《だいぶ》」など、皇室・宮内庁関係には古典的な用語・名称が多い。

コラム6　御料車《ごりようしゃ》

天皇・皇后の専用車を「御料車」という。

現在の両陛下は、トヨタの「センチュリー」を使用されている。ただ、一般に販売されているセンチュリーとは一部異なり、まず、ナンバープレートがなく、ナンバープレートの位置には菊の紋章が入っている。菊紋は両陛下が乗られる後部席の両側ドアにもある。また、座席が白っぽいものになっている。

両陛下は後部座席で、運転席の後ろ、つまり進行方向に向かって右側が天皇陛下、助手席の後ろにあたる左側に皇后さまが座られる。

運転は宮内庁車馬課の専門職員、助手席には皇宮警察の護衛官が乗る。地方訪問に際しては、御料車は、事前に皇居から訪問先の県に回送しており、到着した空港や駅からすぐに乗ることができるようになっている。

センチュリーといえば国会議員や企業の社長らで使用している人も多いだけに、意外に〝質素〟だと思った人もいるかもしれない。実は、皇室だけの特別仕様の車両として作られた、センチュリーをもうひと回り大きくした八人乗りの「センチュリーロイヤル」がある（平成一八〔二〇〇六〕年に同車が納入される前は「ニッサン・プリンスロイヤル」を使用）が、天皇・皇后両陛下は国会の開会式や終戦記念日の全国戦没者追悼式など、特別の行事を除いては使われない。

また、宮内庁は、菊の紋が入っておらず、ふつうのナンバープレートをつけたセンチュリーも所有しているが、それに両陛下が乗られることも多い。つまり、①センチュリーロイヤル、②センチュリー（ナンバープレートの部分などが菊の紋）、③センチュリー（一般のナンバープレート）とあり、行事の格式により使い分けているのである。一般のナンバープレートのものは、たとえば美術展の鑑賞に出かける場合や皇居内での移動（御所と宮殿の間）など、プライベートな場面で使われる。

なぜ、常に「ロイヤル」を使われないのか宮内庁関係者に聞いたことがあるが、「現在の両陛下は、皇太子時代からセンチュリーに乗り慣れており、『ロイヤル』だと座席が少し高い位置になるため、沿道の人にお手振りをする際、今までより高い位置から、というのを好まれなかったのではないか」とのことだった（この話を聞いたのは「ニッサン・プリンスロイヤル」を使用していたころである）。

昭和天皇は常に「ロイヤル」を使用し、たとえば皇居内で、住まいの吹上御所から行事のため宮殿に移動されるような日常の足でもロイヤルを使われた。

菊の紋の入った方のセンチュリーなどであっても、重要な行事で使用する際は（地方訪問の際も）、さらにボンネット先端の中央に小さなポールが立てられ、「天皇旗」が掲げられる（203ページ写真参照）。天皇旗は、赤い地に金モールで一六弁の菊紋が入れられたあざやかなもので、国会開会式や全国戦没者追悼式などのセンチュリー「ロイヤル」を使用する行事や、「ロイヤル」でないセンチュリーでは、日本学士院賞や芸術院賞の授賞式などの都内の行事に出席のため利用する際に立てられる。

コラム7　皇宮警察と皇宮護衛官

　警視庁や道府県警が都道府県の組織なのに対し、「皇宮警察」は、国（国家公安委員会）に属する警察であり、宮内庁とは別組織である。皇室の護衛や皇居、京都御所、正倉院などの警備を行う。本部は大手門に近い皇居内の一般の人が入れないエリアにあり、皇居内に二つと、東宮御所や各宮家のある赤坂御用地内に「護衛署」と呼ばれる警察署のようなものがあり、日夜、警備にあたっている。京都御所には京都護衛署が置かれている。

　皇宮警察には約一〇〇〇人の職員がおり、独自に採用試験を行っている。職務が皇室守護のため、一般の警察と違い、事件捜査などの分野はない。

　一般の警察では殺人事件などを担当する「捜査一課」が有名だが、皇宮警察では天皇・皇后の護衛を担当する「護衛一課」があり、精鋭が集められている。ちなみに護衛二課は皇太子ご一家、護衛三課は宮家皇族の護衛を担当している。また、皇居内にはいわゆる消防署がないため、皇宮警察が消防も担当し、「皇宮警察本部」と側面に書かれた消防車も所有している。

　警視庁では皇室を守る「警衛課」（警視庁や道府県警では「護衛」ではなく「警衛」といっている）と、首相ら要人を守る「警護課」が分かれている。警衛に関しては、対象の身辺の安全確保と同時に「皇室と国民との間の親和を妨げることのないよう……」（警察庁警衛要則）

との一項が加わっている。皇室の「護衛」と要人の「警護」はやや趣が違う。重要人物の安全を守るという点では同じだが、ある皇宮護衛官は「首相などの警護はわざと目立つように立ち、テロなどさせないということを目に見えるかたちで示す。けれども皇室の護衛は、できるだけ目立たないようにやって、国民と皇室の間に壁をつくらないようにする。もちろん、ご対象（守る対象＝皇室の方々のこと）を守るのは当然だけど……」と語った。

13　福祉施設訪問と被災地お見舞い

「こどもの日」「敬老の日」「障害者週間」の訪問

天皇・皇后が地方訪問する際、必ず高齢者施設や障害者施設といった福祉施設を訪問されることは前章で述べた。両陛下が福祉施設を訪問し、入所者に声をかけられるシーンをテレビで見たことのある人も多いだろう。

この章では皇室の社会事業的な側面、別の言い方をすれば「社会的弱者への励まし」についてみていきたい。

現在の天皇・皇后両陛下は、年数回の地方訪問の際のほか、以下の三回の施設訪問を毎年されている。

「こどもの日」にちなむご訪問

平成16年	児童養護施設（注1）「東京育成園」
17年	千代田区立「いずみこども園」（同園は幼稚園と保育園の一体的施設）
18年	社会福祉法人「二葉保育園」（乳児院も併設）
19年	目黒区立「八雲保育園」
20年	認定こども園「ゆうゆうのもり保育園」

「敬老の日」（9月第3月曜）にちなむご訪問

平成16年	中央区立特別養護老人ホーム「マイホームはるみ」
17年	特別養護老人ホーム「しらさぎホーム」
18年	介護老人保健施設（注2）「グリーン・ボイス」
19年	介護老人保健施設「ハウスグリーンパーク」
20年	社団法人「三鷹市シルバー人材センター」

「障害者週間」（12月3～9日）にちなむご訪問

平成16年	知的障害者授産施設（注3）「済美職業実習所」
17年	身体障害者授産施設「足立あかしあ園」
18年	障害福祉サービス事業「あかね園」
19年	障害者雇用のために設立された企業「株式会社舞浜ビジネスサービス」
20年	東京都障害者スポーツセンター

（注1）「児童養護施設」：保護者がいなかったり虐待を受けた児童などが入所し、自立を支援する施設

（注2）「老人保健施設」：病状の安定している高齢者向けに医療ケアと日常の生活サービスを提供し、家庭への復帰を目指す医療機関の一種

（注3）「授産施設」：障害などで就業の困難な者に技能修得、就労の機会を与え、自主製品の製作・下請け活動なども行う福祉施設

表13－1　天皇・皇后両陛下の福祉施設ご訪問先（首都圏）

・「こどもの日」(五月五日)前後の児童福祉施設へのご訪問
・「敬老の日」(九月第三月曜日)前後の高齢者福祉施設へのご訪問
・「障害者週間」(障害者基本法で一二月三~九日に定められている)前後の障害者福祉施設へのご訪問

最近のご訪問先は、表13-1のとおりである。いずれも日帰りのため、東京都内の施設がおもに選ばれている。

訪問の流れについては、まず施設長からパネルなどを使って概要の説明を受けた後、高齢者や児童の施設の場合は入所者がレクリエーションなどをしているところ、障害者の授産施設などの場合は作業をしているところを見学する。その際、入所者に両陛下が直接、声をかけ激励される、というのがパターンだ。

筆者が同行取材した平成一六年の「障害者週間」にちなむ「済美職業実習所」(杉並区)の訪問の際は、ダイレクトメールの袋詰めやボールペンの組み立て作業などをしている入所者に両陛下がそれぞれテーブルをまわり、「仕事は楽しいですか」「お元気で」といった励ましの声をかけられていた。

ハンセン病療養所ご訪問

そんな両陛下が特に思いをかけられているものがある。ハンセン病の元患者らだ。ハンセン病は感染性の弱い癩《らい》菌によって起こる慢性の感染症で、主に皮膚や末梢神経が侵される。治療法が確立される前は不治の病と受け止められ、顔面や手足の皮膚などに後遺症が目立つこともあるため、患者や元患者は不当な差別を受けてきた。

かつては「らい予防法」という国の法律によってすべての患者が生涯、ハンセン病療養所に強制隔離されたうえ、薬で治せるようになってからも三〇年以上、隔離政策が続けられるなど、誤った施策が行われてきた。国が誤りを認めてようやく謝罪したのは、平成一三(二〇〇一)年のことである。古くからの差別や偏見はいまだ残り、家族から縁を切られたり、家族へ迷惑がかかることを恐れ、涙をのんで自ら家族との縁を切ったりした人たちもいるほか、長年の隔離政策や偏見のため社会復帰も困難となり、療養所の中で生涯を終え、実家の墓所に入ることもかなわず、療養所内の「納骨堂」に遺骨が納められた人も多い。

両陛下がハンセン病療養所を初めて訪れ、元患者らと交流を持ったのは皇太子夫妻時代の昭和五〇(一九七五)年七月、沖縄海洋博開会式出席のため沖縄県を訪問した際、国立のハンセン病療養所「沖縄愛楽園」（名護市）を視察されたときだ。全国には一五のハンセン病療養所があり、約三〇〇〇人の元患者らが入所、その平均年齢は八〇歳近く、後遺症などでからだの不自由な人も多い。

両陛下は地方訪問の際、訪問先の周辺に療養所があった場合、必ずといっていいほど訪問し、元患者らの労苦をねぎらい、励ましの言葉をかけられている。「ハンセン病元患者らへの励まし」は現在の両陛下がとりわけ力を入れられていることといっていいだろう。

筆者は平成一六年一月の両陛下沖縄県ご訪問（「国立劇場おきなわ」開場記念公演出席）に同行取材したが、両陛下が宮古島に立ち寄った際、国立療養所「宮古南静園」を訪問された場面をじっくり見ることができた。

療養所は島の北の突端近くの崖下のようなところにあり、かつての「隔離」政策の一端を見るような気がした。大きな部屋に両陛下が入られると、何十人もの高齢の入所者が室内いっぱいにU字形に椅子を並べ着席していた。両陛下は二手に分かれ、U字の両端の人から順番に、からだをかがめて同じ目の高さになったうえで、ときには相手の手を取りながら話しかけるという〝平成流〟のスタイルで、「おからだはいかがですか」「長生きしてくださいね」と入所者をねぎらわれた。入所者の中には感激して涙ぐんでいる人もいた。

その後、両陛下は園の敷地内に設けられた納骨堂に行き、花を供え、拝礼された。

皇后さまは、毎年のように、住まいの御所に療養所の所長を招き、現状を聞くなど、元患者らに関心を寄せられている。実際、前記の「沖縄愛楽園」訪問(皇太子妃時代)の際の情景を次のような和歌に詠まれている。

いたみつつなほ優しくも人ら住むゆうな咲く島の坂のぼりゆく

(『皇后陛下御歌集　瀬音〔新装版〕』大東出版社より)

「ゆうな」は黄色の美しい花をつける沖縄の植物である。このお歌は昭和五一(一九七六)年の歌会始(お題は「坂」)で披露された。

時間をオーバーしても

前章で、天皇・皇后の行事出席や施設訪問などの際は、スケジュールが分刻みで細かく決められていると述べた。ずれてくると、帰りの交通規制のタイミングにも影響してくるし、地方訪問などの場合、新幹線や飛行機の時間の制約があるので、随行の侍従らは「時間オーバー」を非常に気にする。

両陛下の場合、福祉施設で入所者らにお声かけの際、一人一人の手を取り熱心に接して時間がオーバーしてしまい、侍従が近寄り「時間ですのでそろそろ……」と両陛下に〝耳打ち〟する姿を何度も見た。しかし、(そこからが両陛下らしいのだが)侍従の〝言うことを聞かない〟ことがたびたびあるのだ。確かに、交通規制などは、沿道の警察官に無線で知らせれば少しぐらい時間がずれても対応できる。それよりも社会的弱者を少しでも励ましたい、というお気持ちはよく伝わってきたし、同行の宮内庁担当記者の間でもよく話題になった。両陛下が予定時間通りに対応していれば、端のほうに座っている入所者などは、場合によっては声をかけてもらえずに終わってしまう可能性も出てくるわけで、そういうことのないように気をつかわれているようだ。

福祉施設などへのご訪問は、平成一六年は一一回あった。政府による天皇の行為分類では、これらはいずれも、「国事行為」でもなく、「公的行為」でもなく、「その他の行為」に分類されている。69ページでも述べたように、「その他の行為」というのは、本来、私的な行為に分類されるが、中には公的な性格・色彩を帯びたものも含まれるため、「私的」ではなく「その他」とされている。福祉施設訪問は「天皇の私人としての行為でありながら公的な性格を持つ行事」とされ、その際にかかる経費は天皇の〝プライベートマネー〟である内廷費ではなく、公的経費である宮廷費から支出されることになっている。

ただ、取材していた立場から言うと、福祉施設訪問といった社会的弱者へ思いを寄せることは、現在の国民感情から見て「象徴」としての天皇に期待されている行為ではないかという感触もあり、「公的行為」でなく「その他の行為」に分類されることに少し違和感はある（しかたのないことだが、「特定の」施設を訪問するということが、公的行為に分類されない理由かもしれない）。

大規模災害の被災地へのお見舞い

事柄の性質上、回数こそそれほど多くないものの、いわゆる「平成流」、すなわち現在の両陛下の特色がもっともあらわれているのが「（発生直後の）大規模災害の被災地へのお見舞い訪問」である。

被災者が避難生活を送る体育館を訪れ、声を掛けられるシーンをニュースなどで見て、記憶の片隅にある人も多いと思うが、実はこのような訪問は昭和の時代にはなかった。皇室の一つの役割として現在、国民に自然に受け入れられていると思われるこの仕事は、現在の両陛下が始められたのである。

両陛下がお見舞いのため、災害後まもない被災地へ入られたのは、これまで次の五回である（下のカッコ内は災害の発生した日）。

・平成三（一九九一）年七月一〇日　長崎県・雲仙普賢岳の大火砕流被災地へ（六月三日）
・同五年七月二七日　北海道南西沖地震で津波の被害に遭った奥尻島へ（七月一二日）
・同七年一月三一日　阪神大震災の被災地へ（一月一七日）
・同一六年一一月六日　新潟県中越地震の被災地へ（一〇月二三日）
・同一九年八月八日　新潟県中越沖地震の被災地へ（七月一六日）

これらはいずれも日帰りでまわられた。このほかにも、災害からしばらくたっているものの、伊豆諸島で続いた地震や三宅島噴火の被災地の復興状況視察やお見舞いのため、平成一三年七月二六日に伊豆諸島へ（噴火は前年の七～八月）、福岡県西方沖地震被災地の復興状況視察などのため同一九年一〇月三〇日に玄界島（福岡市）を（発生は同一七年三月二〇日）訪問されている。

中越地震被災地へ

筆者が宮内庁の記者クラブに在籍していた平成一六年、多数の死者が出た新潟県中越地震が起き、現地で両陛下のお見舞い訪問を取材する機会があった。当時を振り返り、被災地へのお見舞い訪問とはどのようなものか紹介したい。

訪問の性質が性質なだけに、ご訪問は急遽、そして短い準備期間で一気に決まった。また、被災地で複数の避難所を慰問される際は、移動のとき、現地の復旧作業に迷惑をかけないため、車列でなく、自衛隊のヘリを使われた（避難所のほとんどが学校の体育館だったため、離着陸にはその校庭を利用した）。地震で上越新幹線も一部不通となっていたため、現地入りも（もちろん帰りも）羽田空港から新潟空港までは自衛隊の小型機に搭乗された。

被災者への励ましだけでなく、救助活動に当たる自衛隊などの関係者もねぎらったが、避難所から彼らのいる場所に移動する際は、随行の宮内庁長官、侍従、女官、侍医らと一緒にマイクロバスに乗られた。これも道路事情の悪い中、車列をできるだけ短くし、現地に迷惑をかけないためのもので、筆者が宮内庁を担当していた二年の間に、両陛下がいわゆる〝黒塗り〟でない車、しかも約二〇人も乗ったマイクロバスに同乗されているのを見たのはこのときだけである（過去には阪神大震災の被災地ご訪問などでもバスを使用された）。

このときの車列は、白バイなしの前駆車、両陛下と随員の乗るマイクロバス（御料車）、後衛車の三台である。ふだんの地方訪問の際の車列が一〇台近く（白バイを含めると二〇台近く）になるのに比べると大きな違いだ。そして、車列を通すためにふだんは行われる一般車の交通規制もこのときは行わないよう要請したほか、警備も最小限にとどめ、復旧活動の方に力を入れるよう、宮内庁から新潟県警に申し入れた。その前提として、護衛なども含め随行を最小限に絞った。

天皇・皇后の地方訪問の際は、ふだんは地元の県警本部の本部長も同行するが、「復旧作業の指揮の方にあたってほしい」と断った。警備を最小限にすることでご訪問への課題をクリアしたともいえる。現地での昼食も「復旧にあたる関係者と同じ弁当のようなものでいい」と特別なものにしないよう事前に申し入れたという。

当日朝、羽田空港から新潟空港に自衛隊機で入った両陛下はヘリに乗り換え、約一時間搭乗されて長岡へ。ヘリには全村民が避難している山古志村《やまこし》(現・長岡市山古志)の村長が同乗し、長岡に向かう途中、村の上空を経由し、村長の説明をうけながら視察された。

その際、天皇陛下は村長に「住民の皆さんにとっては悲しいことでしょうね」と話されたという。その山古志の被災者のうち約三五〇人が避難している長岡大手高(体育館)では、自衛隊の車両や炊き出しのテントなどで校庭が使えないため、ヘリは約三キロ離れた長岡商業高の校庭に降り、両陛下はマイクロバスに乗り換え、長岡大手高に向かった。

避難先の体育館で

筆者は体育館内の端で慰問の様子を取材したが、それほど大きくない体育館内に被災者はびっしり座っていた。一家族あたり畳二、三枚のスペースしかなく、毛布を敷いて自分

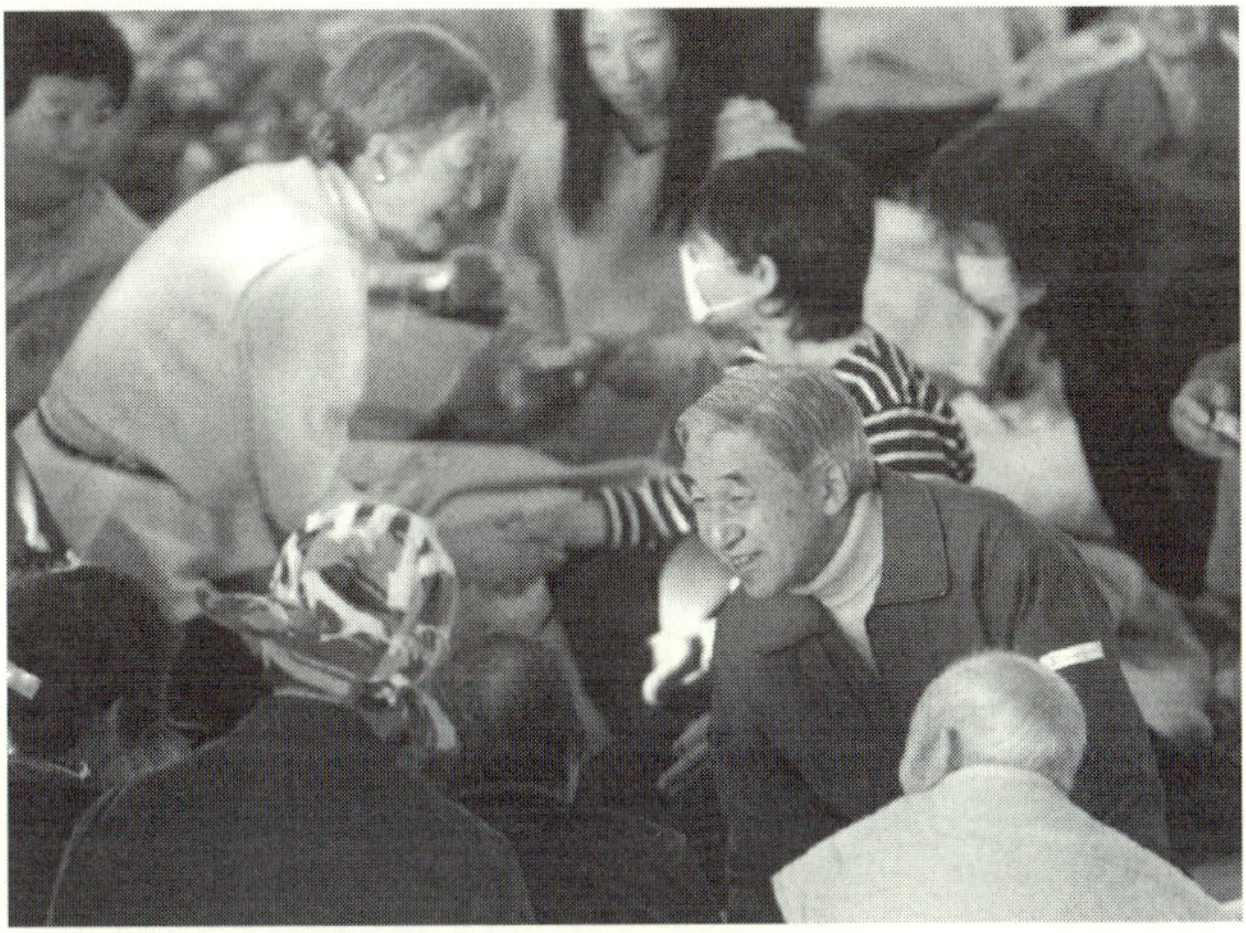

新潟県中越地震の避難所を訪れ、被災者を励まされる天皇・皇后両陛下
(平成16年11月6日、小千谷市総合体育館)

たちのスペースを作っていた。あまりに人が多いので、体育館内を移動するための通路のようなスペースは人がすれ違えないほど狭い。

両陛下は到着されると、できるだけ多くの被災者に声をかけるために両側に二手に分かれ、立って見下ろすのではなく、ひざまずいて(先に述べた「平成流」と呼ばれるスタイルの一つ)、ときには高齢者の手を取られて声をかけはじめた。服装はふだんのスーツなどとは違い、避難所の中を動きやすいように、グレーのジャンパーに濃いグレーのズボン、皇后さまは白い上着に黒のスラックス姿の軽装だった。

当時両陛下の後ろについて代表取材

した記者によると、天皇が年配の男性に「避難生活がだいぶ長くなって（大変ですね）」と話しかけられると、男性は「家もめちゃくちゃになりまして」と答えた。また、年配の女性に「お元気で過ごしてね」と励ますと、女性は「（陛下の）お顔を見ただけで」と涙ぐんだ。皇后さまは途中から、はいていたスリッパを脱いで、通路から奥まった場所に座っている被災者らのところに入っていき、「皆さんが元気でいてくださって本当にうれしいです」などと話されていた。

両陛下それぞれが一〇〇人を超える被災者に声をかけ、時間も予定の四〇分をオーバー、その後も別の避難所をまわるため、昼食の時間を削って対応された。また、支援のボランティアにも声をかけられた。両陛下が手を振って体育館を出られる際は、被災者から拍手が起こった。

近くの長岡保健所に車列で移動され、そこで、地元関係者らから被災の状況を聞きながら昼食を取り、再び長岡商業高校庭からヘリで小千谷《おぢや》市へ。降り立ったヘリポートから二ヵ所目の避難所、小千谷市総合体育館へ車列で移動された。ここには県内でもっとも多い約二三〇〇人が避難しており、両陛下は、それこそもみくちゃにされるような歓迎ぶりで、子供や若い人に手を差し出し握手されたり、予定の四五分を二〇分以上オーバーして体育館内全体をまわり、励ましの声をかけられた。この「握手」も、昭和時代にはほとんど行われなかったものである。

その次は、車列で近くの福祉センターへ。ここには救助、復旧作業にあたる自衛隊、新潟県警、日本赤十字社、東北電力、NTTなど関係者の現場代表約一〇人が待機しており、両陛下は一人一人にねぎらいの言葉をかけ、状況について聞き、被災者のためにがんばってほしい旨を伝えられた。

この後、再びヘリで今度は川口町へ。約一〇分搭乗し、午後四時半ごろ川口中学校の校庭に着陸、歩いて中学校の体育館内に入られた。

体育館内には約一九〇人が避難生活を送っており、両陛下はそれぞれ分かれ「体調はいかがですか」「怖かったでしょうね」などと声をかけられた。小学生からハートの形に折った折り紙をプレゼントされた皇后さまが「これは難しそうね。家に持って帰ってどう折るか勉強するね」と話されるエピソードもあった。さらに天皇陛下が学校関係者に「子供たちの心の問題（ケア）をお願いします」と述べられたという。

三ヵ所目の川口中体育館の慰問で日程を終え、午後五時近くに校庭からヘリで出発されるときはもう真っ暗であった。校庭でその模様を見ていたが、被災者が体育館から出てきて手を振りながら見送るなか、上空に上がっていく室内灯のついたヘリの中から、見えなくなるまで手を振り続けられる両陛下の姿が、印象に残った。

現地に取材に行く前、筆者は、被災してどん底の気持ちになっている被災者が、ふだんは見る機会のない両陛下に会って、喜ぶゆとりが果たしてあるのだろうか、悲しみのほうが先行していて笑顔になるゆとりはあるのだろうか、と正直なところ思っていた。

だが、取材して、ほとんどの被災者が両陛下の来訪を好意的に受けとめているのを実際に見て、この「平成流」の被災地訪問が十分に意味のあるものであることを肌で知った（ただ、世論調査〔東京新聞、平成一七年六月〕で一〇パーセント程度いる、皇室を嫌いな人が、ご来訪の間、避難所から外に出ていたのか、そのままそこにいたのかはわからないが）。

被災地訪問については、「何人以上の犠牲者が出たら訪問するのか」という線引きなどが難しく、「なぜあの災害には慰問があったのに、今回のこちらの災害にはないのか」などの声が出るリスクも場合によってはあると、一部では指摘されている。だが、おおむね、国民から、現在の「国民の象徴が行うべき役割」と思われているといえるだろう。実際、被災地訪問は「象徴としての立場から行われる」公的行為と位置づけられ、経費は、公的経費である宮廷費から出されている。

慰問の日程だが、約三年後に起きた中越沖地震の際の慰問でも、ほぼ同様の日程で行われ、

・避難所を数ヵ所訪問される

・救助・復興関係者と会いねぎらわれる
というかたちが定着している。

なお、中越地震被災地の訪問に関連し、両陛下は発生から二日後の一〇月二五日に新潟県知事に対し、今回の地震被害に心を痛めていること、犠牲者へのお悔やみ、被災者へのお見舞い、関係者への励ましの気持ちなどを、侍従長を通じて伝えたほか、翌二六日には県に対し見舞金を、一一月六日には特に高齢の被災者のために県に再び見舞金を贈られた。また、二八日には宮殿で、防災担当相から地震被害などについての内奏（307ページ参照）を天皇陛下が受けられ、翌二九日にも首相から内奏を受けられた（内奏は内容が発表されないが、このときは地震関連の内容と思われる）。

復興状況の視察

このほか、被災地の復興状況を視察するための訪問もけっこうある。雲仙も奥尻島も阪神大震災の被災地も、それぞれ数年後に「三大行幸啓」や国際学会の出席でその県を泊りがけで訪問した際などに立ち寄り、現場の復興状況を視察したり、当時の被災者や犠牲者の遺族らと会われたりしている。

全島避難となった三宅島の噴火に関しては、避難した島民が農業を続けられるようにとつくられた東京都内の農場などを複数回にわたって訪問し、島民を励まされた。

また両陛下は平成一七（二〇〇五）年一月に「阪神・淡路大震災一〇周年追悼式典」に出席のため兵庫県を訪問し、遺族代表とも懇談された。

このほか、福岡県西方沖地震（平成一七年三月二〇日発生）の被災地復興状況などを視察するため、約二年半後の平成一九年一〇月三〇日、もっとも大きな被害を受けた玄界島に船で渡り、住民を慰問されている。

以上述べてきたような福祉施設の訪問、お見舞い訪問などについて、天皇陛下は、即位一〇年に際しての記者会見（平成一一年一一月一〇日）で、次のように述べられている。

「障害者や高齢者、災害を受けた人々、あるいは社会や人々のために尽くしている人々に心を寄せていくことは、私どもの大切な務めであると思います。福祉施設や災害の被災地を訪れているのもその気持ちからです。私どものしてきたことは活動という言葉で言い表すことはできないと思いますが、訪れた施設や被災地で会った人々と少しでも心を共にしようと努めてきました」

14　追悼と慰霊の旅

〝ライフワーク〟として

先の大戦の犠牲者への追悼・慰霊（のご訪問）は、現在の両陛下の〝ライフワーク〟となっている。

天皇陛下は、皇太子時代の昭和五六（一九八一）年の記者会見で、日本人が「忘れてはならない日」として、沖縄戦終結の日（六月二三日）、広島原爆投下の日（八月六日）、長崎原爆投下の日（八月九日）、終戦の日（八月一五日）を挙げ、毎年、これらの日には黙禱《もくとう》をささげるとともに、犠牲者とその遺族のことを考えているという趣旨のことを述べられた。

実際、これらの日にははずすことのできない公務以外の日程（たとえば私的なものなど）は入れず、住まいの御所で静かに過ごされているようで、「おつつしみの日」という言い方をする関係者もいる。

陛下は、前出の即位一〇年の記者会見で「私の幼い日の記憶は、三歳の時、昭和一二年に始まります。この年に盧溝橋《ろこうきょう》事件が起こり、戦争は昭和二〇年の八月まで続きました。したがって私は戦争の無い時を知らないで育ちました。この戦争により、それぞれの祖国のために戦った軍人、戦争の及んだ地域に住んでいた数知れない人々の命が失われました。哀悼の気持ち切なるものがあります。今日の日本が享受している平和と繁栄は、このような多くの犠牲の上に築かれたものであることを心しないといけないと思います」と語られた。

広島、長崎のご訪問

それをかたちで表すように、戦後五〇年となる平成七（一九九五）年七月から八月にかけ、両陛下の意向で、原爆が投下された長崎（七月二六日）・広島（同二七日）、民間人を巻き込んだ地上戦が行われた沖縄（八月二日）、都内では東京大空襲で多数の犠牲者を出した墨田区（八月三日）へ、両陛下で「慰霊の旅」をされた。国体や植樹祭などの行事で地方訪問した際に慰霊を行うというのではなく、戦争犠牲者の追悼だけを目的に地方訪問されるのはきわめて異例のことだった。

長崎では、長崎市の平和公園を訪問し、足もとに一〇万二〇〇〇人余（当時）の原爆死没者名簿が収められている平和祈念像の前に両陛下は進み、二五本の白菊を供え拝礼された。その後、隣接の原爆資料センターで被爆に関する写真や展示品を説明を受けながらご覧になった。その際、被爆者団体の代表らにも会い「おからだは大丈夫ですか」などと声をかけられた。さらに被爆によりからだに障害を持つ人が入居する、市内の「恵の丘長崎原爆ホーム」を訪れ、入所者に声をかけられた。

翌日は、広島に移動し、広島市の平和記念公園内の原爆慰霊碑に献花、その後、約三〇〇人が入居する市内の原爆養護ホーム「倉掛のぞみ園」を訪問、時間をオーバーして約一時間、「ずいぶん苦労が多かったでしょう」などと入居者をねぎらわれた。長崎は気温三二度、広島は三六度の中、陛下はスーツ姿でまわられた。

沖縄ご訪問

沖縄は、飛行機による日帰りで訪問された。

まず、糸満《いとまん》市摩文仁《まぶに》の沖縄平和祈念堂で平和祈念像に拝礼、そして堂内で沖縄県遺族連合会の会員約九〇人を「五〇年前は大変でしたね」などとねぎらわれた。

続いて、近くの国立沖縄戦没者墓苑に行き、納骨堂の前の参拝所で白菊を献花された。さらに、近くの「平和の礎《いしじ》」へ。ここは沖縄県民や県外の人のほか、米国、台湾、北朝鮮、韓国の計二三万人余の沖縄戦犠牲者の名前を刻んだ石碑が並んでおり、両陛下は説明を受け、歩きながら石碑に見入られた。その後、夜、飛行機で羽田に戻られた。

沖縄訪問の翌日、両陛下は東京・墨田区の東京都慰霊堂を訪れ、献花された。

その五日後（八月八日）、両陛下は戦後五〇年にあたって戦没者遺族への心境を詠まれたお歌を一首ずつ、日本遺族会に寄せられた。

天皇陛下

国がため　あまた逝《ゆ》きしを　悼《いた》みつつ　平《たひ》らけき世を　願ひあゆまむ

皇后陛下

いかばかり　難《かた》かりにけむ　たづさへて　君ら歩みし　五十年《いそとせ》の道

両陛下は地上戦の舞台となり、県民がつらい思いをした沖縄に特別の思いを寄せられているようである。慰霊の旅だけでなく、平成五（一九九三）年に即位して初めての訪問（植

戦没者慰霊でサイパン島を訪れ、多くの人が自決した断崖「バンザイクリフ」に拝礼のため到着された天皇・皇后両陛下（平成17年6月28日）

樹祭）の際にも、また、最近では、筆者も同行取材したが、平成一六年に訪問した際にも、国立沖縄戦没者墓苑に参拝されている。

また、四ヵ所を慰霊訪問した前年の平成六年二月一二日には、先の大戦で日本軍約二万一〇〇〇人、米軍約二万九〇〇〇人の戦死傷者を出した「硫黄島《いおうじま》の戦い」の舞台となった小笠原諸島・硫黄島を自衛隊輸送機で訪問し、慰霊碑への参拝などを行われた。

サイパン島ご訪問

11章「外国訪問」で述べたように、「慰霊の旅」から一〇年後、戦後六〇年となる平成一七年の六月二七〜二八日には、先の大戦で民間人を含む多数の犠牲者が出た米自治領サイパン島を慰霊目的で訪問された。これも両陛下のご意向によるものだが、天皇の外国訪問は本来、相手国の招請などによる友好親善目的が基本であり、訪問予定は内閣が決め、閣議決定を経る。つまり内閣の意思と責任で訪問（国）が決まることになっている。

このときは、陛下のご意向であったことや、米側の招請ではなく日本側から訪問を希望するかたちになったのも異例であり、戦争（犠牲者）に対する強い思いを感じとることができる。

15　国会開会式と戦没者追悼式

国事行為並みの二大重要行事

天皇が車で移動する際、行事の重要度に応じて、「御料車」の車種が変わってくることはコラム6で述べた。その行事の中で、(憲法でもっとも重要とされる)国事行為ではないにもかかわらず、もっとも格の高い「センチュリーロイヤル」(二〇〇九年一月現在)を使用するものが二つある。

それは、会期の始めに国会で行われる「国会開会式」と、毎年八月一五日の終戦記念日に行われる「全国戦没者追悼式」である。

両行事とも法的には「象徴」という地位に基づき公的な立場から行う「公的行為」に該

当するが、同じ公的行為で皇室・宮内庁が国事行為並みに重要視している「三大行幸啓」でさえ、「ロイヤル」ではなく、通常タイプのセンチュリーを御料車にして車列を組んでいることを考えれば、いかに重く扱われているかがわかる。そこで本章では、この二つの行事についてみてみよう。

「最高の来賓」として

国会の開会は、明治憲法（大日本帝国憲法）では第七条に、「天皇は帝国議会を召集し、その開会、閉会、停会および衆議院の解散を命ず」（注：表記は改めた）とあり、召集だけではなく、開会も（閉会、停会、解散も）天皇の大権に属し、式を当時の宮内省の職員が取り仕切っていた。国会へ向かう馬車列も、当時いくつもあった隊列の型式のうち、上から二番目（ちなみに、一番目は、天皇の即位の際の儀式などだけに使われる隊列）という格式の高いものだった。

だが、現在の憲法では、（天皇が国事行為として）召集を行えば、その詔書に示された期日に自動的に国会が開会となり、それとは別に開会のための何らかの天皇の行為というのは不要である。

『新・国会事典（第2版）』（浅野一郎・河野久編著、有斐閣）によると、新憲法下で国会法を制定する際、「法律的にいえば開会式を行う必要はない。しかし、国会は国権の最高機関であるから儀式として開会式を行う必要があるという考え方が強く、このため開会式を存置することとなった」という。式の主宰は衆議院議長（国会法第九条）、つまり国会の側の主宰となり、天皇は「最高の来賓」として招待される。

天皇の国事行為に「国会を召集すること」とあるため、開会式出席も天皇の国事行為と思われがちだが、式を主宰するのが国会であることによって、そうではないことがわかる。天皇の出席は、戦前からの流れと、国会は「国権の最高機関」（憲法第四一条）であり、議員は国民の直接選挙で選ばれる、すなわち国会イコール民主主義そのものであるという重みなどから、行われ、重視されている、といえるだろう。

国会開会式の流れ

開会式は毎年、数回行われている。まず、一月に召集される「通常国会」の開会の際、首相の施政方針演説の前に行われるほか、内閣が必要と認めたときや院の議員の四分の一以上の要求があったときに開かれる「臨時国会」の召集の際にも行われる。さらに、衆院選の直後に開かれ議長と首相を決める「特別国会」でも、首相指名のあと、行われる。

会場は参議院本会議場で、これはかつて貴族院だった参議院にだけ、正面中央の演壇の後ろに天皇の席が設けられているためだ。赤じゅうたんが敷かれた数段の階段の上に、大きな菊の紋（背もたれの部分）の入った椅子があるのだが、ふだんの本会議など、開会式以外のときはカーテンが引かれ、隠されている。

参議院本会議場の議席は四六〇席しかないにもかかわらず、衆・参両院全議員の数は七〇〇を超すので、立ったまま通路や議場後方の空きスペースに列席する議員もいる（式の間は全員起立する）。衆・参両院の議員（首相を含む）のほか、三権の長の一つである最高裁長官、それから会計検査院長も出席する。

当日、天皇の車列は、国会の正面玄関の車寄に到着する。皇居から国会までは約五分。国会正門をくぐってから車寄までの間には国会議員らが出迎えている。国事行為と同じように、式には天皇のみで皇后は出席しない。服装はモーニングである。

実は、国会の正面玄関は、ふだん使われておらず、開会式で天皇が国会に来る際と、衆・参の選挙の後、初当選した議員らが初登院する日だけ開けられるので「開かずの扉」ともいわれている。

正面玄関を入るとわきに衆・参の議長・副議長らが出迎えており、衆院議長が天皇を先導する。天皇の後には宮内庁長官や侍従長、侍従ら供奉《ぐぶ》員が随行する。

天皇はまず、三階の専用の「御休所」に入る。この部屋は昭和一一（一九三六）年の国会議事堂建設の際、総工費の一割を投じたというもので、ヒノキの漆塗りを基調に、壁面は金糸の霞《かすみ》に鳥の文様を刺繡《ししゅう》した織物、随所に透かし彫りの金色の金具が使われるなど、当時の建築、工芸の粋が集められている。小休止の後、再び衆院議長の先導で参院本会議場に入り、階段を上り、席に着く。随行の宮内庁長官や侍従長らは階段下に並ぶ。

最初に衆院議長が、両院を代表して演壇で式辞を述べる。

それが終わると天皇が席の前で「お言葉」を読み上げる。お言葉の紙（お言葉書き）は、読み上げる前に侍従長が持って階段を上がり、天皇に手渡す。平成一六（二〇〇四）年一月一九日に行われた通常国会（第一五九回国会）の開会式での天皇陛下のお言葉を参考まで紹介しよう。

通常国会開会式でお言葉を述べられる天皇陛下（平成20年1月18日、参議院本会議場）

> 本日、第一五九回国会の開会式に臨み、全国民を代表する皆さんと一堂に会することは、私の深く喜びとするところであります。
>
> 国会が、永年にわたり、国民生

活の安定と向上、世界の平和と繁栄のため、たゆみない努力を続けていることを、うれしく思います。

ここに、国会が、当面する内外の諸問題に対処するにあたり、国権の最高機関として、その使命を十分に果たし、国民の信託にこたえることを切に希望します。

お言葉が終わると、衆院議長が階段を上り天皇の前に行き、読み上げた紙を受け取る。そして衆院議長は受け取った紙を捧げ持ち、そのままの体勢でバックしながら階段を下りる。

余談だが、昭和六〇（一九八五）年、当時の衆院議長が高齢だったということもあり、開会式のリハーサルを行ったときに後ろ向きのまま階段を下りることができず（ふらつぃて）、それを理由に辞職、新たな議長で式の当日を迎える、ということがあった。前向きで階段を下りるのは、天皇におしりを向けることになる（失礼にあたる）というのが理由だったらしい。

これで約一五分間の開会式は終わり、参院議長が先導し、天皇は再び「御休所」に入って小休止する。その後、皇居に戻る。

なお、開会式はふだんの本会議と違い、一般の人は見学することができず、傍聴席には国会の職員らが入る。

なお、この天皇の行事はＮＨＫの「国会中継」では放映されていない（参議院インターネット審議中継 http://www.webtv.sangiin.go.jp/webtv/index.php の「ビデオライブラリ」で開会式が見られる）。

全国戦没者追悼式

終戦記念日である毎年八月一五日、天皇は、政府主催の「全国戦没者追悼式」に出席のため、東京都千代田区の日本武道館に向かう。この行事も、御料車に「センチュリーロイヤル」を使い、ボンネットに天皇旗が立てられる。

この追悼式に天皇・皇后が出席して、本格的に行われるようになったのは昭和三八（一九六三）年からである。

追悼式は「戦没者を追悼し平和を祈念する」（閣議決定）もので、国会開会式とは違い、天皇・皇后で出席する。式典は一時間余りで、特定の宗教儀式は伴わないものとなっており、出席者は毎年約五〇〇〇人、全国の遺族代表や政府関係者らなどで、遺族代表の出席のための経費は国費で負担される。広い武道館が客席も含めいっぱいになる。天皇の服装はモーニングである。

会場の正面には大きな祭壇が造られ、その中央に四五センチ角のヒノキの白木の標柱が立てられている。標柱には「全国戦没者之霊」と大きく墨書されている。そのまわりは、大臣や全国の知事らの供花による二万五〇〇〇本もの白や黄の菊で埋め尽くされ、天皇・皇后からの供花一対も標柱の両側に置かれている（なお、天皇・皇后の供花は、公的行為なので「宮廷費」から支出される）。

午前一一時五一分、式典が始まる。

天皇・皇后が入場し、祭壇わきに設けられた席へ。そして全員起立して国歌を斉唱し、首相が式辞を述べる。内容は、「先の大戦で三〇〇万余の人が亡くなったが、それらの人々の貴い犠牲の上に今日の平和と繁栄が築かれた。戦没者の冥福を心から祈り、平和への誓いを堅持する」といった趣旨のものである。それが終わると厚労相（戦没者慰霊や海外での遺骨収集の所管は厚生労働省で、この式典の主催者）が、天皇・皇后を標柱の前に先導する。ここで一一時五九分になるように、タイミングがはかられている。

会場で「ただいまから正午の時報を合図に……」というアナウンスが流れ、正午の時報が大きな音で流れると、標柱前の天皇・皇后はじめ、会場全員が起立し一分間の黙禱《もくとう》をささげる。毎年、NHKで生中継されるが、この一分間はテレビ画面にも静寂の時間が流れる。黙禱が終わると、その場で天皇が「お言葉」を読み上げる。平成一六（二〇〇四）年の式典で天皇陛下が読み上げられたお言葉は、次のようなものである。

本日、「戦没者を追悼し平和を祈念する日」に当たり、全国戦没者追悼式に臨み、先の大戦において、かけがえのない命を失った数多くの人々とその遺族を思い、深い悲しみを新たにいたします。

終戦以来すでに五九年、国民のたゆみない努力により、今日のわが国の平和と繁栄が築き上げられましたが、苦難に満ちた往時をしのぶとき、感慨は今なお尽きることがありません。ここに歴史を顧み、戦争の惨禍が再び繰り返されないことを切に願い、全国民とともに、戦陣に散り戦禍に倒れた人々に対し、心から追悼の意を表し、世界の平和とわが国の一層の発展を祈ります。

この後、天皇・皇后は席に戻り、衆院議長、参院議長、最高裁長官、遺族代表一名が順に追悼の辞を述べる。それが終わると天皇・皇后は会場を後にし、会場では出席者による献花が行われる。

前章で述べたように、現在の天皇・皇后両陛下は戦没者とその遺族に深い思いを寄せられており、この日は他の行事はいっさい入れず、式典後も御所で静かに過ごされるという。

コラム8　天皇の「お言葉」

宮内庁では、「お言葉」があるかないか、ということをかなり重くみている。

筆者がそれをいちばん感じたのは、皇太子さまの出席される式典を同行取材したときだ。天皇陛下の場合はほとんどの行事に、侍従長だけでなく、宮内庁長官と侍従長が同行するが、皇太子さまの場合は、ご一家のお世話を担当する宮内庁東宮職の人手の少なさもあるのか、東宮職のトップである東宮大夫《だいぶ》がすべての行事に供奉《ぐぶ》する（随行する）ことはなく、侍従のみというケースもある。その際、式典で「お言葉」があるかどうかで供奉員の規模を変えているのである。お言葉が「ない」場合は侍従だけ、「ある」場合は侍従だけでなく、東宮大夫または東宮侍従長も供奉する。

これには、お言葉の歴史的な経緯もあると思われる。高橋紘氏の『天皇家の仕事』（共同通信社）によると、「かつては天皇のお言葉には格式があり、発する内容によって呼び方が違っていた。一九〇七年（明治四〇年）『公式令』が出され、お言葉の様式などが決められた」という。

当時のお言葉には、格の高いものからあげると「詔書」「勅書」「勅語」があり、「詔書」は、皇室の大事や大権（議会の関与なしに行使できる権利）の施行に関して、文書で国民に宣布したもの、「勅書」は比較的小事の皇室や国務に関する事柄、「勅語」は公式令に規定こそないものの、天皇のお言葉のほとんどがこの勅語で、広く国民に対して出される、としている。

昭和時代に出された詔書は「(大正から昭和への)改元」「開戦」「終戦」「(いわゆる)天皇の人間宣言」の四つである。

勅書は皇族の臣籍降下(皇族の身分を離脱し一般国民となること)や臣下の死去で天皇が出す弔詞である。勅語はたくさんの数が出されており、閣僚の署名がないにもかかわらず戦前の学校教育の現場で絶大な力を持った「教育勅語」もその一つという。現在と違い、天皇が政治的な権限も持っていた時代ではあったが、「(戦前の)お言葉」が法律と同等か、それ以上の力を持っていたことがうかがえる。

戦後はそのような格式はなくなり、儀式や式典、大会などでのお言葉は国民(出席者)へのメッセージ的なものとなった(天皇の国事行為の「国会の召集」や「衆議院の解散」などに「詔書」、また、天皇が海外訪問などのため国事行為を皇太子などに委任する際、国事行為の臨時代行者に対し、委任する旨の「勅書」が天皇から出されるが、それらだけに形式的に残っている)。

とはいうものの、国民と天皇が直接話せる機会などふだんはないだけに「国民への語りかけ」として、宮内庁などは重視しており、それぞれの式典などでのお言葉全文をホームページに掲載している。

式典でのお言葉は、主催者が原文を作り、宮内庁が内容をチェックするというかたちになっており、さらに天皇が目を通し、場合によってはご自身の意向も盛り込んでいるようだ。

実際、現在の天皇陛下は、宮内庁担当を長く務める毎日新聞の大久保和夫記者によると、住まいの御所での日常、「ご就寝の時間は一定しないが、時には『お言葉』を推敲《すいこう》されるため、深夜までパソコンに向かわれる」（図録『御即位十五年記念 古希を迎えられた 天皇陛下と皇后美智子さま展』毎日新聞社）という。

また、皇太子時代のことだが、当時の東宮侍従長の重田保夫氏は「（皇太子時代の陛下は）毎回、主催者の意見もお容れになりつつ、大会の意義をお考えになって作成していらしたお言葉はかなりの数にのぼり、このためにご日常の中でおさきになる時間も決して少ないものでない」（『天皇陛下と御一家』学習研究社）と述べている。

お言葉に〝心情の吐露〟ともいえるものが表れた一つの例が、平成一九（二〇〇七）年一一月一一日に滋賀県・琵琶湖で行われた「全国豊かな海づくり大会」でのお言葉だ。ハゼの研究者としても知られる陛下は、式典で、「全国豊かな海づくり大会が、湖では初めて、ここ滋賀県大津市の琵琶湖畔において開催されることを誠に喜ばしく思います」と述べた後、以下のように続けられたのである。

外来魚やカワウの異常繁殖などにより、琵琶湖の漁獲量は、大きく減ってきています。外来魚の中のブルーギルは五〇年近く前、私が米国より持ち帰り、水産庁の研究所に寄贈したものであり、当初、食用魚としての期待が大きく、養殖が開始されましたが、今、このような結果になったことに心を痛めています。（中略）

この大会が河川、湖沼の生物を愛する心を培い、皆で豊かな湖《うみ》づくりに励む契機となることを願い、大会に寄せる言葉といたします。

このほか、国賓を迎えての宮中晩餐会のお言葉で、陛下が相手国を過去に訪問された際の思い出を盛り込まれるケースなどもよくある。

宮中晩餐会では、中国や韓国などからの国賓の場合、戦前戦中の歴史的経緯から、お言葉の内容に注目が集まることもある。

16　拝謁と会釈

功績者などに会う「拝謁」

天皇の仕事の中で「人に会う」行事（仕事）がもっとも多いということはすでに述べた。その「人に会う」行事は、「拝謁《はいえつ》」「会釈《えしやく》」「お茶」「茶会」「会見」「引見」などに分かれる。

宮内庁は、この中で、海外からの賓客に会うものを「会見」「引見」として、対象が国内か国外かで用語の使い分けをしている。「会見」「引見」についてはすでに9章「国際親善の仕事」で述べたので、本章ではおもに日本国民を対象とした「会う」行事についてみていこう。

それぞれの定義の境界線は厳密には一定しないものの、「拝謁を受ける」とは「国内の功績者らと公式に会うこと」、「会釈」は「非公式に会うこと」（一般的な「軽くあいさつや礼をかわす」意味の会釈とは異なる）、「お茶」「茶会」は「客を招きドリンクや軽食を出し語らう」といった分け方がされている。

「拝謁」は、多くが皇居・宮殿（一部は天皇の住まいである皇居・御所）で行われ、拝謁者が一人というものから一〇人程度の中規模なもの、さらには一度に数百人という大規模なものまであり、その規模や〝格〟によって拝謁の行われる部屋も変わる。

現在の天皇陛下はおもにスーツ姿で拝謁に臨まれるが、勲章受章者の拝謁のときは、天皇の「国事行為」（栄典の授与）に関連するためモーニング姿である。

拝謁は、平成一六（二〇〇四）年には八八回行われた。

拝謁の時間は短い場合は五～一〇分だが、三〇～四〇分と長くなる場合もけっこうある。人数が多い場合、後ろに並んでいる人たちのために、天皇が歩いて会釈しながらまわるので時間も長くなる。

流れは以下のようになる。

1　拝謁の出席者らが、会場となる部屋の中に整列する。

2　侍従の先導により、天皇がお出ましになる（侍従とは別に、侍従長が天皇の後ろに続く。皇后もお出ましの拝謁の場合は女官長も続く）。
3　拝謁者が（複数の場合は代表者が）天皇にあいさつを述べる。
4　天皇からお言葉がある。
5　侍従が先導し、天皇が会場から退出する。

「大綬章」（旧・勲一等）などの受章者との拝謁は、勲章授与の式典自体、天皇が出席して皇居で行われ（天皇の国事行為の「栄典の授与」にあたる）、直後に拝謁が行われる。そのため、前記の流れでいえば、3の部分で出席者（受章者）がするのは「あいさつ」ではなく「（勲章授与に対する天皇への）お礼」となる。例として、平成一六年の秋の叙勲での拝謁の際の「お礼」をあげる。

このたびは勲章を授与せられまして、私どもの栄誉、これに過ぎるものはございません。私どもはこの栄誉を体し、それぞれ一層、精進《しょうじん》を重ねる決意でございます。ここに一同を代表し、謹んで御礼申し上げます。

勲章（大綬章）の親授式後、受章者の拝謁を受けられる天皇陛下。代表がお礼の言葉を述べている（平成19年５月８日、皇居・宮殿「松の間」）

続いて天皇陛下から次のようなお言葉があった。

このたびの受章を心からお祝いいたします。長年、それぞれの務めに精励し、国や社会のために、また、人々のために尽くされてきたことを深く感謝しております。どうかくれぐれも体を大切にされ、今後とも元気に過ごされるよう願っております。

春・秋の叙勲シーズンは、褒章の受章者も含め、それぞれ約一万一〇〇〇人ずつ、年間計約二万二〇〇〇人の勲章受章者の拝謁が行われる。受章者の多くが配偶者を同伴するため、大幅に受章者の数より多くなるのである。約一週間かけ、一日あたり二回、各回約一〇〇〇人を皇居・宮殿に招いての拝謁が計一二回前後行われる。

宮殿とはいえ、一度に一〇〇〇人も入れる部屋はさすがにない。そこで、国賓の宮中晩餐会などの行われるもっとも大きな「豊明殿《ほうめいでん》」に六〇〇人前後、「長和殿」内にある「春秋の間」(27ページ参照)に四〇〇人前後と分かれて整列し、陛下はその数十メートル離れた部屋を移動しながら拝謁を受けられるのである。

叙勲の行われる五月と一一月の一週間は連日、陛下は執務などの国事行為関係の仕事のほか、叙勲関係の拝謁を繰り返される。そしてその出席者を乗せた何台ものバスが、その間、皇居にひたすら出入りする光景が見られるのである。高齢者が多いため、その時期は東京消防庁の救急車が宮殿わきで待機している。

拝謁はどのように行われるか

ごく一部を除き、多くの拝謁の様子はふだん、報道陣にも公開されることはほとんどないが、筆者が在籍していた平成一五(二〇〇三)年、消防・警察・防衛など危険業務従事者への叙勲制度が創設され、同受章者への拝謁も初めて行われるということで、記者会か

●1月
・★「農林水産祭・天皇盃受盃者」

●2月
・　「全国検事長・検事正会同に参加の検事正」(「会同」とは会合の意)
・★「全国連合小学校長会理事会出席者」
・★「法務大臣表彰の法務省矯正職員代表」(矯正職員とは刑務所などの職員)

●3月
・★「警察庁長官表彰の全国優秀警察職員」
・★「厚生労働大臣表彰の医療功労賞受賞者」(医師や看護師、保健師、薬剤師など、長年、医療に従事し顕著な功績を上げた人を表彰するもの)
・★「シニア海外ボランティア」(国際協力機構〈JICA〉と外務省の事業)

●4月
・　「衆・参両院の役員」(「役員」とは議長・副議長のほか、予算委員会をはじめとする委員会の委員長などの議員)

●5月
・■「春の叙勲・褒章受章者」
・　「全国市議会議長会参加の市議会議長」

●6月
・　「地方・家庭裁判所長会同に参加の地方・家庭裁判所長」

●9月
・　「自衛隊高級幹部会同に参加の統合幕僚長ら」
・★「厚生労働大臣表彰の保健文化賞受賞者」
・★「青年海外協力隊帰国隊員」

●10月
・★「文部科学大臣表彰の優良公民館代表」
・★「財務大臣表彰の申告納税制度普及発展尽力者」

●11月
・■「文化勲章受章者」
・■「秋の叙勲・褒章受章者」
・★「財務大臣表彰の税務職員・総務大臣表彰の地方自治体税務職員」

●12月
・★「文部科学大臣表彰の教育者表彰被表彰者」(高校以下の学校教育の場で功績のあった校長ら教育者を表彰するもの)
・★「衆・参両院の永年在職表彰議員」
・★「人事院総裁賞受賞者」
・★「厚生労働大臣表彰の身体障害者自立更生者ら」

●年に拝謁が数回行われるもの
・　「警察大学校警部任用科学生」

●不定期に行われるもの
・　「国際緊急援助隊員」

■は天皇の国事行為(栄典の授与)にかかわるもの(天皇陛下のみでの拝謁)
★は天皇・皇后両陛下での拝謁
※スケジュールの関係で実施月がずれることもある

表16-1　天皇陛下(天皇・皇后両陛下)が拝謁を受けられる人たち

ら取材の要望を出し、「春秋の間」で大規模な拝謁の風景を見る機会があった。

横長の大広間の前方には受章者（ほとんどが男性）の約二〇〇人が横長に、前から横四列に並び、少しすき間をあけて、その後ろに配偶者が同じように横四列に並んで天皇陛下のお出ましを待っていた。

陛下が到着されると、受章者の代表が前列中央の前に進み出てお礼の言葉を述べ、陛下から労をねぎらうお言葉があった後、陛下が、受章者と配偶者の間の部分を通り、全員と顔を近くであわせることができるようにと、受章者と配偶者双方に軽く会釈しながら部屋の端から端まで歩かれた。この拝謁は、「栄典の授与」という国事行為に関係するためか、スーツではなくモーニングという一段上の正装で、皇后さまも伴わず、一人で、数百人の視線を一身に集めながらゆったりと大広間を歩いてまわられる姿が印象的だった。国事行為は憲法で「天皇」が行う（天皇・皇后でなく）となっており、その関連行事のためかもしれない。

勲章受章者以外にはどのような人たちが皇居に行き、拝謁をしているかについては、前ページの表16－1にまとめてみた。

拝謁はいずれも宮殿で行われると述べたが、その規模（人数）などによって、使われる部屋は異なる。たとえば、厚生労働大臣表彰の医療功労賞受賞者らの拝謁は、東山魁夷画伯の大壁画のある「波の間」で行われる。また、叙勲関係はすでに述べたように、大綬章の受章者は「松の間」で、重光章（旧・勲二等）以下の受章者は「豊明殿」や「春秋の間」などで行われる。

お言葉だけでなく、親しく語らう「接見」は、「皇太子奨学金奨学生」（毎年七月、日本とハワイの大学院生を互いに派遣する事業）、「日本青年海外派遣団員」（同九月、世界五地域に日本の青年を派遣するもの）、「国際交流基金賞・同奨励賞受賞者」（同一〇月、海外との相互理解や友好親善促進に貢献のあった団体・個人に贈られる賞）などがある。

これらはいずれも両陛下での接見となる。御所で、少人数で行われる皇太子奨学生の接見などは、応接室で椅子に座って、また、一〇〇人を超える大人数で行われる日本青年海外派遣団員の接見（宮殿）などは起立して整列しているメンバーがあいさつ後、列をくずして歓談するかたちをとる。接見ではドリンクが出され、それを片手に、というケースが多い。接見は平成一六年には六回行われた（図4－1では「拝謁など」に含めた）。

「お茶」と「茶会」

このほか、〝内部〟的な拝謁がある。これはたとえば、皇室関係の仕事を行う宮内庁の職員のうち、人事異動があった際の異動職員の拝謁で、異動があるごとに両陛下で行われる。中でも天皇・皇后両陛下の側近で奉仕を行う侍従職の異動職員の拝謁は、宮殿ではなく、両陛下の住まいの皇居・御所で行われる。

また、皇室祭祀（宮中祭祀）で昭和天皇祭（毎年一月七日）や神武天皇祭（毎年四月三日）などの当日、宮中三殿だけでなく、それぞれの陵墓（墓所）でも祭儀が行われるが、その祭儀を執り行うため派遣される掌典《しょうてん》（113ページ参照）にも、事前に宮殿で拝謁が行われる（天皇陛下のみの拝謁）。皇室の祖先神をまつる伊勢神宮での重要な祭儀に際し（天皇のプライベートマネー（内廷費）による）奉納金・品を持参するため掌典を勅使《ちょくし》（天皇の使者）として出すが、これについても出発の前に拝謁がある。

このほか、天皇はじめ皇族の護衛や皇居、御用邸などの警備を行う皇宮警察の警察官（皇宮護衛官）についても、新任者や退職者について、宮殿での両陛下の拝謁がある。

さらに、飲み物や軽食などが出され、親しく語らう「お茶」や「茶会」は、おもに国内外の要人を招いて行われる。

「お茶」や「茶会」に招かれる国内の要人とは、「衆・参両院の役員（議長や常任委員会の委員長の議員など）ら」（毎年四月）のほか、「日本芸術院本年度受賞者・新会員ら」「日本学士院本年度受賞者・新会員ら」（ともに同六月）、「新認定重要無形文化財保持者（いわゆる人間国宝）」（同九月）、「文化勲章受章者・文化功労者」（同一一月）、「退職認証官」（同一二月）などが宮殿で、また芸術院や学士院のすでに会員となっているメンバーは、ともに年数回に分け数人ずつ、御所の方に招かれてのお茶がある。

また、五輪やパラリンピック（ともに夏季・冬季大会両方を含む）の終了後、メダリストや入賞者らを宮殿に招いての茶会がある。五輪の茶会などはテレビのニュースでも放映され、見たことのある人も多いのではないだろうか。

「お茶」や「茶会」というと、ドリンクだけを想像するが、ドリンクにクッキーなどの菓子が出されるものから、ほとんど食事といってもいいようなものまでさまざまあり、準備を行う宮内庁の職員の間ではそれらを〝軽いお茶〟〝重いお茶〟と呼び分けているという。

たとえば、文化勲章受章者・文化功労者を招いての茶会などは〝重いお茶〟で、筆者が取材したときは宮殿・連翠で洋食のコース料理のようなものが出され、いくつかの丸テーブルに受章者らが分かれて座り、料理が出される切れ目に天皇・皇后両陛下が一つずつテーブルを移動しながら受章者ら全員と歓談される、というスタイルだった。これに関連して宮内庁関係者から聞いた話だが、ある文化勲章受章者（ノーベル賞を受賞した有名な人）が「茶会」といわれていたため、天皇陛下に会うということもあって、事前に茶道の所作を入念に練習して当日臨んだところ、お茶ではなく食事が出てきたので驚いたという。

また、日本に着任した新任の駐日外国大使夫妻や、日本から外国に赴任・外国から帰国した日本の大使夫妻のお茶、天皇誕生日に天皇の元側近奉仕者（元侍従や定年退職した宮内庁の関係職員など）を招いてのお茶、各国大使を招いての茶会もある。

これら「お茶」「茶会」は平成一六年には四二回行われた。

ボランティア「勤労奉仕団」への「会釈」

次に「会釈」についてだが、先に述べたように、拝謁と内容的には同じものの、「公式に会う」のが「拝謁」で「非公式に会う」のが「会釈」であり、一般的には「面会」とでも言いかえたほうがわかりやすいかもしれない。平成一六年には、計六六件行われた。

この「会釈」はほとんどが、皇居の「勤労奉仕団」の参加者に会うもので、ほぼ毎週のように行われている。

勤労奉仕団（皇居勤労奉仕団）とは、皇居や、東宮御所・各宮家の邸宅のある赤坂御用地の敷地内の清掃などをボランティアで行うもので、一五人以上で六〇人までの団体（一五歳以上七〇歳以下）を組めば年間を通じて誰でも応募・参加（同じ期間に多数申し込みの場合は抽選）でき、平日の四日間連続で作業する（宮内庁ホームページ参照）。

参加者は期間中、皇居に通える近い場所に自費で宿をとる（上京の交通費も自費である）。勤労奉仕作業では、皇居の一般参観（見学）でも入れないような領域に入って作業ができ、その期間中、天皇が地方訪問や外国賓客との会見といった行事と重ならなければ、天皇・皇后の「会釈」の機会があり、参加者は間近で〝対面〟することができる。

参加者は平成一六（二〇〇四）年が二九一団体、計九二四一人、同一七～一九年は団体数が二〇〇台、参加者は六〇〇〇～七〇〇〇人台で推移しており、毎年参加している団体も多い。毎日、数団体が作業を行っているという。

「会釈」はおもに毎週火曜と金曜の午前（午後の執務の前に）、皇居内の宮内庁庁舎わきにある「蓮池《はすいけ》参集所」という平屋の大きな休憩所のような建物内で行われる。

各回とも数団体まとめて行われ、参加者が待つ中、御所から車で天皇・皇后両陛下が到着すると、まず陛下からねぎらいのあいさつがあった後、各団体の代表に両陛下が「どちらからいらっしゃいました」などと声をかけ、その地域に訪問したことがあれば「〇〇（その地域）には〇〇（施設の名など）がありましたね」といったことも話される。またその地域が自然災害などの被害にあっていたりすると、たとえば「台風で大変だったようですが、作物の方は大丈夫ですか」といったことも聞かれるという。そのあと、代表が音頭をとって、参加者一同で「天皇陛下、皇后陛下、万歳」と万歳を三唱して終わるようである。参加者にとってじかに両陛下に会えるだけでなく、両陛下にとっても、全国各地の事情を知ることのできる貴重な機会であるようだ。

勤労奉仕団の歴史は、終戦直後にはじまるという。昭和二〇（一九四五）年一二月、宮城県築館町《つきだてちょう》（現・栗原市）から上京した青年団有志六〇人が、戦災で焼け落ちたままになっていた明治宮殿のがれきの整理をしたところ、昭和天皇がお出ましになって声をかけられた。このニュースが全国に流れ、奉仕を申し出る団体が続出し、勤労奉仕団のシステムができあがっていった。落ち葉掃きなども含め、広大な皇居の清掃は宮内庁の少ない職員や予算ではまかないきれないことから、現在では、なくてはならない皇居や赤坂御用地の維持管理の〝戦力〟になっている。

会釈にはこのほか、回数は少ないものの、「賢所勤労奉仕団」や「献穀者」に対する会釈がある。「賢所勤労奉仕団」とは宮中三殿で大きな皇室祭儀が行われる際、準備や片づけなどの手伝いをする奉仕団で、神社関係の数団体があるという。「献穀者」への会釈とは、毎年一一月二三日に行われる新嘗祭《にいなめさい》で使われる米や粟《あわ》を献上した農家の人に対し行われるもので、宮殿ではなく、宮中三殿の参集所で行われる。

なお、これら「人に会う」ものを〝格〟の高いものから挙げると「会見」「引見」「拝謁」「会釈」の順で、記者会見（353ページ参照）も会釈の一種という。

ご負担軽減のために

拝謁などに関して、平成一六(二〇〇四)年、大きな動きがあった。一五年一月に天皇陛下が前立腺がんの手術を受けたことに関連し、古希《こき》(七〇歳)を迎えられることもあり、医師団として、過密な公務を避けるべきだとの見解が同年一〇月に示され、皇后さまからも、可能な範囲で陛下のご負担を軽減してほしい旨の意向が示された。

ただ、国事行為は憲法で「天皇が行う」ことが定められており、他の人が代理を務めることは不可能(海外訪問などで、法に基づき臨時代行者に委任した場合は除く)なことから、宮内庁は拝謁などの削減を検討した。

天皇陛下自身は、一五年一二月の古希の誕生日にあわせ行った記者会見で、「(皇后さまと紀宮さまが)私の健康を心配して、負担の軽減について考えてくれていますが、公務を減らすとは言っていません。天皇の公務はある基準に基づき、公平に行われることが大切であるという私の考えを共有しているからです。日程の組み方などに配慮するという必要はあると思いますが、公務を大きく変えることはないと思います」と述べられた。

これを受け、宮内庁は、以下のように、計六件の拝謁を本来の皇族に行っていただくよう戻すことを決めた。

1　全国少年補導職員との拝謁など、両陛下が皇太子夫妻時代に始め、天皇に即位してからも〝持ち上がり〟で続けられているもののうち、現在の皇太子ご夫妻に引き継がれる（「皇太子夫妻が行う」という当初の形に戻す）のがふさわしい二件。

2　結核予防会総裁賞受賞者との拝謁など、他の皇族方が総裁・名誉総裁などを務めている団体のもので、その皇族に行っていただくのがよいと思われる四件。

当時、陛下の病後のご負担軽減が大きな課題となっていただけに、年間一〇〇回近い拝謁のうち、わずか六回の減という数字に「削減といいながらこんなに少ないのか」と思った記憶がある。ただ、各団体などの関係者や主催者にしてみれば、天皇陛下が来られるかどうかは重大なことであり、そのあたりへの配慮なども、六回の減にとどまった大きな要因かもしれない。

国事行為のように法で定められているわけでなく、「象徴」という地位に基づいて行われている（公的行為）拝謁、言いかえれば、象徴として行うのがふさわしいとの社会通念に基づいて行われている拝謁は、〝ぜひうちの団体の功労者（や表彰者）も、陛下に直接ねぎらっていただきたい〟との意向から行われるさまざまな「願い出」に応えるかたちで、数が増加してきたという。

その一方、戦後、日本人の寿命がのび、皇室の世界でも高齢の天皇が存在するのが当然のこととなる中、現在の皇室典範では「天皇が崩じた（亡くなった）ときは、皇嗣《こうし》（皇位を継承することになる皇族、つまり、皇位継承順第一位の人）が、直《ただ》ちに即位する」（第四条）としており、生前の退位は認めていない。

政府は生前退位を認めない理由として、かつて存在した「譲位」により、上皇《じょうこう》（位を退いた天皇）となって、後継の天皇を〝コントロール〟するような立場になったり、政治的に独裁者が登場したりした場合、天皇の意思に基づかない退位を強制することなどを防ぐためと説明しているが、一般社会で〝定年〟にあたる年齢をはるかに超え、公務を続ける体力の維持が厳しくなるような年齢の天皇が存在するようになるということは、皇室典範制定時にはあまり想定されていなかったかもしれない。

昭和天皇の際も議論になったが、今後も、天皇の代がかわって高齢になるたびごとに、拝謁をはじめとする公務の数などについては、その場その場で対応していくのだろうか。

17　さまざまな儀式・行事

新年と天皇誕生日の一般参賀

この章では、8章「皇居・宮殿での儀式・行事」で述べた以外のさまざまな儀式・行事についてみていこう。

皇居では、一年に二回、「一般参賀」が行われる。8章で紹介した、元日の「新年祝賀の儀」の翌日、一月二日と、天皇誕生日（現在の天皇陛下は一二月二三日）である。テレビや新聞などで見たことがある人も多いと思うが、天皇はじめ各皇族が皇居・宮殿の長和殿《ちょうわでん》のベランダに並び、ガラス越しに、広大な東庭《とうてい》に集まった一般国民から祝賀を受ける。

一般国民にとっては、見学（参観）の予約なしに皇居内に入れる数少ない機会で、しか

新年一般参賀で集まった人たちに手を振られる天皇・皇后両陛下はじめ皇族方。この日は7回の参賀が行われる（平成20年1月2日、皇居・東庭）

も天皇・皇后両陛下も格式の高い行事（国会開会式や上野で行われる芸術院賞・学士院賞の授賞式など）での外出でしか使わない正門から、二重橋を通って皇居に入ることができる。

一月二日の新年一般参賀は計七回（午前が一〇時一〇分ごろ、一一時ごろ、一一時五〇分ごろ、午後が零時四〇分ごろ、一時半ごろ、二時二〇分ごろ、三時二〇分ごろ）、一二月二三日の天皇誕生日の一般参賀は午前のみの三回（一〇時二〇分ごろ、一一時五分ごろ、一一時四〇分ごろ）行われる。

誕生日の参賀が三回しかないのは、午後、宮殿で陛下のさまざまな祝賀行事のスケジュールが入っているからである。そのかわりこの日には皇居の宮内庁庁舎前に記帳所が設けられ、午後に来た人はお祝いの記帳（または名刺を渡してもよい）ができるようになっている。新年は、一般参賀の前日である元日に新年祝賀の儀としてさまざまな行事が行われるので、翌二日は一般参賀にフルに使うことができるのである。なお、新年一般参賀の一回目は、毎年、NHKテレビで生中継される。

参賀のお出ましは、天皇誕生日は天皇・皇后と、いわゆる「天皇家」の成年皇族（現在でいえば皇太子ご夫妻と秋篠宮ご夫妻）だが、新年一般参賀の午前の一回目と二回目の二回に限っては、他の宮家の成年皇族も加わるので、人数も多く、より華やかとなる。

参賀一回あたりの所要時間は約五分。宮殿・長和殿の前の東庭で多くの人たちが待つ中、予定時間になると奥からガラス張りのベランダに天皇・皇后はじめ皇族が姿を見せる。すると、人々はいっせいに日の丸の紙の小旗をぱたぱたと振り、万歳の声も上がる。紙旗は東京駅などから皇居への道すがら、皇室を敬愛している民間団体が、参賀に行く人たちに自主的に配っているようである。

ベランダの天皇・皇后はじめ皇族は手を振り、万歳や歓声が落ち着いたころ、「天皇陛下からお言葉があります」というアナウンスが入り、場内が静かになる。

新年の参賀の場合は、新しい年をともに祝うことができ、うれしく思います、新年にあたり、世界の平和とみなさんの幸福を祈ります、といった趣旨のお言葉、誕生日の場合は、祝意を表してくれたことをうれしく思います、みなさんの幸福を祈ります、くれぐれもお体を大切に、といった趣旨のお言葉がそれぞれある。

お言葉が終わると再び日の丸が打ち振られ、万歳の声も起き、天皇・皇后はじめ皇族は再び手を振り、しばらくすると奥へ消えていく。

一月二日には、これが七回繰り返される。それぞれの参賀の間は約一時間しかないため、天皇・皇后はじめ皇族は宮殿内の部屋で小休止しながら待つ。次の参賀の時間がくると長和殿のベランダに、終わると再び戻り……、と何回も宮殿内を往復する非常に慌ただしい一日となる。

参賀に訪れる人の数は「新年一般参賀」が毎年(七回の合計で)七万人前後、「天皇誕生日」が毎年(三回の合計で)一万七〇〇〇人前後。天皇誕生日午後に設置される記帳所での記帳の数は、毎年一万九〇〇〇人前後である。なお、四一年ぶりに男子の皇族(悠仁《ひさひと》さま)が誕生された直後となった平成一八年の天皇誕生日の参賀は、現在の陛下になってから最高の二万一五二二人(記帳のみの人も含む)を記録した。

講書始《こうしょはじめ》の儀

毎年一月一〇日前後に行われる「講書始の儀」は、天皇・皇后が、学界の各分野の第一人者三人から各二〇分ずつの進講(講義)を受けるものである。進講者は、宮殿「松の間」で、室内中央に据えられた席(テーブルと椅子)に着き、原稿を読みながら正面に着席している天皇・皇后に向かって講義を行う。

天皇・皇后のわきには皇太子はじめ皇族がおり、会場の両わきには招待された文部科学相や日本学士院会員、日本学術会議会員などが着席し、その模様を聞く（陪聴《ばいちょう》する）ことになる。

講義を行う三人は、人文・社会・自然の各分野から一人ずつと決まっており、平成一六（二〇〇四）年のケースでいえば、平田寛《ゆたか》・九州大名誉教授（美術史）が「絵仏師」、野中郁次郎・一橋大大学院教授（経営学）が「組織を『知識』でとらえる」、久城《くしろ》育夫・東大名誉教授（岩石学）が「地球と月における火山およびマグマの起源」の題でそれぞれ講義を行った。また、翌年にはノーベル化学賞受賞者の野依良治・理化学研究所理事長も講義を担当している（いずれも肩書などは当時）。

全体の時間は約一時間一〇分。

歌会始の儀

その直後になるが、一月一五日前後に行われる「歌会始の儀」は、NHKが毎年、生中継するので、ニュースなども含め、見たことのある人も多いだろう。

皇室と和歌とのゆかりは歴史的にも非常に深いが、この歌会始では、一般国民からの応

歌会始の儀に臨まれる天皇・皇后両陛下はじめ皇族方。皇太子さまのお歌が詠み上げられているため、起立されている。会場中央には読師らのテーブルがある（平成20年1月16日、皇居・宮殿「松の間」）

募のうち入選した一〇首の和歌が天皇・皇后や各皇族の前で古式ゆかしい独特の節回しで詠《よ》み上げられるほか、天皇はじめ皇族、この行事のために特に指名された「召人《めしうど》」、選者らの歌も披露される。「召人」は歌以外の分野で優れた業績を持ち、優れた作歌もたしなむ人から選ばれる。

会場は「松の間」で、天皇・皇后はじめ皇族のほか、会場両わきには文科相、日本芸術院会員らが陪聴者として着席している。天皇・皇后や皇族、陪聴者は講書始と同じく、黒塗りに金の蒔絵《まきえ》の施された椅子を使用する。服装はモーニング。所要時間は約一時間である。

正面に天皇・皇后が座り、その両わきに皇族、会場の中央にはテーブルが置かれ、そこに司会役となる「読師《どくじ》」、披露される和歌を詠み上げる「講師《こうじ》」「発声《はっせい》」、そして四人の「講頌《こうしょう》」と呼ばれる人たち計七人が囲むように着席する。

詠み上げられる順番は、まず一般の入選者一〇人の歌からで、年齢の若い順である。続いて、入選歌を選ぶ選者四人の歌、召人の歌、そして皇族の歌（皇位継承順位の下から上に、同じ宮家の中では子、妃殿下、殿下の順で）、皇太子妃、皇太子、皇后、天皇の歌の順で詠み上げられる。

なお、天皇の歌は「御製《ぎょせい》」、皇后の歌は「御歌《みうた》」と呼ばれる。

歌を詠み上げる際は、まず、司会役の読師が歌の書かれた紙を盆から取り出し、講師が節をつけずに一首読み上げる。続いて発声が独特の節回しをつけながら、その一首のうちの第一句を詠み上げ、第二句からは四人の講頌も一緒になり、同じく独特の節回しで、合唱で詠み上げる。これが入選者の歌から、最後の天皇の歌までひたすら続けられる。歌は毎年、〝お題〟が決められている。お題は、歌会始終了直後に翌年（つまり一年後）のものが宮内庁から発表されることになっている。ちなみに平成一六（二〇〇四）年のお題は「幸」、一七年は「歩み」、一八年「笑み」、一九年「月」、二〇年「火」、二一年「生」となっている（応募〔詠進《えいしん》という〕の方法は宮内庁ホームページに掲載）。
平成一六年を例にとると、天皇陛下の御製（お歌）は、

人々の　幸願ひつつ　国の内　めぐりきたりて　十五年経《へ》つ

という、天皇に即位後一五年にして国内全都道府県の訪問を達成した感慨を詠まれたもので、皇后さまは、

幸《さき》くませ　真幸《まさき》くませと　人びとの　声渡りゆく　御幸《みゆき》の町に

と、前立腺がんの手術から回復された天皇陛下の健康を願う人々の声が、訪問する先々で両陛下の車列に沿って、沿道の人々によって渡っていくさまを詠まれた。

応募数は毎年、二万五〇〇〇首（人）前後、中学生や海外移民の二世や三世の応募作が入選することもよくある。入選者も当日は陪聴者として会場に入り、自分の歌が詠み上げられる際にはそれぞれ起立し、その姿は歌会始を中継するNHKによって全国に放映される。さらに終了後には、天皇・皇后と語り合う場がセッティングされている。このよう

に、歌会始は、皇居で行われる皇室行事にだれでも応募でき、入選した人は同じ場に参加できるという点で「皇室と国民が本格的にふれあえる数少ない場」として知られている。

春・秋の園遊会

天皇・皇后が主催し、毎年、春と秋の二回、赤坂御苑（赤坂御用地）で行われる「園遊会」もマスコミを通じて、広く世間の人に知られている。特に、招待客のなかの〝時の人〟たちと天皇・皇后が歓談する場面は、その会話の内容とともにニュースで放映され、話題になることも多い。

招待者は国会議員や首相はじめ閣僚、最高裁長官・判事、都道府県の知事や都道府県議会議長、市町村長や市町村議会議長、そして産業、経済、文化、社会（福祉）事業、スポーツなど各界の功労者で、配偶者も招待される。オリンピックのあった年などにはメダリスト、また、ノーベル賞を日本人が受賞した場合はその受賞者なども呼ばれ、華を添える。また、秋の園遊会には各国の駐日大使（やその家族）など外交使節も招待される。招待者は春・秋とも約二〇〇〇人。産業界なら経済産業省、スポーツなら文部科学省など、所管省庁が推薦し、宮内庁が招待者を決める。

この行事では、天皇・皇后はじめ各皇族が功労者らを「直接」慰労・激励することが大きな特徴だ。

当日は午後二時すぎから天皇・皇后はじめ皇族がお出ましとなり始まるが、招待者は一時間前から会場の赤坂御苑に入ることができる。池を中心に芝生や美しい緑のある広大な会場の中には、何ヵ所かにジンギスカンや焼き鳥、ちまき、サンドイッチなどの軽食、そしてビールやウイスキー、ワインの酒類の出される模擬店のテントが並び、始まるまでそれらを飲食したり、会場内を散歩して緑をバックに記念撮影したりと招待者はそれぞれに晴れの場を楽しむ。

配偶者同伴の出席者は、男性はモーニングまたは紋付羽織袴《はかま》、女性はアフタヌーンドレスまたは和服などの正装となっている。会場では皇室祭祀などで雅楽を演奏する宮内庁楽部や、皇宮警察の音楽隊（洋楽）などが演奏を行っていて雰囲気を盛り上げている。

二時すぎ、会場を一望できる小高い芝地に天皇・皇后はじめ皇族が姿を見せ、皇宮警察音楽隊により「君が代」の演奏が行われると、天皇・皇后はじめ各皇族が会場をまわる。先頭の天皇はモーニングにシルクハットと手袋を手に持ち、続いて皇后、皇太子、皇太子妃、宮家の皇族（皇位継承順位の高い順から夫妻ごとに）が連なり、御苑内の決められたコース（砂利道の部分）をゆっくりと歩き、沿道に並んだ招待者に会釈、時には歓談しながら進んでいく。

そして、前述の、ニュースでもおなじみのシーンとなり、「時の人」たちが並んだ場所で、しばし立ち止まって会話を交わす。

このような流れで、園遊会は全体で約一時間、午後三時ごろに終わる。

園遊会でお声かけされる人はどのように決まるのか

天皇・皇后はじめ皇族からお声かけされる人は通常五人、宮内庁記者クラブ（宮内記者会）各社の記者が事前に、招待者名簿の中から、「ぜひ」という人をピックアップしてクラブで話し合いのうえ、決めている。選ばれた五人は当日、決められた位置に並び、テレビ局などが音声を拾えるようにピンマイクを付けてもらう。

そこでの有名なエピソードのひとつに、昭和天皇時代、招待者でロサンゼルス五輪・柔道金メダリストの山下泰裕さんとの「骨折問答」がある。昭和天皇が山下さんに対し「ずいぶん柔道で一生懸命やっているようだがホネが折れるだろうね？」と尋ねられた。つまり大変ですか、という質問をされたのに対し、山下さんは意味を取り違え、「はい、私も二年前に骨折したんですけど、いまは体調もよくなりましてがんばっております」。山下さんの隣に並んでいた招待者のタレント・黒柳徹子さんも、笑いをこらえ切れず吹き出したというエピソードである。

天皇・皇后両陛下も昭和天皇と同様に、事前に招待者の名簿すべてに目を通し、「お声かけ」の対象者については詳細にその業績について〝事前学習〟されているという。

天皇誕生日

章のはじめに天皇誕生日の参賀についてはふれたが、天皇誕生日には、それ以外にも、元日と同様、天皇は一日中、さまざまな祝賀の儀式・行事に追われる。

まず、午前一〇時から宮殿・表御座《おもてござ》所《しょ》（27ページ参照）の「鳳凰《ほうおう》の間」で宮内庁長官はじめ宮内庁の課長級以上の幹部らから祝賀を受け、同二〇分ごろから、他の皇族とともに宮殿のベランダに出ての一般参賀、一〇時半からは宮殿「松の間」で皇太子はじめ各皇族からの祝賀を受ける「祝賀の儀」、同三五分からは隣の「竹の間」に移動して旧皇

天皇誕生日の茶会で駐日各国大使らと笑顔で歓談される天皇陛下（平成19年12月23日、皇居・宮殿「春秋の間」）

族や民間から皇室に嫁いだ女性皇族の親族らからの祝賀を受ける。わかりやすく言えば、誕生日に際し、親戚縁者からお祝いの言葉を受けるわけで、このあたりが、さまざまな人から祝賀を受けるといっても新年祝賀の儀と違うところである。

続いて一一時五分からは、再びベランダに出て二回目の一般参賀、一一時一〇分には、北溜《きただまり》（北車寄のロビー）で宮内庁の一般職員や皇宮警察の職員からの祝賀、同四〇分には三回目の一般参賀。午後は零時五五分から「松の間」で、首相、衆・参両院の議長、最高裁長官の「三権の長」が祝賀を述べる「祝賀の儀」、午後一時には「豊明殿」（27ページ参照）で盛大な「宴会の儀」と続く。この場には皇族、首相、衆・参の議長・副議長、最高裁長官と最高裁判事、衆・参の議員の四分の一（一年ごとに四分の一ずつ交代）、都道府県知事の四分の一（同）、各省庁の事務次官の四分の一（同）、会計検査院長、人事院総裁、検事総長ら認証官、文化勲章受章者らが、いずれも配偶者とともに招待される。

この「宴会の儀」の冒頭部分を取材した経験があるが、豊明殿内がテーブルと椅子でびっしり埋まり、約五〇〇人の招待者らがひしめき合っていたのが印象に残っている。

宴では天皇のお言葉の後、首相からのお祝いの言葉があり、乾杯、食事となる。出席者は男性がモーニングまたは紋付羽織袴、女性がロングドレスまたはデイドレス、白襟紋付となっている。

午後三時一〇分からは「春秋の間」で駐日の各国大使夫妻らと「茶会の儀」、同五時半からは御所に移動し、日ごろ天皇に進講を行っている人や関係者を招待し茶会——とようやく公式スケジュールが終わる。

さらにこの日は、これらのスケジュールの前に、朝九時から宮中三殿で「天長祭」(表7-3、119ページ参照)の祭儀があり、皇太子とともに古式装束で拝礼を行う。

18　式典出席や文化の振興

「周年式典」

天皇・皇后両陛下は毎年、さまざまな組織の「周年式典」に出席される。周年式典は天皇の「公的行為」に該当する。

「周年式典」とは、「○○協会○周年記念式典」といった、公益性が高く政治性のない組織のもので、主催者からの願い出を受け、出席するものである。たとえば、平成一六（二〇〇四）年のケースでいえば、恩賜財団母子愛育会創立七〇周年記念式典（三月一八日）、第五〇回スズキ・メソードグランドコンサート（三月三〇日）、社団法人発明協会創立一〇〇周年記念式典（五月二六日）、霞《かすみ》会館創立一三〇周年祝賀午餐（六月五日、「霞会館」は戦前、

「華族会館」と呼ばれた社団法人で、役員に元皇族や旧華族が名を連ねる）、社会福祉法人全国重症心身障害児（者）を守る会創立四〇周年記念大会（六月一三日）、警察法施行五〇周年記念式典（七月二六日）といった行事に出席されている。先に述べたように、受けるかどうかの判断の際、その組織の所管官庁からの「副申」が重要になる。

現在の両陛下の公務は昭和時代に比べ増えているが、それは、このようなお出まし願いに積極的に応じていることが大きな要因になっていると、朝日新聞の岩井克己編集委員は『天皇家の宿題』（朝日新書）で述べている。

これらの行事はだいたい、都内のホテルやホールで行われる。壇上に天皇・皇后の席が設けられ、式典では、主催者などが式辞を述べた後に天皇の「お言葉」がある、というケースが多い。

式典によっては天皇・皇后も引き続き出席してレセプションなどが行われ、乾杯の後、立ったままドリンクを片手に出席者が天皇・皇后のまわりに集まり、自由に歓談、という感じになる。また、会場でその組織に関する展示などが行われていれば、それも見学することが多い。

また、スポーツの大会についても、「周年」という意味で、主催者からの願い出を受け、出席されるケースもある。

たとえば、平成一七年秋（一〇月三〇日）に東京・府中の東京競馬場で行われた「天皇賞（秋）」を両陛下で観戦されたケースもその一つだ。その前年にJRA（日本中央競馬会）が創立五〇周年を迎えたため両陛下を招待したが、観戦直前に新潟県中越地震が発生し、被災者に配慮し延期、翌年のご観戦となったという事情であった。ちなみに「天皇賞」の名は、明治三八（一九〇五）年、レースに菊の紋入りの銀製花器が明治天皇から下賜され、優勝馬の馬主に贈られたのが始まりで、現在、他のさまざまなスポーツに「天皇杯」が出されている。

「芸術院賞」授賞式と「学士院賞」授賞式

〝格の高い〟行事として「国会開会式」と「戦没者追悼式」があることを15章で紹介したが、それに次ぐ格の行事として、毎年、「芸術院賞」授賞式と「学士院賞」授賞式（ともに六月）に天皇・皇后で出席している。

両院はいずれも功績のあった芸術家や学者を顕彰するため、文部科学省に設けられた「栄誉機関」で、芸術院が一二〇人（美術・文学・音楽・舞踊）、学士院が一五〇人（文系・理系）、会員に選ばれることは、文化勲章受章と並ぶ最高の栄誉とされている。毎年、芸術院では会員以外の優れた芸術作品・業績に「芸術院賞」を、学士院でも会員以外の優れた学術論文・業績に「学士院賞」を贈っており、それぞれ一〇件前後が選ばれている。その中からそれぞれ数件「芸術院恩賜賞」「学士院恩賜賞」（「恩賜」とは「天皇からいただく」の意味）が贈られていることもあり出席するようになった。女性の受賞者もいることから、平成になってから天皇・皇后両陛下でのご出席となった。

両式典ともなぜか「お言葉」はない。そのかわり、芸術院も学士院も式典の日、天皇・皇后が式典を終え午前中に皇居に戻った後、午後になると今度は受賞者とその年の新会員を皇居に招き、茶会（昼食会）が催される。

このほか、両陛下は毎年、「日本国際賞」授賞式（四月下旬）と「国際生物学賞」授賞式（一一月下旬から一二月上旬ごろ）の二つの学術賞の行事にも出席される。

「日本国際賞」は昭和六〇（一九八五）年に第一回の授賞式が行われたもので、財団法人国際科学技術財団が主催、毎年二人の受賞者への賞金はそれぞれ五〇〇〇万円。世界各国から受賞者を出し（国籍を問わない）、後のノーベル賞受賞者も複数出ている。授賞式には両陛下のほか、首相、衆・参両院議長、最高裁長官の「三権の長」、在日外国大使らも出席するなど、〝国を挙げて〟の賞だ。

「国際生物学賞」は、昭和天皇の在位六〇年と、その海洋生物の研究を記念し、生物学の奨励のため、同じく昭和六〇年に創設された。主催は日本学術振興会で、世界的な業績をあげた研究者一人に贈られ、賞金は一〇〇〇万円。

両賞とも天皇陛下の「お言葉」があり、式の後で、日本国際賞では祝宴、国際生物学賞では懇親会に出席される。

このようにみてくると、皇室の果たしている役割の大きな柱に、福祉と並んで芸術や学問の振興、つまり文化振興があることがわかる。文化振興は世界の歴史をみても、近代国家の君主の役割として共通するものである。日本では戦後、天皇は政治的権限を持たない存在となったが、文化の分野は政治性が薄く国民の合意も得やすいため、象徴天皇の時代となっても引き続き重要な「仕事」として取り組まれている。

19　進講と内奏

進講・内奏の内容は非公表

天皇の日程の中には、ときどき、「進講」「内奏」といったものが入ってくる。

「進講」とは、中央官庁の事務次官や、局長らが皇居に出向き、天皇に所管事項の報告・説明を行うものや、学者らから専門分野の講義を受けるものがある。

「内奏」は、不定期に大臣らが報告・説明を行うものである。これらは他の行事と違い、その場には侍従らも入らず、どんな内容だったかということは外部に明かされることはない。

進講は、宮内庁が発表したものでは、平成一六（二〇〇四）年の日程を例にあげると一六回あり、毎年、同じくらいの回数が行われている。定期的なものでは、外務省総合外交政策局長によるもの（計六回）、国土交通省事務次官（一回）、東京都知事（一回）、警視総監（一回）、日銀総裁（計二回）となっている。

総合外交政策局長の進講が毎年多いのは、9章で述べたように、皇室の重要な役割に国際親善があり、来日する外国の元首や各国の駐日大使の接待も行うという性質上、国際情勢について定期的に報告を受ける必要があるからだ。

事務次官クラスの進講は年ごとに担当の省庁を変え、平成一七年は経済産業省、一八年は環境省の事務次官が進講を行っている。東京都や、東京の治安を守る警視庁のトップである警視総監が行うのは、天皇の居住地であり首都でもある東京についての報告・説明を受けるためだと思われる。また、地方訪問の際、訪問先の県の知事から、その県の概要・現状について説明を受けるが（207ページ参照）、〝おひざ元〟の東京ではそれがないため、毎年、定期的にその場を設定する必要性もあるのかもしれない。

すでに述べたように、どのような内容について進講が行われたかは公表されないが、〝わかってしまった〟ケースもある。

平成一六年二月一三日の東京都知事による進講について、当事者である石原慎太郎知事が同日の記者会見で内容を漏らしてしまったのだ。石原知事は会見で、「『東京も観光誘致をたいし、国も観光立国をすると言っているので、ぜひ首都圏の中心の中の中心である宮城（皇居）のライトアップをさせていただきたい。二重橋とか、桜のシーズンにはお堀の桜などを、光でうつさせてもらいたい。お住まいの方に明かりが届くような失礼はしませんから』と話したら、陛下はニコニコ笑ってらした」と述べた。東京都では外国人観光客を増やすことを目指しており、その一環の発言だったと思われる。

宮内庁側は石原知事が内容を漏らしたことに不快感を示し、内容を公表しないよう申し入れた。ただ、この〝失言〟によって、やはり、所管事項の重点施策の説明などが行われていることが結果的に明らかになった。

官僚など以外に、学者が行う進講とはどのような内容だろうか。発表されているものの中でもっとも典型的なものでは「式年祭」を迎える歴代天皇の事跡について歴史学者から講義を受けるというものがある。7章で述べたように、宮中三殿で行われる通常の祭儀のほかに、歴代の天皇のうち、崩御から三年、五年、一〇年、二〇年、三〇年、四〇年、五〇年、一〇〇年、それ以後は一〇〇年ごとに臨時の祭儀（「〇〇天皇〇百年式年祭」など）が行われる。古い時代に関しては、その祭儀の前に、学者からレクチャーを受けるのである。天皇はそこで習った〝先祖〟の事跡を心に刻みながら、祭儀に臨む。

たとえば平成一六年のケースでいうと、この年は後深草天皇の崩御から七〇〇年にあたり、八月二五日にその式年祭（「後深草天皇七百年式年祭」）が行われたが、その六日前の一九日に両陛下が、五味文彦・東大大学院教授（肩書は当時）から後深草天皇についての進講を受けられている。このように、歴代天皇の式年祭が行われる場合には直前に進講が行われる。

また、「進講」には、発表されるもののほかに、プライベートで学問の講義などを受けるものがある。元女官長の松村淑子さんは『皇后陛下御歌集　瀬音』（大東出版社）のあとがきの中で、皇后さまが皇太子妃時代、歌人の五島美代子さんから古典の進講を受けられていたときのことにふれて、「美代子夫人と源氏（物語）の講読をなさっており、御進講室の前を通りますと、時折皇后様の音読を伺うことがございました」と記している。

このほか、外国語の学習のために皇族が語学の進講を受けるケースもよくある。

内奏とは首相・大臣らの説明・報告

一方、「内奏」は、不定期に、首相や大臣らが所管事項について説明・報告を行うもので、宮内庁の発表によれば、平成一六年には六回（このうち首相は五回）行われた。宮殿には、表御座所棟に首相らが内奏を行う部屋（鳳凰の間）がある。

内容については明かされない、とすでに述べたが、ごく一部について、どんなテーマで行われたかが宮内庁から発表されるものもある。

たとえば同年一〇月二八日に宮殿で防災担当大臣から内奏を受けているが、「新潟県中越地震について」となっており、その五日前に起きた中越地震の救援・復旧活動などについての報告だったことがわかる。

また、天皇陛下が平成一五年八月二一日に農水相から内奏を受けられた際、宮内庁は内容を発表していないものの、産経新聞の筆者の上司（宮内庁クラブのキャップ）が関係者に取材し、その年の夏の日照不足や低温に伴うコメの生育状況を心配した陛下が宮内庁を通じ、農水相からの説明を希望されたことによる内奏だったということをつかんで記事にしている。

宮内庁は日程として公式には発表（カウント）していないが、認証官（84ページ参照）が交代する際も、所管の大臣がその交代についての説明のために内奏を行ったりもしている。たとえば、内閣の中で、ある大臣が病気や不祥事などで辞任し交代するといった場合、認証官任命式（認証式）の前に首相が内奏を行い、天皇にその交代について説明する、といったケースである。これらもあわせれば、内奏はかなりの回数が行われていることになる。

なぜ内容は公表されないのか

内奏や進講の内容はなぜ公表されず、また公表してはならないのだろうか。

ここには、現憲法下での「象徴天皇」という存在の中で、天皇が政治的に利用されるのを防ぐ、つまり、内奏などを使って政治家らが天皇を政治利用するのを防ぐという意味がある。

実際かつて、内奏を使って天皇が政治利用されようとしたのではないかという〝事件〟が起きている。昭和四八（一九七三）年五月二六日、当時の増原恵吉防衛庁長官（現在の防衛相にあたる）が、昭和天皇に所管の防衛問題について内奏を行った後、記者団に「『旧軍の悪い所はまねせず、いいところを取り入れてしっかりやってほしい』とのお言葉があり、防衛関連法案の審議を前に勇気づけられた」などと語ったとされている。

この発言について「天皇の政治的利用」との批判が起き、昭和天皇の発言として報道された内容について、政府は発言自体を否定、増原氏は責任をとり、辞任した。このケースなどからいえば、自らの政治目的の達成のために、天皇陛下のご意向も自分たちと同じなのだから、ということをにおわせ、対立する勢力に対し批判しづらい方向にもっていこうとする、という危険がつきまとう。また、誤解を受ける恐れもある。このケースでいえば、昭和天皇が実際にそのような発言をしたのかどうかはまったく不明なのに、内奏を行った側だけの発表によって、天皇の発言として既成事実化してしまう危険が生じる。そのような意味からも、内奏などの内容は明らかにされないのである。ちなみに、増原発言について、当時の政府は、発言内容についてだけでなく、「天皇の政治利用」が行われたことについても否定している。

「説明」と「懇談」

天皇の日程には、ほかに「説明」「懇談」などといったものがある。

「説明」の例は、平成一六年では、七月二二日に火山噴火予知連会長、翌二三日に東京都副知事から、それぞれ三宅島噴火（平成一二年発生後、四年を経たこの時期も、多くの島民が避難生活をおくっていた）と同島の近況について説明を受けられた。また、同年九月六日には住まいの御所に新潟県知事を招き、七月に同県で起きた豪雨災害について知事が両陛下に説明を行った。

「懇談」は、同年では二月一二日に富山医科薬科大副学長（当時）らと、九月二日には東大海洋研究所教授と行われており、いずれも文部科学省研究振興局長が同席している。専門分野について話を聞かれたものと思われ、皇室の学問奨励という意味も含まれているのだろう。また、一一月八日には経済三団体（現在の日本経団連など）のトップと懇談されている。

このほか、六月一七日と八月一〇日、一二月七日に衆・参両院議長の「あいさつ」があった。これは通常国会や臨時国会などの終了に際してのものだが、実質的には、所管事項を報告する「内奏」と同じようなものだといえるだろう。

また、一一月二二日には各県知事らとの「お話」(毎年一〇人程度の知事を交代で招く。地方自治を所管する総務大臣も同席する)があり、地方事情の説明を受けられた。

コラム9

天皇の使者「勅使」

毎月何回か、宮内庁の記者クラブのホワイトボードに「天皇陛下は、○月○日、次の者が死亡したので祭粢料《さいしりよう》を賜りました。氏名○○○○（死亡者の氏名）　肩書○○○○」という A 4の張り紙がされる。「祭粢料」の「祭粢」とは、祭りの際に神に供える穀物のことで、供物《くもつ》料、わかりやすくいえば一般の「香典」にあたるようなものと思えばいい。

宮内庁関係者によると、対象となる人は「一定の基準があり、それに従っている」という。国会議員や大使経験者、文化勲章や大綬章（旧・勲一等）の受章者、文化功労者などで、天皇として、国家に功労のあった人に弔意を表すという意味合いともいえる。

森暢平氏は『天皇家の財布』で、平成一三（二〇〇一）年度は七九人に祭粢料が贈られ、「天皇からのお悔やみと言っても高額なわけではない。予想よりはるかに少額なため驚いたという話を、高名な画家の遺族から聞いたことがある」と述べている。また、公の立場でお悔やみを示すため、公的な経費である「宮廷費」から支出されているという（天皇の親戚縁者などに対してのみ、天皇のプライベートマネーである内廷費から支出される）。宮内庁規定による形式ともいえるが、一件ごとに事前に天皇に報告されたうえ（天皇は報告を受けたうえ）で祭粢料が出されているという点では、やはり天皇の仕事の一つといえるのである。

祭粢料を遺族のもとに持参するのは、天皇の使者、「勅使《ちよくし》」である。勅使はおもに侍従が務める。

祭粢料を持参するだけでなく、元首相などといった〝大物〟の場合は葬儀会場に出向き拝礼なども行う。平成一六年のケースでいえば、七月二二日に鈴木善幸元首相の密葬が行われたが、陛下は、侍従を勅使として遣わし、祭粢料のほか生花一対を贈り、勅使は焼香と拝礼を行っている（いずれも葬儀の始まる前に）。ちなみに、皇室の慣例により、天皇は国民や皇族の葬儀には参列しないことになっている。そのためその約一ヵ月後の内閣・自民党合同葬には、秋篠宮ご夫妻が参列された。

勅使の役割には、宮内庁が管理する正倉院や歴代天皇の自筆の古文書などがおさめられている東山文庫の年一度の「勅封《ちょくふう》」の開封や閉封といったものもある。

『宮中歳時記』（入江相政編）によると、現在、正倉院の一〇月中旬の開封と一一月中旬の閉封の際には東京（皇居）から侍従が勅使として派遣され、開封のときは勅封の紙に異常（開けられた形跡）がないか点検し、閉封のときは新しい勅封紙（天皇の署名が入っている）を持参し封印するという。なお、開封し役目を終えた勅封紙は侍従が東京に持ち帰り、実際に陛下が確認されるという話を聞いたことがある。

このほか、皇室にゆかりの深い神社の祭（伊勢神宮の神嘗祭《かんなめさい》〔その年に収穫された新穀を神に奉納する大きな祭〕など）の際は、宮中三殿の神官である掌典が勅使として派遣され、幣帛《へいはく》（供え物）を持参する。この経費はプライベートマネーである「内廷費」から支出される。

20　伝統文化の継承　稲作と和歌

皇居内の田んぼで

この章では、皇室による日本の伝統文化の継承という分野の仕事をみていこう。

毎年、秋になると、天皇陛下が作業服に長靴姿で稲刈りをされているシーンがテレビのニュースなどで流れるのをご存じだろうか。皇居にはちょっとした大きさの水田があり、毎年、コメ作りをされているのだ。皇室と稲作が深い結びつきを持っていることは7章の「新嘗祭」の記述の中で述べた。実際、この稲作で収穫されたコメは、新嘗祭のときに神前に供えられる。

現在、陛下が行われている稲作で、報道陣に公開されるのは毎年三回。春（四月中旬ごろ）の苗代への「種もみまき」、初夏（五月下旬から六月上旬ごろ、その年の気象状況により変動）にかけての「田植え」、秋（九月下旬ごろ）の「稲刈り」だ。

宮内庁によると、稲作は昭和天皇によって始められ、今の陛下がその行事を引き継がれたという。ただ、『宮中歳時記』（入江相政編）によると、「明治以前の宮中における稲作の沿革については、詳《つまび》らかでない。明治天皇は、明治の初め、赤坂御苑内に水田をつくらせて、陛下自ら耕されたと伝えられている」としている。昭和天皇が稲作を始めた理由は、植物学者でもあった昭和天皇が「品種特性の遺伝関係を研究されるという目的もあった」（同書）という。

稲作の様子をみていこう。皇居内の田んぼは、宮中三殿の近く、「生物学研究所」（25ページ参照）のわきというか、構内にあり、約三〇〇平方メートル。イネの種をまいて苗を育てる苗代も、田んぼの近くにある。このところ毎年、栽培されているコメは、うるち米（普通のご飯にする米）の「ニホンマサリ」と、もち米の「マンゲツモチ」の二種。前年、この田んぼで収穫したものと、「農業・食品産業技術総合研究機構・作物研究所」（旧農水省農業研究センター）から入手したものを使う。

春の種もみまきでは、長袖シャツにズボン姿の陛下が苗代に現れると、うるち米、もち米、それぞれの種もみの入った小さなザルを侍従が順に手渡し、受け取った陛下はしゃが

皇居内の水田で稲刈りをされる天皇陛下（平成20年10月2日）

んで、もみをまかれては次のザルを受け取っていく。宮内庁では陛下の種まきを「お手まき」といっている（12章「地方訪問」で述べたように、植樹祭で陛下が植物の種をまく際も「お手まき」といっている）。初夏の田植えでは、長靴姿の陛下が田んぼ内に入り、やはり、ザルに入れられた苗を侍従が差し出し、受け取った陛下は手で植えられていく。

水田に入った陛下は約三〇分かけて、うるち米ともち米の苗計一〇〇株を手で植えられる。残りの苗は後で侍従らによって植えられる。

イネ栽培の管理は「生物学研究所」の職員らがあたる。生物学研究所とは、海洋生物学者であり植物学者でもあった昭和天皇の研究の場所として設けられたもので、木造の洋風建築。魚類学者（ハゼの分類）でもある現在の天皇陛下は住まいの御所の研究室をおもに使われているというが、建物内にはたくさんの標本類が納められているという。研究は天皇の私的行為（行為分類では「その他の行為」で、その中でも私的性格のものとされる）にあたるため、職員は公務員（宮内庁職員）ではなく、天皇がプライベートマネー（内廷費）で雇うかたちをとっている。これは宮中三殿の神職である「掌典」と同じ扱いである。

秋になると稲刈りとなり、その模様が報道陣に公開される。ここでも記者らは、約四ヵ月ぶりの田んぼで、見事に実ったイネを陛下がカマを使って刈り取られる姿を眺めながら、都会の真ん中で人知れず行われている稲刈りに不思議な感覚をおぼえる。周囲は皇居内の緑に覆われているため、武蔵野の田園風景の中にいるように錯覚してしまうが、濠《ほり》の外からの救急車のサイレンや右翼の街宣車の音などが風に乗ってかすかに聞こえてきて、やはりここは都心なのだとわれに帰る。そんな中、作業服に長靴姿の陛下がカマで刈り取られる際の「サクッ、サクッ」という音だけが終始、響きわたっている。侍従が近くにつき、刈り取られたイネを受け取ってはザルに入れていく。陛下は計約一〇〇株を収穫される。

天皇が皇居内で稲作を毎年行うのと同様、皇后も養蚕を行っている。養蚕が行われているのは、皇居内の「紅葉山《もみじやま》」と呼ばれるちょっとした丘にある「紅葉山養蚕所」という古い木造二階の養蚕専用の建物だ。皇居内では三ヵ所にクワ畑が設けられ、計三六〇〇本のクワの木が植えられているという。そのうちの一ヵ所は、稲作が行われる田んぼのすぐわきにある。皇后さまはカイコの世話だけでなく、クワ畑での葉の収穫にも出向かれる。

戦前は「御歌所《おうたどころ》」という部署も

明治天皇は生涯に一〇万首近い和歌を詠んだ。昭和天皇も和歌を多く詠み、御製集《ぎょせい》（天皇の作る和歌を「御製」という）も複数出した。宮中で「歌会始」が毎年行われているのもすでに述べた通りである。

戦前まで宮内省（現在の宮内庁）には「御歌所《おうたどころ》」という部署があり、所長以下約二〇人の職員が、天皇や皇族の和歌の添削や歌会始の一般公募の和歌の選考を行っていたという（現在は廃止され、歌会始の選者は外部の歌人から選ばれている）。御歌所は「初代所長高崎正風《まさかぜ》の桂園派《けいえんは》風の歌風が永く支配し、民間の新派とは無縁に保守的な御歌所派を形成した」（『国史大辞典』吉川弘文館）といわれている。

現在、天皇陛下は歌会始で和歌（御製）を披露するほか、折々詠まれた歌の中から毎年、年末に三首、年始に五首を宮内庁を通じて発表される。年末の三種は「植樹祭」「国体」

「豊かな海づくり大会」のいわゆる「三大行幸啓」で訪問した各県に対し贈られるもので、平成一六（二〇〇四）年を例にとると、

植樹祭で訪問の宮崎県には、

あまたなる　いにしへ人の　ねむりゐる　西都原台地に　苗木を植うる

豊かな海づくり大会で訪問の香川県には、

種《くき》ぐさの　いのち育くむ　藻場《もば》にせむと　小さきあまもの　苗を手渡す

国体で訪問の埼玉県には、

真心を　こめて開かむと　埼玉に　三千人の　合唱響く

という、それぞれの行事を詠み込んだ和歌が、各県庁の東京事務所長へ宮内庁から伝えられた。

新年（元日）に発表されるのは、陛下がその前年に詠まれた和歌から五首選ばれたもので、平成一七年の元日に発表されたもの（平成一六年中に詠まれたもの）を例にとると、

宮古島

さたうきびの　高く伸びたる　穂を見つつ　畑連《つら》なる　島の道行く

御所にて二首

顕微鏡に　向かひて過ごす　夏の夜の　研究室に　かねたたき鳴く

台風の　つぎつぎ来り　被災せし　人思ひつつ　夏の日は過ぐ

小豆島より高松港に向かふ

大島に　船近づきて　青松園《せいしょうえん》の　浜の人らと　手を振《ふ》り交《か》はす

新潟県中越地震被災地を訪ねて

地震《なゐ》により　谷間の棚田　荒れにしを　痛みつつ見る　山古志《やまこし》の里

の五首である。宮古島は一六年一月の沖縄訪問、小豆島は豊かな海づくり大会出席での香川県訪問（一〇月）、「青松園」はその際入所者と交流されたハンセン病療養所の「大島青松園」、また、御所での二首は、陛下の魚類（ハゼ）の研究と、この年の夏に国内各地で発生した豪雨被害についての心境を詠まれたものだ。

これらの和歌を見ると、和歌が単なる作品としてだけでなく、「お言葉」同様、国民へのメッセージとしての役割を果たしていることもわかる。

コラム10 皇后陛下の仕事

天皇の仕事を理解するうえで、皇后の仕事も知っておくことが重要である。皇后は天皇とともに数々の行事に出席するほか、独自の仕事もいくつかある。

実は、皇后は法的には、どのような仕事をするかについて、具体的には何も定められていない。皇室典範の条文で、摂政就任の順位を定めた項や皇室会議のメンバーの有資格者として登場するくらいである。

だが、これまでの歴史的な〝積み重ね〟や、現在の皇后さまがそこに新たに付け加えられたものなどによって、ある程度、皇后の仕事というのはこのようなものだ、というものが形づくられている。

皇后さまのスケジュールのなかで、両陛下での行事ではなく、皇后さま単独で、というのがいくつかある。それらをみていくことによって、現在行われている仕事とはどのようなものかが浮かび上がってくる。

まず、皇后さまが名誉総裁を務められている日本赤十字社関連の公務がある。同社の名誉総裁は、皇后さまの数少ない公的な役職であり（昭和天皇の皇后である香淳皇后も同社の名誉総裁を務められた）、毎年五月、赤十字活動に功労のあった個人や団体への表彰を行う「全国赤十字大会」に出席し、お言葉を述べるほか、二年に一度、ナイチンゲール記章（看護活動に大きな功労のあった人に贈られるもので、世界で三〇〜四〇人、うち日本からは三人程度が受章）の日本人受章者の授与式に出席し、受章者の胸に、皇后さま自ら、記章をつけられる。また同社の社長から年末などに進講を受けるほか、大規模災害発生時にも社長を住まいの御所に招き、被災地の状況や赤十字の活動状況などについて話を聞かれている。

また、20章でふれたように、明治以来受け継がれている宮中での養蚕（毎年五〜六月）も行われている。

陛下との公務の合間に、好きな音楽や美術、つまりコンサートや展覧会に皇后さま単独で行くことも多いが、特に音楽などではチャリティのコンサートの鑑賞にも多く出かけ、皇室の伝統である社会的弱者への慈善も果たされている。

さらに、皇后さまは、国際児童図書評議会（ＩＢＢＹ）の名誉総裁も務められている。この組織は発展途上国なども含め、優れた児童書を普及させ、子供たちの国際理解を深め、平和にも寄与していくことを目的にしており、児童文学のノーベル賞ともいえる「国際アンデルセン賞」を授与し、二年ごとに各国持ち回りで世界大会を開いている。平成一四（二〇〇二）年九月二八日〜一〇月三日、皇后さまはＩＢＢＹの創立五〇周年記念大会出席のためにスイスを訪問され、これが史上初の皇后単独での外国訪問となった。

すでに述べたが、ハンセン病の元患者らに対し思いを寄せられ、平成一六年九月一三日には「邑久光明園《おくこうみょうえん》」（岡山県瀬戸内市）、一八年八月には「駿河療養所」（静岡県御殿場市）、二〇年八月には「多磨全生園《ぜんしょうえん》」（東京都東村山市）といった国立ハンセン病療養所の所長を御所に招き、入所者の高齢化などの現状や課題について説明を受けられている。

高齢者・障害者問題にも関心を寄せ、平成一六年八月一〇日に「さわやか福祉財団」の堀田力理事長を御所に招き、介護保険のその後についての説明を受けたほか、九月二日には厚生労働省老健局（介護保険の所管）の局長を御所に招いて同様のテーマで進講を受けられている。さらに、毎年、手足の不自由な子供たちの施設（肢体不自由児施設）で永年、努力している優秀な職員らを表彰する「ねむの木賞」の受賞者を御所に招き、親しく言葉をかけられている。これらはいずれも皇后さま単独の行事である。

このように、皇后の仕事として「社会的弱者へ思いを寄せること」が強く浮かび上がってくる。奈良時代の光明皇后は貧しい人などに対する慈善を行ったという記述も文献に残っているが、現在のスタイルの基本は日本赤十字社の発展などに尽力した昭憲皇太后（明治天皇の皇后）にあるといっていいかもしれない。

皇后さま単独のおもな行事は以上のようなものだが、まず何よりも、拝謁、会釈などをはじめとする数多くの両陛下での行事があり、皇室祭祀も年間十数回と、天皇陛下の祭祀（平成一六年は三二回）の半分近くに皇后さまもお出ましになっている。

21 展覧会、コンサート、スポーツ観戦

平均すると月一回展覧会へ

皇室に関するニュースでは、東京都内の美術館などで行われている展覧会を天皇・皇后両陛下が訪れ鑑賞されているシーンも、よく目にするのではないだろうか。

筆者が宮内庁担当をしていた平成一六（二〇〇四）年は一一回あり、ならすと月に一回程度、展覧会を両陛下でご覧になっていることになる。他の年もほぼ同じくらいの回数である。参考までに表21－1にこの年ご覧になった展覧会をあげた。

一般的なケースは、主催者が宮内庁に、陛下（両陛下）に来ていただきたい旨の願い出を出し、宮内庁が、妥当だと思われるものについて、陛下の判断を仰ぎ、受けるかどうか

・「アール・デコ様式　朝香宮がみたパリ展」(1月22日、東京都庭園美術館)
・「亀山法皇700年御忌記念特別展『南禅寺』」(2月23日、東京国立博物館)
・「江戸開府400年・江戸東京博物館開館10周年記念　特別展『円山応挙』〈写生画〉創造への挑戦」(3月15日、同博物館)
・「弘法大師入唐1200年記念『空海と高野山』展」(4月12日、同博物館)
・「『正倉院裂《ぎれ》復元模造の十年』展」(8月22日、京都国立博物館)
・「琳派『RIMPA』展」(9月10日、東京国立近代美術館)
・「院展」と「二科展」(9月13日、東京都美術館)
・「大島青松園入所者作品展」(10月2日、香川県社会福祉総合センター)
・「ロイヤル・コペンハーゲン展」(11月16日、宮内庁三の丸尚蔵館＝皇居内、デンマーク女王夫妻とご鑑賞)

※上記のうち、以下の３件はやや特殊なケースである。
・「正倉院裂展」は、国際解剖学会議開会式などに出席のために京都訪問された際の日程に組み込まれたもの（皇后さまの養蚕で収穫された繭の糸が使われた正倉院復元宝物の展覧会)。
・「大島青松園作品展」は「全国豊かな海づくり大会」出席のため香川県を訪れた際に、ハンセン病療養所の同園の入所者による展覧会に立ち寄られたもの。
・「ロイヤル・コペンハーゲン」展は、デンマーク女王が国賓として来日した際、皇室の接待として女王を同展に案内されたもの。

表21－1　天皇・皇后両陛下がご覧になった展覧会の例（平成16年）

の回答をする、というかたちになる。

天皇が展覧会に行くという行為は「その他の行為」のうちの「純然たる私的行為」、つまり国事行為や公的行為ではない「私的行為」と位置づけられているので、法的には、天皇自身の意向で行くか行かないかの判断ができる。そのかわり、その外出にかかる経費があるような場合は、天皇のプライベートマネーである「内廷費」から支出されることになっている。一般の人が自分の小遣いで展覧会を見に行くのと同じことである。

表にあげた両陛下が鑑賞された展覧会を見ると、大きく二つのグループに分けることができる、一つは、「朝香宮がみたパリ展」など皇室が関係するテーマのもの、もう一つは一般の展覧会（比較的大きな規模のもの）というグループである。

ちなみに、表の「亀山法皇七〇〇年御忌記念『南禅寺』展」や「『円山応挙《まるやまおうきょ》』展」などは、いずれも展示会場が休館日となる月曜日に鑑賞されている。これは一般客への影響（両陛下が鑑賞されている間の入場制限など）を避けることや、警備上、入館者がいないほうが警備しやすいといった意味から行われているようだ。

両陛下は、「日展（日本美術展覧会）」（毎年一一月、東京・六本木の国立新美術館）と「院展（再興日本美術院展）・二科展（二科美術展覧会）」（毎年九月、院展は東京・上野公園の東京都美術館、二科展は二〇〇九年現在は国立新美術館）を隔年で交互に訪れ、鑑賞されている。この日展や院

展覧会を鑑賞される天皇・皇后両陛下（平成19年8月2日、東京国立博物館）

展・二科展の鑑賞は、取材した感じでは、両陛下が私的に楽しまれるというよりも、実質的には文化（芸術）の奨励のための訪問といった感じが強く、すでに述べた一般的な展覧会の鑑賞とは趣がやや違うように（つまり公的な度合が高いと）感じた。

展覧会を鑑賞するときの流れは、その美術館の学芸員（日展や院展・二科展の場合は理事長クラスの画家など）を説明役に、作品の解説を受けながら、だいたい一時間ほどご覧になる、といった感じである。

コンサート鑑賞

コンサートも年間何回か両陛下で鑑賞されている。平成一六（二〇〇四）年は、「第五〇回スズキ・メソードグランドコンサート」（三月三〇日、日本武道館）、「ベルリンフィル一二人のチェリストたち」（七月一一日、サントリーホール）、文化庁芸術祭主催公演バレエ「ライモンダ」（一〇月一六日、新国立劇場）、「ロストロポーヴィチスペシャルコンサート」（一〇月一九日、紀尾井ホール）などである。

このうち、芸術祭主催公演のご鑑賞は毎年恒例となっている（年によっては邦楽のときもある）。また、ロストロポーヴィチ氏は二〇世紀最高のチェリストとして有名だが、両陛下と親交があり、皇后さまがこの年に古希を迎えられたのを祝い、両陛下のもとを訪れ演奏したいと申し出たが、皇后さまが、せっかくの機会だから自分たちだけでなく、一般のコンサートとして開放し、音楽ファンにも鑑賞してもらいたいとの意向を示され、一般向けのコンサートになったという経緯がある。

コンサートの場合も、基本はやはり、主催者からの願い出を受け宮内庁が最終判断する、というかたちになる。たとえば、「スズキ・メソード」は、幼児からの音楽教育を実践している才能教育研究会が主催するもので、五〇回という「周年式典」的な要素もあって願い出を受けられたといえるだろう。

コンサート鑑賞の際は、二階席最前列に着席されて、というケースが多い。これも、警備上と両陛下が鑑賞しやすいということの両立から決まったといえるだろう。もちろん、両陛下のまわりには随行の侍従や女官、さらには護衛も着席しての鑑賞となる。

コンサートの場合は一般の客も入っているので、両陛下の入場の際はどよめきと拍手（一般客がすでに入っていて、その後に両陛下が入られるケースが多い）で迎えられ、お帰りの際も拍手、となることが多い。コンサートによっては主催者側から説明役がつき、両陛下と同席することもある。終了後は出演者にねぎらいの「お声かけ」をしてから帰られることが多い。

例をあげた平成一六年はなかったが、障害者福祉などのチャリティ・コンサートをご覧になることもある。また、コラム10でふれたように、皇后さまは、単独でチャリティ・コンサートによくお出かけになる。

大相撲などのスポーツ観戦

スポーツも年間に何回か観戦される。もっとも知られているのは大相撲のご観戦（「天覧相撲」とも言われる）だ。毎年、東京・両国国技館での初場所の何日目かを両陛下でご覧になるが、これは大の相撲ファンだった昭和天皇が行っていたのを〝引き継がれた〟かたちになっている。

幕内の取組を観戦されるが、到着の際には横綱や大関クラスの力士がまわし姿で正面玄関に並び、両陛下を出迎える。館内には天覧相撲のためにつくられたともいえる貴賓席があり、観戦の際はわきに理事長がつき、説明役となる。理事長の説明を受け、両陛下が拍手をしながら観戦される映像などを記憶している人も多いのではないだろうか。

この大相撲観戦も、天皇の「公的行為」ではなく「その他の行為」のうちの「純然たる私的行為」に属している。

このほかに、年間、いくつかのスポーツ観戦があるが、一般的なのは、「天皇杯」や「皇后杯」が出されているスポーツの大会のうち、毎年だいたい一つを、主催者の願い出を受け観戦するというものだ。

「天皇杯」とは、スポーツ奨励のために、大会の優勝者に贈られるもので、天皇杯が出される大会の基準は、アマチュアスポーツであること（大相撲や前述の競馬は例外）、大会主催が営利団体によらないこと（たとえば企業名を冠したもの）などがあり、元日に決勝が行われる天皇杯のサッカーをはじめ、バスケットボール、バレーボール、弓道、体操、レスリングなどの全日本選手権に天皇杯が出されている。

なおすでに述べたが、国体の都道府県対抗の男女総合成績のトップの都道府県には天皇杯が贈られている（女子総合成績トップの都道府県には「皇后杯」が贈られる）。国体といえば、両陛下は毎年、開会式に出席の後の日程で、必ず複数の競技を観戦されており、これもスポーツ観戦の一つといえるだろう。

22　静養と研究

静養の意味

皇室のニュースでは「御用邸」とか「静養」といった言葉がしばしば聞かれる。天皇・皇后は年に何回か、国内に三ヵ所ある皇室の静養のための別荘「御用邸」(葉山御用邸、那須御用邸、須崎御用邸、32ページ参照)で静養する。

年によってパターンは異なるが、現在の両陛下はだいたい、二月ごろに五泊程度で葉山御用邸へ、六月ごろに四泊程度でやはり葉山、八月ごろに四泊程度で須崎御用邸へ、九月に四泊程度で那須御用邸へ、一〇～一一月ごろに三泊程度で葉山へ——といった感じで静養される(春先に御料牧場で静養されるケースもある)。とはいうものの、外国訪問の日程が入って、そのうちの一つが（日程的に無理で）欠けたりすることもよくあり、毎年、これだけの回数の静養をされているわけではない。

ご静養が年に四～五回という回数が多いか少ないかは、人によって感じ方が違うだろう。

ご静養の意義を二つほどあげておくと、第一に、これまで何度かふれてきたように、天皇や皇后の日程は、土日・祝日が各種行事への出席でつぶれることが多く、「代休」もとれないケースが多い（平日も公務があるので）。平成一六（二〇〇四）年の両陛下のご日程を例にあげると、年間五二回の週末のうち、土・日両方とも行事などが入ったのが八回計一六日、土・日どちらかに行事が入ったのは計一九日、同年の祝日（計一五日）では計七日。これらを合計すると一般サラリーマンなどでいう年間一一九日の休日（年末年始の休みやお盆休みを除いた、年間の土日や祝日の合計）のうち、計四二日、つまり三分の一以上が何らかの行事で〝休日出勤〟になっている。この四二日のうち、その前後で〝代休〟（公務などの入らない日）があったのは一二日分のみである。

陛下の週末も含めた連続勤務でもっとも長かったのは、同年のケースでは、一八日間連続（一〇月一二～二九日）であった。また、すでに述べたが、海外ご訪問などがあると、二週間程度ノンストップで訪問各国での公式行事が連続し、そのあいだ休みはとれない。

那須御用邸の本邸外観（栃木県那須町）

〝休日出勤〟が多い理由として、開会式などをはじめとする式典が土・日に行われるのが多いこと、また、皇室祭祀（宮中祭祀）の祭儀の日は、絶対に動かすことができないということがある。たとえば、毎月一日の「旬祭《しゅんさい》」は、その日が土・日であろうと必ず行われる。

このように、御用邸などでの静養は、休みを補うもの、言いかえれば、連続勤務の疲れをとるためのものと考えてもいい。

第二点として、天皇が、国事行為を行う「国の機関」として滞《とどこお》りなく機能するために、健康な状態でいていただく必要があるということがある。日本が国家として機能していくうえで、天皇に健康でいていただくことは重要なのである。だから休養（私的な面）をしっかりしてもらうことは「象徴たる立場にある陛下のご行動は、私的な面であっても公的な面に影響があり、私的なご行動が適正でないと、結局、公的な面を害することになる」（『宮中侍従物語』）とされる。

政府もそのような見解に基づいており、たとえば、天皇の私的な部分であっても宮内庁の職員（公務員）がお世話をすることのできる根拠の一つとしている。

このような面からも、静養とはいっても重要な意味を持つのである。

御用邸での静養

両陛下は現在、御用邸でおもに静養されている。皇太子夫妻時代には、夏は長野・軽井沢の民間のホテルを利用し、即位当初は同様にされていた。ところが、御用邸があるのに別のところに行くことについて一部で批判などがあり、それが影響したのか、軽井沢に行かれることもほとんどなくなってしまった。

これについて森暢平氏は、現在の三つの御用邸はいずれも昭和天皇のために建てられ、お気に入りの場所だったという経緯があるとし、那須は、学者天皇ともいわれた昭和天皇の植物研究、葉山と須崎は昭和天皇の海洋生物研究の拠点としたうえで「国民の休暇の過ごし方が多様化して久しい。天皇陛下もたまには好きな場所で休みを過ごしたいのではないだろうか。先代から受け継いだ御用邸でしか休日が過ごせないのは気の毒だ、と私は思うのだが」(『天皇家の財布』)と述べている。

平成一五(二〇〇三)年夏、両陛下は一三年ぶりに軽井沢で静養された(宿泊は「ホテル鹿島ノ森」)。筆者は同行取材したが、一二年間の皇室取材の中で、両陛下がもっとも楽しそうな表情をされていたのが印象に残っている。

ただ、それ以降、平成一七年夏には長野・山梨県(八ケ岳、清里)、二〇年夏には長野・群馬県(軽井沢、草津)へ静養的な訪問をされているが、基本的には御用邸での静養が中心となっている。

なお、御用邸での静養中、基本的に行事は入らないが、火曜・金曜の午後は内閣官房の職員が上奏書類を現地まで持参し、御用邸内で執務、つまり国事行為が行われることは先に述べたとおりである。そういう点では、静養中といえども、完全な休養とまではいかない。

また、御用邸滞在中にも、その地方の現状を知るということで、県知事を招き、「県勢概要説明」を受けられる。

魚類のご研究

純粋な私的行為といえば、海洋生物と植物の研究を行った昭和天皇の伝統を継ぎ、現在

ご研究中の天皇陛下（皇太子時代）

の陛下も、公務の合間に魚類（ハゼの分類）の研究を行われている。

二〇〇〇種（日本国内では四〇〇種）以上あるといわれるハゼだが、陛下はこれまでに分類の研究を通じ、「クロオビハゼ」や「ミツボシゴマハゼ」など計八種の新種を発見されている。

また、『日本産魚類大図鑑』（東海大学出版会）では共同執筆者として、ハゼ科二九六種のうち一九五種の項を執筆したほか、研究を始めた昭和三〇年代からこれまでに、三〇近い論文を、所属する日本魚類学会の学会誌に発表されるなどの研究成果がある。

ハゼの研究については、平成一〇（一九九八）年に英国王立協会から「チャールズ二世メダル」（科学の進歩に顕著な貢献のあった元首に贈られるメダル）を陛下が授与された際、スピーチでご自身の研究について解説されている。

それらによると、陛下が研究を始めたころはその分野の研究者も少なかったものの、研究を通じ、「(ハゼの) 頭部感覚器官の中の孔器《こうき》の配列」がそれぞれの種の特徴を表していることを陛下が発見され、この特徴を使って、これまでの分類に疑問がもたれていたものについてはっきりと区別することができるようになったという。

ただ、そのスピーチでは「即位後のいそがしい日々は私をすっかり研究から遠ざけてしまいました」と、皇太子時代とは違い、天皇に即位してからは国事行為をはじめとするさまざまな公務で多忙を極め、研究の時間がなかなか確保できない心情も述べられている。

そんな中、最近では、公務の合間をぬって、形態的な特徴からだけではなく、DNAによる分類の研究も行われているという。また平成一八年一〇月には日本魚類学会の年次総会(静岡市)に六年ぶりに出席されている。研究は、おもに住まいの御所内の研究室で行われている。

この「学者」としての面での関連で、スウェーデン・英国から「生物学者リンネの生誕三〇〇年記念行事」への招待があり、平成一九年五月に両国などを訪問されたことはすでに述べた。

コラム11　天皇・皇后両陛下とテニス

両陛下が軽井沢のテニスコートでのトーナメントで出会われたことはあまりにも有名だが、七〇代になった現在も、休日にはテニスをされている。

宮内庁次長の定例記者会見が毎週月曜にあり、その直前の土曜・日曜に両陛下がどのように過ごされたかについてふれるが、公務などのなかった日には「両陛下は、週末はテニスをなさりました」という言葉をよく聞く。

これは趣味だけでなく健康維持のためという部分も大きく、特に平成一五（二〇〇三）年の陛下の前立腺がんの手術後は、重要な意味を持ってきている。宮内庁が天皇誕生日にあわせ発表する「この一年のご動静」でも「天皇陛下は、前立腺摘出手術後、引き続きホルモン療法を受けておられますが、ご健康維持のため、ご公務のない週末や休日にはテニスなどのご運動に努めていらっしゃいます」（平成一八年、陛下七三歳の誕生日の際の宮内庁発表）としている。

おもに皇居内にある宮内庁職員用のテニスコートで、宮内庁職員のテニス部のメンバーらと対戦されたりしている。ちなみに、陛下はかつて、デビスカップの日本代表クラスからコーチを受けられており、かなりの腕前だという。皇后さまも、聖心女子大でテニス部の主将を務められた実力の持ち主である。

テニスの際、皇居内で住まいの御所からテニスコートまで移動するのに、陛下が〝自家用車〟を運転されることがよくある。運転免許も取得されており、車種はホンダの「インテグラ」という。

23 スケジュールはどのように決まるのか

最優先されるのは皇室祭祀

これまで、公的なものから私的なものまで天皇のさまざまな仕事を紹介してきた。最後の本章では、数多くの行事や出席要請の願い出が、どのような重要度・優先順位をもってスケジュールとして決まっていくのか、現在の天皇陛下の平均的なスケジュールはどのようなものかについて、みていこう。

天皇のスケジュールを決める際、最優先されるのは、皇室祭祀である。天皇・皇后にとって重要な年間三回の地方訪問である「植樹祭」「国体」「豊かな海づくり大会」も、皇室祭祀と重ならないように設定されている。

次に、毎週火曜・金曜の午後に宮殿・表御座所で行われる、上奏書類の決裁「執務」も優先される。言いかえると、毎週火曜・金曜の午後は自動的にスケジュールが埋まるかたちになる。

平成一六(二〇〇四)年のケースでいえば、祭祀が三二回、執務が一〇一回。同年のすべてのスケジュールの件数が七一〇件だから、祭祀と執務だけで、まず、その二割近いスケジュールがすでに埋まってしまうことになる。

そして「植樹祭」(四〜六月)、「国体」(九〜一〇月ごろ)、「豊かな海づくり大会」(九〜一一月ごろ)の三大行幸啓。これらは数年前から開催地と日程が決まっているので、その時点で天皇のスケジュールが自動的に決まることになる。

春・秋の叙勲シーズンに何回にもわたり行われる受章者の拝謁と、文化勲章や大綬章(旧・勲一等)などの受章者への親授式(文化勲章などは一一月三日の文化の日に固定)、さらに毎年の時期が決まっているさまざまな「拝謁」、これらは約一〇〇件ある。

加えて、毎週火曜・金曜の午前は勤労奉仕団への「会釈」が、地方訪問と重ならないかぎりはほぼ毎週必ず入る。平成一六年は六六回なので、ここまでで計約三〇〇件ものスケジュールが埋まってしまった。

また、毎月数件、必ず入る行事がある。この本の冒頭でもふれた、駐日の各国大使の交代に伴う「信任状捧呈式」が月に約三回。新任大使夫妻や、人事異動で外国から戻った日本の大使夫妻や日本芸術院・学士院会員らとの「お茶」が月に三～四回、訪日する各国元首や要人との「会見・引見」が月に約四回。

定期的ではないが、認証官任命式（認証式）が年間十数回（平成一六年は年間一五回、内閣改造があればその分、回数も増える）、これらを加えると、合計約四五〇件。

これに加えて、さまざまな団体・組織から、「今年はうちの団体が○周年で、公益的な業務を行ってきて社会的意義もあるので、ぜひ記念式典に陛下（両陛下）に来ていただきたい」「○○の展覧会にぜひ来ていただきたい」といった願い出が宮内庁に寄せられ、すでに埋まったスケジュールのすき間にちりばめていくような感じで、日程がつくられていくのである。

ちなみに、平成一六年には、（天皇誕生日や新年祝賀、地方訪問中など、一日のうちの行事数の膨らむ特殊な日は除いて）一日あたり六件という日が計五日あった。とくに、春や秋には忙しい日が多い。これは、天皇の国事行為に直接関係する「叙勲」が行われることや、気候のよいこの時期にさまざまな式典が集中することがその理由としてあげられる。

ある二週間のスケジュールを例に

ここで、筆者が宮内庁を担当していた期間から、実際の二週間の日程を抜き出して見てみたい。

二週間としたのは、一週間ではその週に特殊な行事が入ってしまった場合、平均的なスケジュールはどのようなものかわかりにくくなるのと、週末行事があった場合〝代休〟があるかないかをみるためにも、二週間を通してみるのがよいという考えによった。平成一六年一一月一日〜一四日という期間を選んだが、これは、年間の半分近くを占める「土日のうち、どちらか一日に公務が入る」という条件を満たし（つまり、典型的なパターンということ）、「執務」のほかに、「拝謁」「信任状捧呈式」、勤労奉仕団への「会釈」、来日した外国元首との「会見」などの各種行事が〝バランスよく〟含まれていたからである。

一一月一日（月）

午前　朝から祭祀、「献穀ご覧」（新嘗祭のために献上された新米などをご覧に）、エストニア大統領夫妻とのご会見（天皇・皇后両陛下で）。

午後　「財務相表彰の申告納税制度普及発展の尽力者との拝謁」（両陛下で）、いわゆる「灯台守」（「永年にわたり航路標識関係に尽力のあった者ら」）との茶会（両陛下で）、ケニア大統領夫妻とのご会見（両陛下で）。

※この日はこの一年で最多の一日あたり六つの行事が入った。

一一月二日（火）

午前　御所で外務省総合外交政策局長による国際情勢の進講、皇居・宮殿に移動し、来日したナイジェリア大統領を迎え「竹の間」でご会見。

午後　宮殿の表御座所でご執務、来日したインド下院議長夫妻に引見（両陛下で）、「松の間」で日本に着任した駐日イラク大使・シンガポール大使の信任状捧呈式。

一一月三日（水）祝日「文化の日」

午前　宮殿「松の間」で文化勲章の親授式。歌舞伎の中村雀右衛門氏ら受章者に勲章を手渡された。その後同じ部屋で拝謁。

一一月四日（木）

午後　宮殿「連翠《れんすい》」で、前日の文化勲章親授式に出席した受章者と、文化功労者計一六人を招き茶会（両陛下で）。

一一月五日（金）

午前　宮殿「松の間」で秋の叙勲での大綬章の受章者（一四人）への親授式、続いて受章者の拝謁。

午後　宮殿・表御座所でご執務。宮殿「豊明殿」で秋の叙勲の重光章受章者の拝謁、御所で帰任した駐ケニア、駐モロッコ、駐ウズベキスタン、駐コスタリカの大使夫妻を招きお茶（両陛下で）。

一一月六日（土）

二週間前に起きた新潟県中越地震の被災者を見舞うため、新潟県を日帰りでご訪問（両陛下で）。

※このご訪問については13章参照。発生直後から両陛下が希望されていたが、平日のスケジュールが埋まっていたため、直近であいていた土曜（六日）にご訪問、ということになった。

一一月七日（日）

休み。皇居内の宮内庁職員コートでテニス（両陛下で）。

一一月八日（月）

午前　御所で、国際生物学賞の審査委員長から、三週間後に両陛下で出席予定の国際生物学賞授賞式について説明を受けられた（両陛下で）。

午後　二時と三時二〇分の二回に分け、秋の叙勲の中綬章の受章者の拝謁。一回に受章者の夫妻約一〇〇〇人、一つの部屋に入りきれないので、宮殿の「豊明殿」と「春秋の間」に分かれて入り、陛下がそれぞれの部屋をまわられるかたちでの拝謁（この大人数の拝謁が、危険業務従事者叙勲、褒章も含めこの日から計六日間、計一二回行われた）。その後御所に戻り、日本経団連など経済三団体の長とのご懇談（両陛下で）。

一一月九日（火）

午前　御所に高円宮妃久子さまが来られ、タイご訪問前のあいさつ（両陛下で）、皇居勤労奉仕団の人たちへのご会釈（両陛下で）。

午後　前日に続き、宮殿で勲章受章者の拝謁、ご執務。

※皇族の海外訪問の際は、毎回、出発前と帰国後に御所を訪れ、両陛下にあいさつをされる。

一一月一〇日（水）

午前　前日に続き、勤労奉仕団へのご会釈（両陛下で。奉仕団への会釈は基本的には火・金曜だが、この日は臨時でご会釈が入った）。
午後　宮殿で連日の秋の叙勲の受章者拝謁、宮殿「千草・千鳥の間」でザンビア、コンゴへ赴任する日本の大使二人の拝謁（両陛下で）。

一一月一一日（木）
午前　御所で、五日後に国賓として来日するデンマーク女王夫妻について、駐デンマーク大使から説明（両陛下で）、続いて、外務省儀典長（国賓や駐日大使らの接待の責任者）からも説明（両陛下で）。
午後　この日も引き続き、宮殿で叙勲の受章者（危険業務従事者叙勲）拝謁。

一一月一二日（金）
午前　国土交通省事務次官から所管分野についてのご進講。
午後　この日も、叙勲の受章者（前日と同じ危険業務従事者叙勲）拝謁、ご執務。

一一月一三日（土）、一四日（日）

午前・午後ともご公務なし。

関係者によると、陛下の起床時間はだいたい午前六時ごろ、朝は新聞に目を通し、テレビのニュースなどもご覧になるという。就寝時間は一定しないが、だいたい午後一〇～一一時ごろという。

両陛下の食事は宮内庁の大膳《だいぜん》課の職員が作り、関係者によると、朝は洋食を、昼と夜は日ごとに和・洋・中を交互にとられており、内容は特別豪華なものではなく、一般家庭とあまり変わらないという。大膳課には調理担当と配膳担当の約四五人がおり、第一係が和食担当、第二係が洋食、第三係が和菓子、第四係がパン、第五係が皇居ではなく元赤坂の東宮御所（皇太子ご一家）――の担当となっている。和菓子の係があるのは、宮殿行事で茶会などが多くあるためだ。

コラム12　記者会見

天皇陛下は、毎年、誕生日である一二月二三日（昭和八〔一九三三〕年生まれ）の三日ほど前に、宮殿「石橋《しゃっきょう》の間」で記者会見される。

記者側の出席者は宮内記者会（宮内庁記者クラブ）の記者二十数人。現在は、質問が三問で、その月の幹事社の記者が一問ずつ質問し、陛下がそれぞれに答えられていく、というスタイルで、最後に関連質問として、その場で質問したい記者が挙手し、指名された者が質問できるのが一問、という計四問程度で行われている。記者会見の所要時間は約三〇分である。

最初の三問の質問は、事前に宮内庁を通じて陛下に届けられるというルールになっており、当日、それに対して答えられる、というかたちをとる。

質問は記者クラブの幹事社が各社から質問を募ってとりまとめ、それをもとに記者クラブの総会で議論がかわされたうえ、調整して決定される。陛下は「質問に正しくお答えするために、紙を準備してきましたので、それに添ってお話ししたいと思います」（平成一五〔二〇〇三〕年の会見冒頭）などと断ったうえで、紙を見ながら答えられるケースが多い。

毎年、一問目はその年にあった大きな出来事（たとえば災害）などを絡めながら「この一年を振り返っていかがですか」といった質問が多い。陛下も、被災者などに心を寄せながら、印象に残った出来事などを挙げられる。二、三問目はそのときどきで変わるが、たとえば「四一年ぶりの男性皇族として悠仁《ひさひと》さまが誕生されたことへのお気持ちについて」(平成一八年)、「地球温暖化など自然・環境問題についてどのように見ていられるか」(同一九年)、「ご自身が受けられた前立腺がんの手術について」(同一五年)などとなっている。

なお、天皇陛下は平成二〇年の記者会見を前にした時期に、心身のストレスによるとみられる不整脈や胃腸の炎症など体調を崩されたため、医師団の要請もあり、この年は会見を行わず「感想」(現在の心境)を文書で発表された。高松宮妃喜久子さまが直前に逝去された平成一六年に誕生日会見を中止し文書で回答された例があるが、このときは宮内記者会の質問に答えるかたちにはなっており、質問によらず、自らの「感想」を発表されるのは初めてとなった。

記者会見は、誕生日のほか、両陛下の外国ご訪問前にも行われる。このときには、両陛下で会見に臨まれ、記者側も宮内記者のほか、在日外国報道協会加盟の社のうち、国際通信社や訪問先の国の報道機関などの記者が参加する(それらの報道機関により、訪問国でもこの会見が報道される)。

この会見では、ご訪問自体や訪問国についての思い出などの質問が主となるが、Ⅱ章でも述べたように、皇后さまが会見に臨まれるめったにない機会(皇后さまは毎年の誕生日は文書回答で会見などは行われていない)のため、ご訪問以外の内容についての質問もある。

参考までに、誕生日に際しての記者会見が行われているのは、陛下以外の皇族では皇太子さま（昭和三五〔一九六〇〕年二月二三日生まれ）と皇太子妃雅子さま（同三八年一二月九日生まれ）、秋篠宮さま（同四〇年一一月三〇日生まれ）のお三方である。なお、雅子さまはご体調がすぐれないため、平成一六年以降は文書による「感想」の発表となっている。

なぜ、誕生日の会見が設定されるかというと、ふだん、記者が陛下に直接取材することができないからだ。ただ、これは日本だけのことではないようで、『物語　英国の王室』によると、英国でも、記者がエリザベス女王に直接、質問してはいけないことになっているという。いずれにせよ、誕生日会見は聞きたいことを聞くことができる数少ない貴重な場なのである。

ここで、宮内庁の記者クラブである「宮内記者会」についてふれておきたい。同庁庁舎の二階の一室に記者室があり、ふだんは一五社二十数人が常駐している。一五社とは新聞・通信社やテレビ局で、新聞・通信が朝日・毎日・読売・産経・東京(中日)・日経・北海道新聞・共同通信・時事通信、テレビがＮＨＫ・日本テレビ・ＴＢＳ・フジテレビ・テレビ朝日・テレビ東京で、人数は新聞が各社二〜三人、テレビが一人の社が多い（ＮＨＫは二人）。

宮内庁担当記者は、外出や宮殿の行事など、皇室のさまざまなニュースを取材している。両陛下や皇太子ご夫妻の地方ご訪問などの際は同行し取材する。

定例の発表としては、毎週月曜に宮内庁次長（長官に次ぐナンバー2）の会見があり、両陛下の直近の一週間のご様子（特に記者クラブが閉まる週末について）や宮家皇族のご日程などが発表されるほか、毎週木曜日には侍従次長が両陛下の過去一週間と今後一週間のご日程についてレクチャーを行う。また、皇居でなく東宮御所にお住まいの皇太子夫妻のご様子については、宮内庁東宮職のトップである東宮大夫《だいぶ》の定例会見が毎週金曜日にある。

このほか月に二回（隔週の水曜日）、宮内庁長官の定例会見がある。平成二〇年二月、羽毛田信吾長官が、皇太子ご一家が両陛下のもとを訪問される回数が少ないといった趣旨の発言をして大きく報道されたが、これもこの長官定例会見で出たものである。

コラム13

皇室の日程や仕事を知るには

私たちが日々の皇室の動き・仕事を実際に知るには、どうしたらよいだろうか。

天皇・皇后両陛下の日程・お仕事などについては、宮内庁ホームページで知ることができる。(http://www.kunaicho.go.jp/)

皇室の動き、仕事については、同ホームページの「天皇皇后両陛下のご日程」の項目に掲載され、ほぼ数日おきに更新されている（皇太子ご夫妻や秋篠宮ご夫妻の日程も掲載されている)。各式典での「お言葉」やお誕生日の記者会見の質疑応答なども掲載されている。

また、民放テレビで土・日の早朝などに放映されている「皇室アルバム」（毎日映画社・毎日放送製作、TBS系)、「皇室ご一家」（フジテレビ系)、「皇室日記」（日本テレビ系）といった皇室情報番組も、皇室の動きをわかりやすく伝えてくれる。

テレビでは、NHKが天皇・皇后両陛下の「三大行幸啓」（植樹祭・国体・豊かな海づくり大会）の式典の様子を放送しており、両陛下の重要公務の一端を知ることができる。NHKでは新年一般参賀（一月二日）の一回目（午前一〇時一〇分ごろ）を毎年生中継している。その際、解説役の同局の宮内庁担当記者が、まだ当局が発表していない、たとえば「今年は秋に○○国を訪問されます」といった〝独自ダネ〟を紹介してくれるので、その年の皇室の大きな動きを事前につかむのにはよい。

季刊誌『皇室』（扶桑社ムック）はカラー写真が豊富に使われているほか、宮内庁ホームページにも出ていない、宮家皇族の細かい日程表が掲載されており、資料性は高い。

また、お勧めしたいのが、「官報」である。官報とは土・日・祝日を除く毎日発行されている国の機関紙で、公立図書館などでバックナンバーも含め見ることができる。官報には公布された法律や政令が公布文とともに掲載されており（天皇署名の部分は活字で「御名御《ぎょめいぎょ》璽《じ》」と印刷されている）、日によってはいくつも並ぶ公布文を見たりすることで、天皇陛下が「執務」でどのくらいの仕事をされているのかを、実感として知ることができる。叙位叙勲があった際の名簿も必ず掲載されるので、毎週のように何百人も掲載される死亡叙勲や叙位の名簿を見て上奏書類の決裁量が推測できる。また、官報には「皇室事項」というコーナーがあり、親電のやりとりや、行事での外出などについて載っている。

このほか、国会の召集や、海外訪問で国事行為を臨時代行者に委任した際なども必ず掲載されるので、テレビなどではわからない、天皇の〝地味〟ながら重要な仕事を知る機会となる。

皇室文化の紹介などを行っている財団法人「菊葉文化協会」(http://www.kikuyou.or.jp/) は、皇室紹介のビデオ・DVDを発売しているが、その中の「天皇陛下　古希をお迎えになって」には、私たちが見ることのできない世界である皇室祭祀の一つ、「四方拝《しほうはい》」の映像が収められており貴重だ。

参考文献

文中に挙げた以外に、以下の文献を参考にしました。

・宮内庁『宮内庁要覧』（平成一七年版）
・宮内庁長官官房秘書課編『宮内庁関係法規集』（二〇〇七年）
・宮内庁書陵部編『皇室制度史料』（吉川弘文館、一九七八年～）
・大久保和夫「21世紀の皇室」『平成の皇室ご一家　即位15年　天皇陛下古稀記念』所収（毎日新聞社、二〇〇三年）
・大島真生『愛子さまと悠仁さま　本家のプリンセスと分家のプリンス』（新潮新書、二〇〇七年）
・園部逸夫『皇室制度を考える』（中央公論新社、二〇〇七年）
・大原康男編著『詳録・皇室をめぐる国会論議』（展転社、一九九七年）
・清水一郎・畠山和久監修『平成の皇室事典』（毎日新聞社、一九九五年）
・主婦の友社編『〔新版〕平成皇室事典』（主婦の友社、一九九九年）
・藤樫準二『増訂　皇室事典』（明玄書房、一九八九年）
・井原頼明『増補　皇室事典』（冨山房、一九七九年）
・鎌田純一『皇室の祭祀』（神社本庁研修所、二〇〇六年）

・白井永二・土岐昌訓編『神社辞典』（東京堂出版、一九八八年）
・村上重良編『新装版　皇室辞典』（東京堂出版、一九九三年）
・高辻正己『憲法講説（全訂第二版）』（良書普及会、一九八〇年）
・芦部信喜監修『注釈憲法（1）』（有斐閣、二〇〇〇年）
・佐藤功『憲法（上）』（有斐閣ポケット註釈全書、一九八三年）
・高橋紘『象徴天皇』（岩波新書、一九八七年）
・畠山和久『皇室と宮内庁』（教育社入門新書、一九七九年）
・高谷朝子『宮中賢所物語』（ビジネス社、二〇〇六年）
・宮内庁担当記者ＯＢ編『皇室報道の舞台裏』（角川ｏｎｅテーマ21、二〇〇二年）
・山折哲雄『天皇の宗教的権威とは何か』（河出書房新社、一九九〇年）

また、以下のテレビ番組も参考にしました。

・「ＮＨＫ特集　皇居」（一九八四年五月二〇日放映）

おわりに

本書を読み終わって、もし興味がある人は、宮内庁のホームページ、特にその中の「天皇皇后両陛下のご日程」を見てほしい。両陛下のご日常がより理解できるようになるはずだ。また、関連法規なども掲載されているので参考になると思う。

本書を書くきっかけになったのは、宮内庁の担当として実際に毎日見る以前と以後との「天皇像」に大きなギャップがあり、一般の人もほぼ同様なのではないかと思ったからだ。「はじめに」でもふれたが、学校教育で習う「天皇」は「国事行為のみを行う存在」としてであり、その国事行為も憲法条文の項目をあげるだけで、「衆院の解散」「総選挙の公示」など数年に一度しかないものが複数含まれている。そのようなこともあり、天皇陛下の公務の量的な面について、誤解が生じてはいないだろうかと感じていた。

一方で、ニュースなどの報道から抱く天皇のイメージも、一般参賀や地方訪問での「お手振り」、展覧会鑑賞などのシーンのイメージが強いとしたら、国事行為の書類決裁や祭祀を行う天皇を知ることも大切ではないか、そのことが「天皇」の正確な理解につながっていくのでは、と考えていた。

そのため本書では、まず、国事行為の詳細を把握し、それを取捨選択して全体像がつかめるように努めた。

これまで憲法解説書などでは、国事行為は「意思行為」（首相任命や国会召集など）、「公示行為」（法律の公布や総選挙の公示など）、「認証行為」（大臣や大使らの任免の認証など）、「事実行為」（外国大使らの接受や儀式の挙行など）――と性質別に分けた分類が一般的だったが、本書では、「御名御璽《ぎょめいぎょじ》」「裁可」「認証」「その他（ご覧）」という、より実態に合った、わかりやすい分類を新たに示せたと思う。

また、現憲法下での天皇の特徴である「象徴天皇」制の理解に重要なことから、政府の見解による天皇の行為の分類（「国事行為」「公的行為」「その他の行為」の三分説）に従い、特に、象徴という立場に基づいて行われる「公的行為」に比重を置いて紹介した。ここでふれておきたいのは、政府の三分説がすべてではないということである。というのは、「公的行為」が「象徴という立場に基づいて行われる」ものだとする定義に厳密に従うと、天皇の外国訪問中や病気などで国事行為臨時代行者（皇太子など）が国会開会式といった「公的行為」の行事に出席した場合、「象徴という立場にない」代行者が行う（憲法上、象徴は天皇のみ）こととなり、矛盾が生じるケースがまれにあるからだ。

そこで、「象徴」に基づく「公的行為」ではなく、「公人行為」という考え方も示されている。たとえば、鉄道の新駅ができた際など、地元の市長が、職務として規定されていなくても公人として記念式典に出席するように、天皇も（象徴だからということよりも）公的な立場から、「ぜひ天皇に」という社会の期待にこたえ、出席するというものである。

園部逸夫氏は公人行為説を採用したうえで、さらに、政府の三分説では「公的な性格をもつもの」と「純粋に私的なもの」が混在してしまっている「その他の行為」について、「公的色彩のあるもの」（社会的行為）、「私人としてだが、皇室のメンバーとして皇室内で行うもの」（皇室行為）、「純粋に私的なもの」（私的単独行為）の三つに分割し、計五つに分類した説を採っている（『皇室法概論』）。だが、本書では細かい部分よりもわかりやすさを重視し、政府の三分説にしたがって解説した。このほか、憲法第四条の「天皇は、この憲法に定める国事に関する行為のみを行い」を厳密に解釈し、国事行為以外はすべて私的行為とする二分説もあるが、これでは外国訪問や国体、植樹祭などが「私的行為」とされてしまうため、現在ではあまり支持されていない。

最後に、広範な公的行為を行う現在の「象徴天皇制」は、多くの国民に支持されており、平成一四年（二〇〇二）年一二月の朝日新聞の世論調査（三〇〇〇人対象、回収率六七パーセント）によると、天皇制について「象徴でよい」と答えた人は八六パーセント、「廃止するほうがよい」は八パーセント、「権威を今より高めるほうがよい」は四パーセントで、毎日新聞の同様の世論調査でもほぼ同じようなデータが出ていることを付け加えておきたい。

これまで類書がなかったこともあり、執筆は苦しく、長い時間がかかってしまったが、講談社現代新書出版部の岡本浩睦《ひろちか》部長には大所高所から的確なアドバイスをいただいたことを感謝している。

平成二一年一月

山本雅人

写真提供一覧

宮内庁：p.17, p.81, p.105, p.113, p.127, p.143, p.159, p.185, p.263, p.275, p.293, p.299, p.319, p.337, p.340
共同通信社（代表撮影）：p.131, p.179, p.197, p.215, p.221, p.247, p.257, p.289, p.331
国立公文書館：p.79
長崎県：p.203

講談社現代新書　1977

天皇陛下《てんのうへいか》の全仕事《ぜんしごと》

二〇〇九年一月二〇日第一刷発行　二〇一六年七月二七日第五刷発行

著者　山本雅人《やまもとまさと》

発行者　鈴木　哲
発行所　株式会社講談社
東京都文京区音羽二丁目一二—二一　郵便番号一一二—八〇〇一
電話　〇三—五三九五—三五二一　編集（現代新書）
〇三—五三九五—四四一五　販売
〇三—五三九五—三六一五　業務
装幀者　中島英樹
印刷所　大日本印刷株式会社
製本所　株式会社大進堂
定価はカバーに表示してあります　Printed in Japan

N.D.C.288　366p　18cm
ISBN978-4-06-287977-4

「講談社現代新書」の刊行にあたって

教養は万人が身をもって養い創造すべきものであって、一部の専門家の占有物として、ただ一方的に人々の手もとに配布され伝達されうるものではありません。

しかし、不幸にしてわが国の現状では、教養の重要な養いとなるべき書物は、ほとんど講壇からの天下りや単なる解説に終始し、知識技術を真剣に希求する青少年・学生・一般民衆の根本的な疑問や興味は、けっして十分に答えられ、解きほぐされ、手引きされることがありません。万人の内奥から発した真正の教養への芽ばえが、こうして放置され、むなしく滅びさる運命にゆだねられているのです。

このことは、中・高校だけで教育をおわる人々の成長をはばんでいるだけでなく、大学に進んだり、インテリと目されたりする人々の精神力の健康さえもむしばみ、わが国の文化の実質をまことに脆弱なものにしています。単なる博識以上の根強い思索力・判断力、および確かな技術にささえられた教養を必要とする日本の将来にとって、これは真剣に憂慮されなければならない事態であるといわなければなりません。

わたしたちの「講談社現代新書」は、この事態の克服を意図して計画されたものです。これによってわたしたちは、講壇からの天下りでもなく、単なる解説書でもない、もっぱら万人の魂に生ずる初発的かつ根本的な問題をとらえ、掘り起こし、手引きし、しかも最新の知識への展望を万人に確立させる書物を、新しく世の中に送り出したいと念願しています。

わたしたちは、創業以来民衆を対象とする啓蒙の仕事に専心してきた講談社にとって、これこそもっともふさわしい課題であり、伝統ある出版社としての義務でもあると考えているのです。

一九六四年四月　野間省一